我国少儿图书馆研究

黄　洁　陈慧娜　著

國家圖書館出版社
National Library of China Publishing House

图书在版编目(CIP)数据

我国少儿图书馆研究/黄洁,陈慧娜著. --北京 :国家图书馆出版社,2015.7

ISBN 978-7-5013-5610-2

Ⅰ.①我… Ⅱ.①黄… ②陈… Ⅲ.①儿童图书馆—研究—中国 Ⅳ.①G258.7

中国版本图书馆 CIP 数据核字(2015)第 137159 号

书　　名	我国少儿图书馆研究
著　　者	黄　洁　陈慧娜　著
责任编辑	金丽萍
出　　版	国家图书馆出版社(100034　北京市西城区文津街 7 号) (原书目文献出版社　北京图书馆出版社)
发　　行	010-66114536　66126153　66151313　66175620 66121706(传真)　66126156(门市部)
E-mail	btsfxb@nlc.gov.cn(邮购)
Website	www.nlcpress.com ——→投稿中心
经　　销	新华书店
印　　装	北京科信印刷有限公司
版　　次	2015 年 7 月第 1 版　2015 年 7 月第 1 次印刷
开　　本	880×1230(毫米)　1/32
印　　张	8.125
字　　数	200 千字
书　　号	ISBN 978-7-5013-5610-2
定　　价	48.00 元

序

儿童是祖国的未来,加强对儿童和青少年的教育培养,是关系到党和国家兴旺发达的重大战略性任务。在我国图书馆服务体系中,少年儿童图书馆(室)是其重要的组成部分,同时也是少年儿童进行课外阅读和自学的主要场所,是补充学校教育的特殊的社会教育机构和第二课堂。

近年以来,我国的少年儿童图书馆事业有了长足的发展,成绩显著。少年儿童图书馆(室)在构建公共文化服务体系、丰富少年儿童精神文化生活、促进少年儿童健康成长方面发挥了重要作用。2010年12月文化部颁布《关于进一步加强少年儿童图书馆建设工作的意见》,充分体现了政府对少年儿童图书馆事业发展的高度重视。随后,各地各级政府加大经费投入,优化服务设施,加强绩效管理,有条件的地区建立了独立建制的少年儿童图书馆,各级公共图书馆普遍开设了专门的少年儿童阅览室,一个包括少年儿童图书馆、少年儿童阅览室、少年儿童图书馆分馆在内的覆盖城乡的未成年人阅读服务网络逐步形成;少年儿童图书馆(室)以培育和践行社会主义核心价值观为根本,坚持立德树人,采取有力措施,优化服务政策和举措,提升服务能力和水平,儿童图书馆从业者的"儿童优先"和"儿童利益最大化"观念已形成共识。

少年儿童图书馆(室)普遍重视发挥儿童图书馆的教育职能,积极开展各种儿童阅读指导活动。以"全国少年主题阅读年"为代表的读书活动,吸引了越来越多的未成年人走进图书馆、利用图书馆;馆校合作、资源互补协同开展面向在校中小学生的阅读指导和信息素养教育是许多少年儿童图书馆的共同行动;开设了盲文阅览室,购置流动图书车,组织面向残障儿童、城市流动儿童、农村留守儿童等弱势儿童群体的服务也是很多少年儿童图书馆的服务亮点。各级公共图书馆加大对少年儿童群体的服务力度,特别是2014年以来,国家数字图书馆推广工程加大了未成年人喜闻乐见的数字资源建设,开展数字图书馆服务，等等举措，极大地优化了少年儿童群体的阅读、学习和求知的环境。

在全国少年儿童图书馆事业建设发展中，国家图书馆少年儿童馆努力发挥着积极参与和示范引领作用。特别是在少年儿童图书馆事业规划与研究、业务规范与管理、活动策划与评估、阅读推广与社会合作等方面做了很多具有开创性的工作，取得了较好的社会效果，得到广大少年儿童及家长的好评，2014 年国家图书馆少儿馆被中央精神文明建设指导委员会评为“全国未成年人思想道德建设工作先进单位”。

在少年儿童图书馆事业取得长足进展的同时，我们还应清醒地认识到，我国少年儿童图书馆的科学理论研究还处于起步阶段，面向事业发展的前瞻性研究和解决当下实际问题的针对性研究都亟待加强。面临新机遇，应对新挑战，少年儿童图书馆从业者应该加强政策研究，深化理论研究，重视应用研究，开展跨学科研究，以丰硕的理论研究和实践研究成果指导少年儿童图书馆事业健康发展。

黄洁同志作为国家图书馆的中层管理干部，多年来一直在国家图书馆读者服务部门分管读者服务工作，她拥有丰富的读者服务和阅览指导工作经验。2010 年 5 月以后，她作为主要成员参与了国家图书馆少年儿童图书馆的筹建、开馆工作。特别是 2011 年至今，作为国家图书馆少儿馆的副馆长，负责少儿馆的日常管理。在她的策划和部署下，国家图书馆少儿馆充分利用国家图书馆的平台优势和人才优势，夯实基础业务，通过一系列全国性活动和项目的开展，对社会各界儿童阅读资源加以有效整合，在业界较好地发挥了引领和示范作用。在此工作岗位，黄洁同志不仅身体力行投入儿童图书馆服务的实践，而且非常注重在相关图书馆学理论基础上，探索适合少年儿童图书馆事业发展和工作特色的理论与方法并加以总结提高。前期，她主持或参与主持了“民国时期儿童图书馆研究”“我国公共图书馆未成年人服务研究”“国家图书馆馆藏民国时期儿童读物研究”等科研项目，主编了《民国时期图书馆学报刊资料汇编——儿童图书馆卷》。在上述研究探讨和实践工作的基础上，黄洁同志又完成了这部即将付梓的专著《我国少儿图书馆研究》。全书共分七章，从少年儿童图书馆的概念、职能和特征入手，回顾了我国儿童图书馆的历史分期及特征，针对新时期的事业发展需求，重点从儿童图书馆的资源建设、读者服务、活动组织、阅读推广和业务管理等方面进行了分析与讨论。全书既有图书馆学最新理论的支撑，又有实际工作案例的点评，作者的基本观点是：少年儿童图书馆的建设与服务只有做到以儿童为根本、以需求为导向、以服务为核心，才能与时俱进，与不断变化的环境相适应。本书使我们对当前我国儿童图书馆发展需要解决的问题以及未来发展的路径有了一个清晰的了解，对少年儿童图书馆的发展前景充满期待。我个人认为，黄洁同志的此新作也是适合我国广大少年儿童图书馆从业工作者参考与阅读的一部有价值的专业用书。

是为序。

汪东波

2015 年 3 月

目　录

第一章　少儿图书馆概述

第一节　少儿图书馆的基本概念和分类

一、基本概念

1985年,北京大学吴慰慈教授在其所著的《图书馆学概论》中提出:"图书馆是搜集、整理、保管和利用书刊资料,为一定社会的政治、经济服务的文化教育机构"[1]。这个定义被认为能够反映20世纪90年代以前人们对于传统图书馆的普遍认识。进入21世纪,由于图书馆的外部环境和内部工作状态、业务流程、服务手段等都发生了很大的变化,吴慰慈等在其2008年修订的《图书馆学概论》中给图书馆下了一个既适用于传统、同样也适用于未来图书馆的普适性定义:"图书馆是社会记忆(通常表现为书面记录信息)的外存和选择传递机制。换句话说,图书馆是社会知识、信息、文化的记忆装置、扩散装置"。这个定义充分体现了信息技术的发展和传统图书馆的结合,具有很强的时代性和前瞻性。

对于少儿图书馆而言,国务院办公厅转发文化部等单位《关于全国少年儿童图书馆工作座谈会的情况报告》(国办发〔1981〕62号)中指出,"少年儿童图书馆,是以广大少年儿童为对象的重要的社会教育机构。建立少年儿童图书馆(室),组织和引导广大少年儿童多读书、读好书,是促进下一代的健康成长必不可少的重要手段"。这是20世纪人们对于传统的少儿图书馆的基本的认识。同理,随着社会的发展,技术手段的进步,人们对于儿童的重视程度加大,对少儿图书馆地位和作用的认识也有了更深一步的理解。应该说,现代少儿图书馆是指利用先进的科学技术手段,收集、加工、整理、存储并传递与少年儿童成长相关的多方面的信息资源,并通过开展丰富多彩的阅读指导活动,为广大少年儿童,甚至全社会提供全面完整、系统化的文献信息资源服务的社会文化教育机构。

顾名思义,少儿图书馆的服务对象主要以少年儿童为主,但和少年儿童有着密切关系的老师、家长、教育教学研究工作者以及一切为少年儿童服务的机构和个人都可以,也应该列入少儿图书馆的服务对象范围当中。对从属于少儿图书馆系统的学校图书馆来说,虽然就目前我国学校图书馆的基本状况来看,学校图书馆还没有能力也不具备条件冲破校园围墙的限制,开展为社会服务的工作,因此有的人认为它们不具有社会性,但从世界范围上看,一些先进国家的学校图书馆却已经突破了传统学校图书馆的服务范围的限制,开始了为学生家长服务的全新内容。这充分说明,无论是哪一种类型的少儿图书馆,它的服务都不应该局限在限定范围内,而应尽自已的最大努力,为最广泛的、与少年儿童相关的所有人提供其利用馆藏资源的便利,提供最专业的信息咨询和阅读指导服务,这也是现代少儿图书馆最崇高的生存目的。

因此,少儿图书馆存储并利用少年儿童的文献信息资料,这仅仅是少儿图书馆工作的一个组成部分,全面地向社会开放,利用其丰富的、专门的馆藏资源,专业的人才队伍,为整个社会提供包括少年儿童文献信息资料在内的全方位性的服务才是当今少儿图书馆的最终使命。

二、少儿图书馆的主要类型

由于国内外体制的不同,我国少儿图书馆与国外少儿图书馆在体制建设中存在着较大的差异。在我国,各级各类的少儿图书馆是从我国的国情出发而建立发展起来的,不可能千篇一律,也没有固定的模式。国外的少儿图书馆的基本类型可分为国家少年儿童图书馆、公共图书馆(含公共图书馆下设的少儿阅览室)、中小学校图书馆等,不同类型的少儿图书馆有着不同的特点和发展规律。

（一）国外少儿图书馆的常见类型划分

1. 国家少儿图书馆

国家少儿图书馆通常是作为全国少儿馆的核心馆而存在的，它的主要职责：制定与执行关于少儿图书馆服务的相关标准、政策；开展少儿图书馆馆员全国性的教育和培训；制作各年龄阶段少年儿童阅读指导书目，倡导组织全国性的读书活动；引领并组织图书馆界进行儿童图书馆学、儿童阅读领域的研究；开展国内国际的交流与合作。

案例1：韩国国立青少年图书馆

韩国国立青少年图书馆于2006年开馆，有34万册馆藏，6个阅览室。作为国家少儿图书馆，它的主要职责是：制定与执行关于儿童图书馆的政策，调查和研究儿童图书馆，采选儿童图书馆馆藏资料，调查和收集国内外儿童图书馆研究资料，与国内外儿童图书馆开展交流与合作，负责培训儿童图书馆馆员，开展儿童读书振兴运动，展览宣传社会文化活动，制作与发行儿童文献书目，支援韩国国内其他儿童图书馆。同时开发与普及儿童图书馆相关管理模式，调查国内外儿童图书馆文献，组织与管理儿童图书馆馆藏资源，支援儿童图书馆的专业学者，管理个人文库等。

国立青少年图书馆通过少儿图书馆读者服务的支援和普及工作，积极摸索儿童图书馆服务新模式。与30多家公共图书馆合作，开展"与图书馆共同看书"活动，尤其考虑到贫困山区、儿童之家等文化弱势群体看书难的问题，开展了720次图书馆活动，并赠送了丰富的图书。在全国30个中高等学校的图书馆内建立了"1318书虫图书馆占领记"读书室，给青少年创建了良好的读书环境。此外还为家长举办"读书文化"等专题讲座。为了改善儿童图书馆的读者服务，提高儿童图书馆专业素质，开展了"儿童图书馆专业馆员基础课程"等9个集成教育讲座、"读书乐园""读书论坛"、远程虚拟教育等丰富多彩的教育活动。

案例2：日本国立国会图书馆国际儿童图书馆

日本国立国会图书馆国际儿童图书馆成立于2002年，总占地面积7733平方米，建筑物面积6671平方米，收藏能力约40万册。采用钢结构建筑，包括地上三层和地下一层。

国际儿童图书馆根据年龄和文献内容区分不同的阅览室，一层“孩子的房间”是以孩子为主要对象的阅览室，存有国内外的儿童读物（包括绘本、阅读书籍、科普书籍、杂志等），可以通过国际儿童图书馆“儿童的OPAC”（儿童用检索终端）系统查询所需图书，并且会结合季节和时事进行各种主题的小展览；“知晓世界的房间”存有介绍世界各国、各地域地理、历史、民俗等方面的资料，让孩子保持对世界的兴趣，关心并且加深对国际社会的理解；“故事的房间”有故事会和儿童歌曲会等活动；咖啡厅里除了午餐也准备了零食，还贩卖饮料、点心等。二层资料室则提供日本及国外出版的儿童书籍和相关资料；三层“书的博物馆”内举办儿童图书展览会；触摸式媒体角将通过电脑向儿童提供国际儿童图书馆制作的《绘本Gallery》的阅览。

国际儿童图书馆提供文学奖获奖及图书馆界的相关新闻；发布馆内海外儿童书籍及儿童相关书籍的书单，并请专业学者针对书单进行评析、报告；提供来馆讲座讲义；开展近10年包括全国、各地区及海外儿童阅读活动及学校图书馆现状的调查；制订并实施全国及各地区（细致到各市、社区）的儿童阅读活动推进计划；制定促进儿童阅读的相关法律。

2. 独立建制少儿馆

在国外，独立建制的少儿图书馆并不多见，例如美国迄今为止并没有独立建制的少儿图书馆，但几乎所有的公共图书馆都下设儿童阅览室（或儿童阅览部），著名的波士顿图书馆就收藏了60余万册的儿童读物；纽约皇后区图书馆也早在1908年就成立了少儿工作部。但在日本，独立建制的儿童图书馆则较为普遍，比较有代表性的除作为国家少年儿童图书馆的国际儿童图书馆外，还有大阪府立国际儿童文学馆、财团法人东京儿童图书馆、NPO法人高知儿童图书馆、新宿区儿童图书馆等。现以东京儿童图书馆为例说明。

案例3:日本独立建制的少儿图书馆——东京儿童图书馆

东京儿童图书馆是日本历史较为悠久的儿童图书馆,1955年由当时有影响力的四家家庭文库①合并演变而来。这四家文库分别是土屋儿童文库(2家)、桂文库和松之实文库。1974年正式成立。2010年经内阁总理大臣认定,成为公益财团法人。

该图书馆主体馆舍位于东京市中心位置,总体规模较小。主建筑为砖结构。

其中"少儿阅览室"以幼儿到中学生年龄段为主要服务对象。收藏有经过馆员精心挑选的绘本、故事书、民间故事、诗集、传记文学等共约7700册。"资料室"拥有日本国内外儿童图书、儿童文学相关研究书籍约18 000册,是一个研究型的资料室。阅览室内设有"卡耐基奖""纽伯瑞奖"等儿童奖项获奖作品原作专区,并收藏有很多日本和世界的民间童话集。还设有英国早期图书馆员 Eileen Colwell 的赠书专区。东京儿童图书馆提供常见的阅览、外借和参考咨询服务等。馆

① 家庭文库,指的是开放私人藏书、对附近的儿童提供外借服务或举行故事会等活动的小型机构。

内阅览免费，外借需要缴纳每年1000日元的登记费。“桂文库”是1958年石井桃子①创设，至今仍继续提供服务。2014年4月又增设了石井奶奶的书斋、儿童文学家渡边茂男藏书、民间阅读活动资料室等设施并免费对外开放。

东京儿童图书馆策划了走出图书馆的大地震支援项目“从3月11日出发”（岩手县陆前高田市）、“在日巴西人子女阅读援助活动”（爱知县丰桥市）、以图书馆员传帮带为目的的“奶奶的椅子”活动等。东京儿童图书馆还经常性地举办探讨新出版少儿图书的“书之会”活动，并从建馆坚持至今。在活动中，馆员与志愿者坐在一起，逐册阅读图书并进行总结，选出最适合推荐给少年儿童的图书，入藏到少儿阅览室，并在该馆的出版物上进行介绍。该馆还立志于图书馆的合作、人才培养、出版等方面，举办讲座，向馆外派遣馆员进行授课，创设有奖学金的进修机会等。

3. 公共图书馆下设少儿阅览室

美国、日本等国家在公共图书馆下设少儿阅览室非常普遍，可以说是遍布城市的每个角落。日本除了独立建制的少儿图书馆之外，大部分的公共图书馆都有儿童阅览室，所有的书都是开架借阅。根据《日本图书馆统计与名簿2008》，日本国内公共图书馆总数为3111家，其中有2219家设有儿童阅览室，占到公共图书馆总数的71.3%。儿童藏书总量90 722千册，占到全国公共图书馆总藏书量（365 349千册）的24.8%。办理读者卡的总人数为45 150千人，其中办少儿卡人数5479千人，占总数的12.1%[2]。

案例4：日本公共馆中少儿服务情况——佐世保市立图书馆儿童阅览室

佐世保市是日本九州地区较大的一个市。其市立图书馆可以代表日本普通图书馆的服务水平。2011年，该馆因少儿阅读推广活动出色，特别是自1979年开始，除闭馆日外，该馆每周坚持“少儿故事会”活动，

① 石井桃子（1907—2008），日本著名儿童文学作家、翻译家、评论家，曾著有《儿童图书馆》一书，是日本儿童图书馆发展史上的重要人物。

被日本文部科学省大臣授予“儿童阅读活动实践优秀图书馆”称号。

该阅览室共藏有绘本、纸舞台、不织布贴片等4.8万册(件)少儿文献。入口处设有每月更换主题的推荐专区。阅览室内设3个绒毯区域,可供亲子阅读使用。阅览室还设有青少书籍推荐信箱,年龄较大的少年读者可推荐自己喜欢的图书并投入信箱内。每周六举办少儿故事会活动,并面向少年儿童及其家长开展各类活动。

4. 中小学图书馆

中小学图书馆是国外普遍存在的受到政府和社会的普遍重视少儿图书馆类型。联合国教科文组织于1980年12月发布了《中小学图书馆宣言》,强调了中小学图书馆的重要地位和作用,认为“中小学图书馆是保证学校对青少年和儿童进行卓有成效的教育的一项必不可少的事业,是保证学校教育成就的基本条件,它也是整个图书馆事业的一个不可缺少的组成部分”。美国、日本等国家都有关于学校图书馆的法律法规。美国最新修订的《博物馆及图书馆服务法案》就包括1965年通过的《中小学教育法案》中的部分内容。日本则是中小学图书馆相关法规较为健全的国家,1927年颁布了《学校图书馆法》,该法后经不断改定增补,最新修订版于1998年6月颁布实施。

日本的《学校图书馆法》第3条规定,学校必须设立学校图书馆,并在第2条规定,设立“学校图书馆”的范围包括小学、中学、高等学校(含后期课程、盲人学校、聋哑学校及保健学校等)。此外,还详细规定了学校图书馆所要开展的大致业务:除了收集文献、整架这样的常规图书馆工作,还要要举办诸如读书会、研究会、(音乐、电影)赏析活动等。对于学校图书馆员任职资格,条文中也有明确规定。

法律法规的健全使日本的学校图书馆不仅数量多,并且分布广泛。根据2013年3月公布的最新数据,截至2012年5月,日本共有公立小学图书馆20 676所,总藏书量达到1.7306亿册。公立中学图书馆共9698所,总藏书量9872万册。藏书数字化比率,小学图书馆达到64.1%,中学图书馆达到65.1%[3]。中小学图书馆已成为日本少儿图书馆事业中较为发达的一部分。

案例5:丹麦学校图书馆[4]

丹麦的学校图书馆不仅向儿童提供图书,而且还开展辅导儿童阅读的工作。1933年,丹麦学校图书馆协会成立,1966年发展成为全国性质的图书馆组织。该协会的目的是支持和调整有关儿童和青少年的文化与教育工作。学校图书馆的任务十分明确,就是帮助学生学习。它和公共图书馆的儿童部进行合作,特别是在大都市里,彼此之间的联系非常密切。在学校,一年级至四年级学生所需要的资料,本校图书馆是没有的,由班主任统一借出和管理。高年级使用的一般参考书在教室里集中放置。专业图书放到上专业课的教室里。而在教员室里则存放有关教育学的图书和教员特别需要的资料。每一个地区都编有本区各学校图书馆馆藏资料联合目录。教师需要某种资料,每天都会有专人送去。其中不仅有图书还包括幻灯片、磁带等视听资料。

丹麦《公共图书馆法》第14条规定,教育委员会同公共图书馆进行协商,任命学校图书馆委员,该委员负责就学校图书馆的相关问题,向学校和学校图书馆的管理人员提出自己的建议。教育委员会和公共图书馆共同任命学校图书馆和公共图书馆儿童部的选书委员会委员。从历史的角度来说,公共图书馆儿童部和学校图书馆协作关系搞得很不错的地区,其对儿童的服务工作也做得好。学校图书馆的任务是为学生提供学习必须的信息和资料,而公共图书馆儿童部则为学生提供课外的参考信息和资料,同时也是学生们课外活动的场所。

(二)我国少儿图书馆的划分标准

从目前现状来看,我国目前的少儿图书馆一般按两种方式划分,一种是依据管理体制,即隶属关系来划分,另一种则是依据是否具有独立性来划分。

1. 依据管理体制(隶属关系)划分

我国目前少儿图书馆的主要领导机构包括:各级文化部门,例如国家图书馆少年儿童馆、各省、市公共图书馆下设的儿童阅览室、独立建制的北京市石景山区少年儿童图书馆和西城区少年儿童图书馆等都归属文化系统;教育部门,如各中小学图书馆、部分独立建制的少年儿童图书馆(例如北京市丰台区少年儿童图书馆和朝阳区少年儿童图书馆等)就归属教育系统管辖;各级共青团组织,如省、市、自治区少年宫的图书馆、扬州市少年儿童图书馆等归属共青团系统。目前以文化系统管理的少儿图书馆所占的比例最大。

中小学图书馆归属教育系统管辖。由于中小学图书馆是保证学校对青少年儿童进行卓有成效的教育而必不可少的组成部分,我国《中小学图书馆(室)规程(修订)》(教基〔2003〕5 号文件)中指出:"中学图书馆(室)是学校书刊情报资料中心,是为学校教育、教学和教学研究服务的机构"。据统计,我国中小学图书馆多达 50 多万所[5]。

少儿图书馆依照管理体系来划分的最大优点就是上级机构明确,权责分明,针对性强,尤其是隶属于教育部门管理的少儿图书馆,在活动的组织、服务的推广以及与中小学校阅读活动联动等方面都具有得天独厚的优势。

2. 依据是否具有独立性来划分

从公共图书馆角度来讲,主要可以分为独立建制的少儿图书馆和各级公共图书馆下设的少儿图书馆(室)两种类型。相比较而言,独立建制的少儿图书馆数量较少,但总体的规模和社会效益要远远好于公共图书馆下设的少儿图书馆(室),并且在人员、经费、业务建设等方面都享有较高的自主性,对于激发少儿图书馆的内部活力和服务水平的提升起着决定性作用。

根据《中国图书馆年鉴 2014》,截至 2013 年年末,我国独立建制的少儿图书馆共 105 家。独立建制的少儿图书馆从业人员达到 2170 人,总藏量 3165. 01 万册,电子图书 775. 73 万册,组织讲座 2622 次,举办展览 488 个,举办培训班 1719 个,拥有读者座席 26 642 个。延伸服务进一步拓展,普遍开展流动服务,流动分馆数量达到 699 个。不仅如此,独立建制少儿图书馆的规模也在不断扩大,大连、厦门、杭州、南宁等城市的少儿图书馆馆舍面积均在 6000 平方米以上,福建、河南、湖南、广州、深圳、温州、东莞等地的少儿图书馆面积接近或超过 1 万平方米。其中 2011 年成立的福建省少年儿童图书馆馆舍面积达到 1.7 万平方米,是目前我国单体建筑面积最大的省级少年儿童图书馆。独立建制的少儿图书馆对于我国少儿图书馆事业的发展发挥着举足轻重的作用。同时,为了更好地推动公共图书馆事业的发展,文化部于 2013 年在全国开展了第五次县以上公共图书馆的评估定级工作,34 家少儿图书馆获得"一级图书馆"称号,14 家少儿图书馆获得"二级图书馆称号",7 家少儿图书馆获得"三级图书馆"称号。

公共图书馆下设的少儿图书馆(室)主要包括省、自治区、市、区、县少儿图书馆(分馆、部、室)。在我国现有的体制下,公共图书馆附属少儿图书馆(室)的地位与作用也越来越显得突出与重要,其数量众多,分布广泛,普及了少儿阅读,提高了少年儿童的图书馆知识和图书馆意识。据统计,我国副省级以上大中型的公共图书馆大部分都成立了少儿服务部并下设少儿图书馆(室),提供图书借阅,开展少儿培训,策划各种类型的展览,组织少儿活动等,成为我国公共图书馆少儿服务的重要组成部分。据统计,我国公共图书馆的少儿分馆或少儿阅览室数以千计,但还没有真正意义上的国家少年儿童图书馆。

表 1　2013 年少儿图书馆评估定级结果

	一级馆
1	(北京市)西城区青少年儿童图书馆
2	(北京市)石景山区少年儿童图书馆
3	天津市少年儿童图书馆
4	(天津市)红桥区少年儿童图书馆
5	(内蒙古自治区)赤峰市红山区民族少年儿童图书馆

续表

	一级馆
6	(辽宁省)大连市少年儿童图书馆
7	(吉林省)长春市少年儿童图书馆
8	上海市少年儿童图书馆
9	(上海市)长宁区少年儿童图书馆
10	(上海市)普陀区少年儿童图书馆
11	(上海市)闸北区少年儿童图书馆
12	(江苏省)南通市少年儿童图书馆
13	(江苏省)连云港市少年儿童图书馆
14	(江苏省)淮南市少年儿童图书馆
15	(江苏省)扬州市少年儿童图书馆
16	(江苏省)南京市玄武区少年儿童图书馆
17	(江苏省)南京市溧水区少年儿童图书馆
18	(江苏省)张家港市少年儿童图书馆
19	(浙江省)杭州少年儿童图书馆
20	(浙江省)温州市少年儿童图书馆
21	(福建省)厦门市少年儿童图书馆
22	(福建省)厦门市集美区少年儿童图书馆
23	(山东省)淄博市张店区少儿图书馆
24	(湖北省)武汉市少年儿童图书馆
25	(湖南省)湖南省少年儿童图书馆
26	(广东省)广州少年儿童图书馆
27	(广东省)深圳少年儿童图书馆
28	(广东省)湛江市少年儿童图书馆
29	(广西壮族自治区)南宁市少年儿童图书馆
30	(广西壮族自治区)北海市少年儿童图书馆

续表

	一级馆
31	重庆市少年儿童图书馆
32	(重庆市)涪陵区少年儿童图书馆
33	(云南省)昆明少年儿童图书馆
34	(陕西省)汉滨区少年儿童图书馆
	二级馆
1	(辽宁省)盘锦市少年儿童图书馆
2	(辽宁省)铁岭市少年儿童图书馆
3	(辽宁省)锦州市少年儿童图书馆
4	(辽宁省)朝阳市双塔区少年儿童图书馆
5	(吉林省)白城市洮北区少年儿童图书馆
6	(安徽省)淮南市少年儿童图书馆
7	(福建省)三明市少年儿童图书馆
8	(河南省)安阳市少年儿童图书馆
9	(河南省)许昌市魏都区图书馆(许昌市少年儿童图书馆)
10	(湖北省)武汉市江岸区少年儿童图书馆
11	(湖北省)蕲春县少年儿童图书馆(李时珍图书馆)
12	(湖南省)衡阳市少年儿童图书馆
13	(湖南省)邵阳市少年儿童图书馆
14	(甘肃省)嘉峪关市少年儿童图书馆
	三级馆
1	(天津市)河北区少年儿童图书馆
2	(辽宁省)丹东市少年儿童图书馆
3	(辽宁省)辽阳市少年儿童图书馆
4	(湖南省)怀化市鹤城区少年儿童图书馆
5	(云南省)曲靖市少年儿童图书馆
6	(陕西省)铜川市王益区少年儿童图书馆
7	(陕西省)商洛市商州区少年儿童图书馆

表2　我国独立建制的副省级以上少年儿童图书馆

序号	名称	成立时间
1	天津市少年儿童图书馆	1958－10
2	上海市少年儿童图书馆	1942－10－14
3	重庆市少年儿童图书馆	1964－06
4	河南省少年儿童图书馆	2012－12
5	湖南省少年儿童图书馆	1981－12
6	福建省少年儿童图书馆	2011－09
7	广西少年儿童图书馆	1985－03
8	沈阳市少年儿童图书馆	1951－04
9	大连市少年儿童图书馆	始于1913年,当时名为“报纸杂志图书馆”,1956年3月改名为大连市少年儿童图书馆
10	长春市少年儿童图书馆	1983－12
11	石家庄市少年儿童图书馆	1958
12	杭州少年儿童图书馆	1982
13	合肥市少儿图书馆	1996
14	福州市少年儿童图书馆	1989－12
15	厦门市少年儿童图书馆	1986－01
16	武汉市少年儿童图书馆	1958－02
17	济南市少年儿童图书馆	1986－05
18	兰州市少年儿童图书馆	1956－06－01
19	广州少年儿童图书馆	1996－06
20	深圳少年儿童图书馆	2009－04
21	昆明市少儿图书馆	2008－01

表 3　提供未成年人服务的副省级以上的公共图书馆

序号	名称	下设机构	相关服务
1	广西桂林图书馆	少年儿童图书馆	借阅
2	澳门中央图书馆	儿童阅览室	借阅
3	香港公共图书馆	儿童图书馆	借阅
4	海南省图书馆	少儿部	借阅、活动
5	宁夏图书馆	青少年和老年读者服务部	借阅
6	西藏自治区图书馆	少儿阅览室	借阅
7	青海省图书馆	少儿图书借阅室	借阅、活动
8	广东省图书馆	儿童和少年阅读部	借阅（阅读馆、玩具馆）
9	贵州省图书馆	少儿借阅部	借阅、活动、培训
10	福建省图书馆	少年儿童图书馆	借阅、活动
11	陕西省图书馆	少年儿童分馆	借阅、活动、网站
12	山西省图书馆	少儿部	借阅、活动
13	甘肃省图书馆	少儿图书馆	借阅、活动
14	广西壮族自治区图书馆	少儿部	借阅、活动
15	湖北省图书馆	少儿图书馆	借阅、活动
16	江西省图书馆	少儿部	借阅、活动
17	苏州图书馆	少儿部	借阅、活动
18	新疆维吾尔自治区图书馆	少儿馆	借阅、网站、活动
19	安徽省图书馆	少儿部	借阅、活动
20	湖南图书馆	专题借阅部（湖南图书馆少年儿童分馆）	借阅

续表

序号	名称	下设机构	相关服务
21	云南省图书馆	少儿阅览室(隶属于典藏借阅部)	借阅
22	河南图书馆	少儿部	借阅
23	重庆图书馆	少儿视听中心	阅览
24	南京图书馆	少儿书刊借阅室	借阅
25	山东省图书馆	少儿部	借阅、活动
26	河北省图书馆	少儿部	借阅
27	天津图书馆	少儿服务区	借阅
28	首都图书馆	少年儿童图书馆	借阅
29	辽宁省图书馆	少儿部	借阅、活动
30	吉林省图书馆	少年儿童图书馆	借阅、活动、网站
31	黑龙江省图书馆	少年儿童服务部	借阅、活动
32	内蒙古图书馆	少儿部	借阅、活动
33	上海图书馆	暂时未见相关少儿机构	普通外借中包含少儿文献外借
34	四川省图书馆	规划设立少儿阅览室	已经开展多项少儿活动

第二节　少儿图书馆的性质和职能

一、少儿图书馆的性质

少儿图书馆作为社会公共文化服务体系的重要组成部分，在传播文明、服务少年儿童、促进少年儿童阅读习惯以及信息素养养成方面发挥着积极作用。

（一）国际图联《公共图书馆宣言》

《公共图书馆宣言》（1994 年版）指出，“公共图书馆是传播教育、文化和信息的一支有生力量”，宣言中对公共图书馆的含义、服务原则、服务对象、服务内容，公共图书馆的含义、使命、拨款、立法、运作与管理等方面都做出了解释与建议，强调了公共图书馆的“公平、公开、共享”的基本服务原则。宣言强调了“每一个人都有平等享受公共图书馆服务的权利，不受年龄、种族、性别、宗教信仰、国籍、语言或社会地位的限制”这一公平原则；强调了馆藏和服务的全面与高质量，并且提出“馆藏资料必须反映当前趋势和社会发展过程”；强调了图书馆的独立性，不应受到任何意识形态、政治或宗教审查制度的影响，也不应屈服于商业压力。对于公共图书馆的使命，宣言认为“服务的核心应该与信息、扫盲、教育和文化密切相关”，并将公共图书馆的主要任务归纳为 12 点，内容涉及对未成年人的服务，对文化、艺术的促进与传承，对企业、团体提供信息服务等。对于未成年人来说，强调要“养成并强化儿童早期的阅读习惯”“激发儿童和青年的想象力和创造力”。《公共图书馆宣言》在某种程度上带有公共图书馆界根本大法的性质，它的颁布确立了国际公共图书馆服务的根本理念，对我国的公共图书馆，包括少儿图书馆也同样适用并起一定的引领作用。

（二）《公共图书馆服务发展指南》及其他

1973 年国际图书馆联合会发布了《公共图书馆标准》，1986 年《公共图书馆指南》取代了《公共图书馆标准》。2001 年 8 月，新修订的《公共图书馆服务发展指南》正式出版发行，指南中强调了由于各图书馆用户需求和资源的巨大差异，不可能有共同的服务标准，指南提供的不宜是规则而应是有通用性、有实践基础的建议。2010 年，《公共图书馆服务指南》再次修订。除了面向普通用户群体的服务指南外，国际图联还发布了一系列针对特殊用户群体的服务指南[6]，目的都是贯彻人人平等的服务原则。这些服务指南的作用与标准规范的作用类似，也是用于指导公共图书馆开展服务的、带有规范性质的文件，但其阐述的角度、内容与标准或规范略有差异，指南更倾向于对公共图书馆的建设与服务提出指导性的建议。其中包括了未成年人服务指南、残障人群服务指南，以及监狱罪犯服务指南等。针对未成年人的服务指南最为细化和全面，根据不同年龄阶段儿童和青少年的特点发布有《婴幼儿图书馆服务指南》《国际图联儿童图书馆服务发展指南》《青少年图书馆服务指南》等3种。

（三）《图书馆服务宣言》

我国目前公共图书馆的服务原则主要体现在《图书馆服务宣言》中。2008年10月《图书馆服务宣言》正式发布，集中阐述了“对全社会开放”“维护读者权利”和“平等服务”“人文关怀”等核心理念。虽然目前没有类似专门针对少年儿童服务的标准化文件，但作为公共社会文化教育机构的少儿图书馆，它既不同于学校教育，也不同于社会上其他的少年儿童校外活动场所。它应该满足公共图书馆所必需的“以用户为中心”“公益性”和“普遍均等性”等服务原则。这些原则属性是对现代图书馆核心理念的集中阐述。所谓“以用户为中心”原则，即我们所说的“儿童优先”原则，就是要求少儿图书馆时刻站在少年儿童的立场上去考虑问题，满足他们的需求；所谓“公益性”原则，即“以满足社会和公众的有益需要为目的，不以满足自我需要或营利为诉求的一种价值取向和行为”[7]，体现在少儿图书馆中，就是要求少儿图书馆应该以满足少年儿童信息和发展的需要作为主要原则，免费为少年儿童提供各种基本服务；所谓“普遍均等”是指公共图书馆应该对所有人一视同仁，它的服务和资源对任何用户都是平等的，不因服务对象的年龄、种族、区域等任何原因而有所限制或排斥，它向所有人免费提供基本的无差别、无障碍的服务。我国在第五次少儿图书馆评估系列标准制定中尤其强调了少儿馆的“公共属性”，包括新增指标“免费开放专项经费”，修改“互联网接口”和“每周开放时间”等指标[8]。

除上面提到的应普遍遵循的原则，即公共图书馆的基本属性之外，少儿图书馆由于其服务人群的特殊性，还应具备以下性质：

1. 教育性

无论是发达国家还是发展中国家,教育都被列为国家发展的首要位置,它是一个国家能否强大的最重要的因素。目前我国的教育现状不容乐观,且由于学校教育受到经费、教育群体等诸多限制,无法完全满足社会巨大的教育任务。因此除了需要正规的学校教育之外,图书馆等校外社会教育机构是促进一个国家教育发展进步的重要组成部分。

广义的社会教育是指“家庭和学校以外的文化教育机构实施的教育”,它是以提高整个社会的文化水平为目标,以弥补学校教育和家庭教育的不足而建设实施的。公共图书馆是其中最为重要的社会教育机构之一。蔡元培先生说过:“教育不专在学校,学校之外还有许多教育机构,第一是图书馆。”而少儿图书馆作为公共图书馆的一部分,作为重要的公益性文化事业机构,在满足少年儿童日益增长的精神文化需求、提高少年儿童思想道德素质和科学文化素养等多方面都发挥着巨大的作用。它能够克服课堂教育的局限性,通过收集和整理文献资源,开展多种阅读指导活动,为少年儿童创造了自主学习、独立思考和自我教育的最佳场所。少儿图书馆里丰富多彩的容纳着各学科知识的综合性文献信息资料,为少年儿童拓宽视野、扩大知识面提供了极好的条件。少儿图书馆通过提高自身工作人员的综合素质,通过招收、培养儿童心理、教育、信息技术等不同专业的工作人员增强自身服务的质量和水平;通过广泛运用计算机、多媒体等技术手段,满足少年儿童读者对于新技术的需求,方便快捷地为少年儿童服务;通过扩展服务范围、改变传统服务方式等方法,少儿图书馆逐步成为少年儿童“课外素质教育大课堂”和重要的教育实践基地,以其丰富的资源和多彩的活动正吸引着越来越多的少年儿童。

2. 社会性

吴慰慈教授在其《图书馆学概论》中提出:“图书馆事业是一项社会事业,办好这项事业不是单靠哪个部门就能办到的。必须依靠社会才能使图书馆事业兴旺发达起来。”少儿图书馆更是需要与全社会各个方面、各个机构进行多元合作,及时协调,广泛沟通。社会合作的广泛和成效是影响少儿图书馆成功与否的重要因素。例如与团中央、共青团、关心下一代工作委员会以及出版机构、阅读推广人、广大媒体等经常联合起来开展读书活动便是有效开展活动的重要保证。以媒体为例,当今的报纸、电视、广播等大众媒体的社会影响力巨大,少儿图书馆作为非营利的公益机构,可以与媒体保持密切和友善的关系,寻求他们的支持,并进行经常性的沟通,使其能够及时了解并主动宣传和报道少儿图书馆的相关消息;同时通过与媒体开展类似书评或者针对某一项目、事件等连续性的报道等合作,宣传少儿图书馆的资源和服务,扩大少儿图书馆的社会影响力。另外,全社会适龄的少年儿童都可以成为少儿图书馆的服务对象,包括城乡中小学校学生、幼儿园的孩子、社会上的特殊群体的少年儿童,共青团、少先队工作者以及少年儿童工作者,中小学教师、幼儿园教师以及儿童读物作家、编辑、家长等都可以成为少儿图书馆的服务对象,这也是少儿图书馆社会性的重要体现。

3. 专业性

随着重视教育的观念在全社会的迅速普及,技术手段的进步,馆藏文献的丰富多样,人们的图书馆意识不断增强,对于图书馆员的要求也越来越高,专业性对于图书馆员来说已经是一个必不可少的素质要求。上海图书馆馆长吴建中曾说:“今天,对图书馆员专业性问题的研究应该被提到议事日程上来了,如图书馆职业的演变过程以及发展趋向,图书馆员的专业性,图书馆员的职业资格以及教育培训等问题,都值得我们深入地研究和探讨。”[9] 对于少儿图书馆来说,由于少年儿童年龄的特殊性,其生长过程中的不同生理心理特征,需要馆员的人格魅力、专业素养和多元的知识结构做支撑,因此图书馆员的专业性对于少年儿童的成长起着举足轻重的作用。美国、英国、韩国、日本等国家对于少儿图书馆馆员的专业性都有具体要求。我国在少儿图书馆馆员专业性的培养上距离国外先进水平还有一定的差距,但对其专业性的要求已经到了不容忽视的程度,已经引起了多方的关注。

二、少儿图书馆的职能

现代人们普遍把图书馆的职能概括为4个方面:保存文化遗产的职能,传递文献信息的职能,开发信息资源的职能,参与社会教育的职能。在此基础上,作为少儿图书馆来说,它的职能不可能脱离图书馆职能这个大的范畴,具体来说,它的职能可以概括为以下5个方面。

1. 少儿文献信息资源中心

大型的省、市、自治区少儿图书馆,全面地收藏、保存少儿信息文献资料无疑是它最重要的职能之一。除了传统印刷型出版物以外,其主体开始向多元化信息载体发展,不仅包括普通的图书、期刊、报纸,还包括各种立体有声、有形有味的图书、玩具、声像、电子资源、模型、图片等资料。同时,少儿图书馆的藏书应该能够满足少年儿童的身心特点和认知水平、知识结构,同时在收藏文献资料的过程中要关注少儿文献的出版动态,注意不同文献资源的收藏比例,使馆藏结构系统化、科学化、合理化。

2. 少儿读物研究中心

随着少儿读物出版的兴盛,出现了儿童读物良莠不齐的状况,为了保证对少年儿童的阅读指导工作更具针对性,作为最重要收藏和使用机构的少儿图书馆在少儿读物研究方面具有不容置疑的责任和义务。少儿图书馆在了解少儿的阅读需求、阅读兴趣的基础上,应及时了解少儿读物的出版状况,在少儿读物的创作者、出版者与少年儿童之间架起沟通的桥梁,并且为出版者提供一个可以信任和依赖的现实依据。少儿图书馆可以积极参与到少儿读物出版的探讨中,开展诸如少儿读物的评论、少儿读物的调研、出版少儿读物新书计划的制订等方面。在中国少年儿童出版新闻总社牵头的“书香·童年”学龄前儿童基础阅读工程——“阅读书包”研制项目中,国家图书馆少儿馆便积极参与其项目的研制及讨论当中,这可以说是少儿图书馆参与少儿读物出版的重要举措之一。

3. 少儿阅读指导中心

阅读是培养青少年获取知识能力、独立思考能力、理解能力的重要手段，是影响其一生的一种健康有益的生活方式。少年儿童的主要特点是辨别能力差，若没有正确的引导，会导致儿童随性选择图书，以至于偏离正确的轨道。而少儿图书馆在儿童阅读指导过程中则起到了了解儿童的阅读心理，注意儿童的阅读兴趣和知识结构差异，把握儿童的阅读方向，通过开展形式多样的阅读指导活动，对不同群体，甚至个体的少年儿童提供有针对性的指导，以达到激发阅读兴趣，增长知识和能力，提高综合素质的目的。

4. 少儿社会教育中心

少儿图书馆作为最重要的公益性的文化教育机构之一，在满足人们日益增长的精神文化需求，提高青少年思想道德素质和科学文化素养等方面应发挥重要作用。作为青少年校外教育基地，少儿图书馆应该依托其丰富的文献信息资源，依靠自身的人员和场地等优势，通过开展少年儿童喜闻乐见的阅读活动、知识讲座、展览、故事会、征文比赛，通过开办各类少年儿童喜爱的兴趣班，同时依托少儿图书馆馆员的专业服务，为少年儿童提供一个良好的社会教育的大课堂，也为全社会营造一个多读书、读好书的社会氛围。

5. 少儿信息素养培养中心

在信息时代，信息本身固然非常重要，但是信息的发现、获取和处理信息的能力更加重要。英国、美国、日本、新加坡等国家都十分重视青少年信息素养的培养。信息素养作为图书馆素养的延伸和拓展，是从图书馆素养发展而来的。简单来说，图书馆素养是信息素养的早期形态，是一种基本的信息素养和能力，它是信息社会的基本生存技能之一，是人们在学习、工作和生活中，了解图书馆、利用图书馆及其服务的素养和能力。而信息素养是“指人能够判断确定何时需要信息，并且能够对信息进行检索、评价和有效利用的能力”“包括学习技能、信息素养、创新思维、人际交往与合作以及实践能力等五个方面”。

我国从 20 世纪 80 年代开始注重青少年的信息技术教育，但对于图书馆的信息素养认识还具有很大的局限性，甚至分不清书店和图书馆，没有主动利用图书馆的习惯，对图书馆的环境、图书的排架、分类及信息检索功能、借阅流程不了解，没有图书借期的意识，对图书馆的认识很多也只停留在它的简单的借阅功能上。因此作为青少年信息素养的重要培养中心，少儿图书馆在培养青少年的图书馆意识，养成青少年自觉利用图书馆的习惯，提高青少年的文化素养和学习能力，促进青少年全面发展方面具有十分重要的作用。少儿图书馆可以通过介绍图书馆知识、培养图书馆的检索、阅读以及评价的相关技能，通过规章制度的建立、行为举止的约束等方式，通过职业体验、志愿服务等图书馆参与活动，使少儿图书馆成为青少年信息素养的重要培养基地。

第三节　少儿图书馆的服务对象及特征

顾名思义，少儿图书馆的主要服务对象是少年儿童，即 18 岁以下的青少年。少年儿童时期是人生道路的起步时期，也是生理、心理、人格发育形成的时期。多数少儿图书馆（少儿阅览室）都根据自身条件，尽可能开展一些针对特定年龄阶段青少年儿童的阅读服务，并且针对每个年龄阶段不同的生理心理特点、不同的行为特征、不同的认知水平开展服务。而家长、老师、阅读推广人等和少年儿童教育、阅读相关的群体作为少年儿童成长道路的重要见证者和指路人，也应该成为少儿图书馆的重要服务对象。

一般来说，少儿图书馆的服务对象大致可以分为 0—3 岁的婴幼儿、3—6 岁的低幼儿童、7—12 岁的小学学龄儿童、13—18 岁中学学龄的青少年以及家长和教师群体。

1. 0—3 岁的婴幼儿

一些研究成果证明，儿童后天的发展主要取决于出生后最初几年所受的教育。人的智慧是教育的产物，良好的早期教育能促进儿童智力的开发和个性的塑造。科学研究也证明，婴幼儿在 4 岁前会表现出大约50%的学习能力和20%的个性能力,在8岁以前又会发展出另外30%的学习能力[10]。2002年5月8日,联合国大会儿童问题特别会议在纽约联合国总部召开,这是联合国历史上第一次专门为儿童问题召开的高级别会议。会议一致通过了"适合儿童成长的世界"行动计划。国外发达国家已经开始了一些面对3岁以前婴儿的早期儿童培养计划。他们普遍认为婴幼儿时期是养成儿童阅读习惯、培养儿童阅读兴趣的最好时期,各个国家都制订了有利于儿童权益保护、促进儿童享受良好教育的计划和目标。

我国对婴幼儿的早期教育工作虽然起步较晚,但近十多年来,婴幼儿教育已经逐步得到政府及全社会的认同和重视。2001年国务院批准印发了《中国儿童发展纲要(2001—2010)》[11],第一次提出"要逐步建立和完善0—3岁儿童早期教育管理体制的工作目标"。2003年国务院办公厅转发了教育部等10个部委联合下发的《关于幼儿教育改革与发展的指导意见》[12],提出"为0—6岁儿童和家长提供早期教育和保育服务""全面提高0—6岁儿童家长和看护人的科学育儿能力"。2010年我国继续出台《国家中长期教育改革和发展规划纲要(2010—2020年)》[13],强调"要重视0—3岁婴幼儿教育"。最新的2011年《中国儿童发展纲要(2011—2020年)》发布,继续提出"开展0—3岁儿童科学育儿指导"的工作目标。

国外公共图书馆开展各项0—3岁婴幼儿服务项目的主要目的就是启蒙婴幼儿的阅读思维,吸引孩子到图书馆来,增强他们的图书馆意识,在活动中培养婴幼儿的阅读习惯和公众意识,为今后的人生奠定基础。我国图书馆也开始认识到为婴幼儿提供服务的必要性,苏州图书馆就借鉴英国的"阅读起跑线计划",实施了"阅读大礼包"活动,在每年的世界读书日前后向市民发放1000份包括婴幼儿读物、《亲子阅读》指导书、阅读测量尺、宣传册页以及苏州图书馆少儿读者证的"阅读大礼包"。2013年9月9日,国家图书馆少儿馆首次实现年龄"零门槛",为0—6岁的婴幼儿开放,并开办了"低幼故事会""家长课堂"等有针对性的服务项目。另外,对于婴幼儿的图书馆服务一般都是由家长来具体实施的，因此少儿图书馆对于家长的培训也至关重要，通常采取提供舒适的亲子阅读场所、优质图书推荐、制作、发放亲子阅读指导手册、玩具室等方式为这个年龄阶段的婴幼儿服务。

2. 3—6 岁的低幼儿童

国外对于低幼儿童的教育和服务同样重视，例如美国认为“3—6 岁是培养儿童阅读和学习能力的关键阶段”[14]，公共图书馆、社区图书馆都积极开展针对低幼儿童的服务。我国政府对低幼儿童的教育也同样重视，在《中国儿童发展纲要（2011—2020 年）》中也明确提出了“加快发展 3—6 岁儿童学前教育”。

3—6 岁的儿童正处在幼儿园时期，由于多数的孩子还没有相应的独立阅读能力，一般来说，他们来馆多是在周末或节假日由家长陪同，少儿图书馆所提供的阅读服务大致相类似。另外，由于此年龄段儿童大部分时间已经处于相对集中的幼儿园集体生活中，幼儿园老师的阅读素养对这个年龄段的低幼儿童起着非常重要的作用，少儿图书馆可以通过走入“幼儿园活动”，通过专业优势，对幼儿园老师进行幼儿文学、幼儿阅读指导等方面的整体培训。国家图书馆少儿馆 2013 年开展的“阅读推广进幼儿园”活动就是通过制作培训教程、邀请业内专家、现场集体讲读绘本等方式走入幼儿园，开展对该年龄段低幼儿童的阅读服务。

3. 7—12 岁的小学学龄儿童

该阶段的儿童与学龄前的低幼儿童相比，在心理发展上是个重要的转折期，并且不同年龄的差异显著，是一个从儿童向少年过渡的关键时期。这个年龄段的儿童绝大部分处于学龄期，大部分时间是在学校接受正规系统的学校教育，学业和课内知识的学习是他们生活的主要内容。并且这个年龄段的儿童开始逐步有了自主阅读的能力，喜欢自己选择喜爱的少儿读物。因此，对于少儿图书馆来说，培养他们的图书馆相关知识和图书馆意识，帮助他们学会利用图书馆来帮助课业的学习就显得十分必要。少儿图书馆可以通过“走入校园”活动，让更多的学龄儿童接受图书馆意识教育，通过邀请作家到校讲座、在班级设置“读书角”争取学校支持,开设“阅读课”或邀请学生到馆参观、活动等,使图书馆和阅读不再可有可无,从而让他们对图书馆产生强烈的依赖感和信任感。而受年龄的限制,他们对于少儿读物的优劣并无明确的判断标准,容易受到周围同龄人的影响,同时根据调查显示,老师对于这个阶段少年儿童的课外阅读影响程度最高,因此少儿图书馆在书目的推荐以及对家长的阅读指导、与老师的沟通交流等就显得至关重要,需要做出更多的努力。

4. 13—18 岁的青少年

这个年龄的青少年是处在少年向青年的过渡时期,这个阶段青少年的思想正在慢慢形成,虽然这个阶段抽象思维已经处于完全的优势地位,但还不能完全替代形象思维。从整体上来说,这个年龄的青少年又因为处于青春发育期,不仅在生理心理变化比较大,而且独立意识十分强烈,重视自我,强调自己的独特性,往往表现出强烈的自主性。但他们涉世不深,生理上虽然发育到基本成熟的阶段,但在心理上仍然有很多孩童的矛盾在时时困扰着他们,对自我经常感到茫然和迷惑并努力认识自我。这个阶段的青少年课业开始繁重,娱乐和休闲的时间更为稀少,来图书馆更多的是利用图书馆的文献资源辅助课内学习。少儿图书馆对这个年龄阶段的孩子应以提供丰富的资源和安静舒适的阅读环境为主,放宽阅览和外借的条件限制,调整有利于这个年龄段青少年的服务政策,鼓励他们来图书馆,利用图书馆。由于他们对于信息技术、新媒体等新事物的接受能力强,对电子资源的利用逐步成为辅助其学习的主要工具。因此除了传统的纸质资源外,需要少儿图书馆在数据库等电子资源的建设、数字资源的使用等方面加大力度,能够吸引这个年龄段的青少年。

5. 家长、教师和少儿教育工作者

家长对少年儿童的成长有直接影响,他们在青少年成长过程中发挥着十分重要的作用,同时也担负着重要的责任,需要了解少年儿童的身心发展特点以及适合的指导方法;教师和教育工作者是少儿图书馆意识和信息的传递者,同样担负着重要责任。需要了解政府机关发布的各项与少年儿童有关的方针政策、法律法规,及时有效地提供各种相关的具有参考性和指导性的信息服务。少儿图书馆有责任依据他们的各种需要,提供相应的资源及信息化服务。例如深圳市少年儿童图书馆在一层显著位置设有"国际教育资源馆",专门为教育、教学研究者、工作者提供国际范围内的教育文献信息资源。广州市少年儿童图书馆面向教师定期出版刊物《芳草地》,并且为教师等专业教育工作者提供专题的信息咨询服务等。

参考文献

1. 吴慰慈,董炎. 图书馆学概论[M]. 北京:国家图书馆出版社,2008

2. 黄英. 中日图书馆少儿服务之比较[J]. 新世纪图书馆,2012(5)

3. 日本文部科学省主页法律页. http://www. mext. go. jp/a_menu/sports/dokusyo/hourei/index. htm

4. 文化部图书馆事业管理局科教处. 国外儿童图书馆工作[M]. 北京:书目文献出版社(今国家图书馆出版社),1981

5. 2010"全国少儿阅读公共论坛"在京举办[M]//中国图书馆年鉴 2011. 北京:国家图书馆出版社,2011

6. 曹雪. 图书馆特殊群体用户服务研究——基于 IFLA 专业报告用户服务指南[J]. 情报探索,2012(10)

7. 程亚男. 公共图书馆建设与服务的基本原则解读[J]. 图书馆理论与实践,2011(5)

8. 胡洁,汪东波,支娟,等. 公共图书馆第五次评估定级标准(少儿部分)释读[J]. 中国图书馆学报,2013(3)

9. 吴建中. 战略思考:图书馆发展的十大热门话题[M]. 上海:科学技术文献出版社,2002

10. 胡晓旭. 开创幼儿图书馆事业之我见[J]. 社科纵横,2011(6)

11. 中国儿童发展纲要(2001—2010 年)[EB/OL]. [2001 -05 -30]. http://www. china. com. cn/zhuanti2005/txt/2001-05/30/content_5036539. htm

12. 国务院办公厅转发教育部等部门(单位)关于幼儿教育改革与发展指导意见的通知(国办发〔2003〕13 号)[EB/OL]. [2003 -03 -04]. http://www. gov. cn/gongbao/content/2003/content_62048. htm

13. 国家中长期教育改革和发展规划纲要(2010—2020 年)[EB/OL].[2010-07-29].http://www.gov.cn/jrzg/2010-07/29/content_1667143.htm

14. 陈峰.从美国公共图书馆服务看“以人为本”的服务理念[J].福建图书馆理论与实践,2005(4)

第二章　少儿图书馆的发展历程

第一节　清末—1949——初试啼声，踌躇满志

一、民国时期儿童图书馆产生发展的历史背景

（一）中国近代形成的“以儿童为本位”的儿童观、儿童教育观是儿童图书馆产生发展的思想基础

我国近代儿童观的形成最早可以追溯到1840年的鸦片战争之后。鸦片战争打破了清政府长期以来实行的闭关锁国政策，使维新派思想得以萌芽，其代表人物林则徐、魏源是我国近代史上最早“睁眼看世界”的人物。魏源的代表作《海国图志》的中心思想即为“师夷长技以制夷”，这种思想对于中国近代史上维新思想的产生起到了重要的作用。之后清政府多次派出使臣出访欧美、日本等国家，目睹了西方国家儿童的生存发展状况，深切感受到西方先进的儿童观和西方社会儿童享有的权利和地位[1]。同时意识到国家的昌盛取决于人才的培养和兴盛。在民族危机这一强大压力的推动下，1895年维新派代表人物康有为、梁启超等创办《时务报》，大力宣传西方资产阶级的进步思想，作为重要写手的梁启超在《时务报》上发表了著名的《变法通议》[2]。家喻户晓的《少年中国说》——“少年智则国智，少年富则国富，少年强则国强，少年进步则国进步”是梁启超对儿童与国家兴亡关系的清晰阐明。1898年的戊戌变法虽然失败，但其“中学为体，西学为用”的思想开始广泛传播，其代表人物是晚清洋务运动的代表人物张之洞。清政府于1904年颁布了由张之洞主持制定的新式学制——葵卯学制[3]，这是中国近代教育史上第一部全国性的且具有早期现代化特点的学制法令。其中《奏定蒙养院章程及家庭教育法章程》要求

三岁至七岁的儿童接受幼儿教育，之后，初等教育同时纳入了国家义务教育的范畴。自此，儿童受教育的权利、以人为本的儿童教育观开始形成。

与此同时，国外传教士和学者来华，大力宣传西方的儿童观[4]，同样极大地影响了国人对待儿童的思想观念。但当时人们并没有真正意识到儿童是独立的、平等而自由的个体，鲁迅就曾在《我们现在怎样做父亲》一文中谈到了中国传统对儿童的压抑[5]。他提到，在中国传统中，把儿童看作成人的附属，认为小孩懂得什么，一笔抹杀，不去理他。周作人也在他的《儿童的文学》中提到过去的人们或者将儿童视为“矮小的成人”，或者是“将他看作不完全的小人”[6]。

“五四新文化运动”的兴起使我国的儿童观从传统的旧式框架逐步发展到了现代的儿童观。新文化运动明确提出要“把儿童当人”“把儿童当儿童”“要尊重儿童”，社会上迅速出现了一股“儿童热”，鲁迅、周作人、丰子恺等成为关注儿童、专门倡导儿童文学的先锋，儿童也是从那时起真正成为文学和社会的宠儿。这其中美国“儿童中心主义者”杜威的“儿童中心说”思想对于我国儿童观念的更新起到了重要的推动作用。杜威在“五四运动”前来到中国，在华的两年间，在北京、上海等地积极发表演讲，在教育界和思想界都掀起了轩然大波。在其影响下，鲁迅甚至响亮地提出了“幼者本位”的观点，即“一切设施，都应该以孩子为本位”[7]，就是我们现在所说的“儿童本位主义”。而周作人则积极搜集与研究儿歌，进行童话研究，先后发表了《儿童的世界（论童谣）》《儿歌之研究》《童话略论》《小孩的委屈》《少年的悲哀》[8]等大量有关儿童教育学的文章或译文。他的《儿童的文学》也成为“儿童热”的思想纲领。丰子恺提倡的是自然主义的教育思想[9]，认为“天地间最健全者得心眼，只是孩子们的所有物，世间事物的真相，只有孩子们能最明确、最完全地看到”[10]，而孩子们“能撤去世间事物的因果关系的网，看见事物的本身的真相”。这些代表了当时中国最先进的“理解”儿童、“尊重”儿童的观点，大人们要任“儿童的天性自由发展”的儿童观逐步深入人心。

除此之外,教育界如教育家陈鹤琴、陶行知等也积极参加到儿童教育的宣传和实践中来,倡导理解儿童、尊者儿童,为建立起中国崭新的儿童观身体力行。1929 年,儿童教育家陈鹤琴倡导成立了“全国儿童教育社”,并创办《儿童教育月报》。在“全国儿童教育社”的开幕式上,陈鹤琴还将平日所收集的英美各国关于儿童教育方面的出版物展示给大家,使到会的人了解到重视儿童教育是当时的世界教育潮流[11]。而陶行知创办行知学校,倡导“生活即教育”“社会即学校”的教育思想也使学生能够摆脱传统的教条主义和形式主义,投入到社会生活实践中来,努力培养动手能力和积极的思考能力。

(二)儿童图书馆是清末民初政府及有识之士共同关注、我国公共图书馆事业不断发展的产物

1898 年,以梁启超、康有为为代表的维新派领导的“戊戌变法”虽然失败,但维新派所宣扬和大力推崇的藏书楼思想及西方图书馆的思想观念却得到了传播和发扬。一些地方士绅开始意识到新式藏书楼的重要性,积极宣传并且大力倡导兴办新式的藏书楼。1906 年,时任京师大学堂农科督监的罗振玉向清政府提出《京师创设图书馆私议》[12],开始改民间公共藏书楼为官办的公共图书馆。1909 年 4 月 18 日,上报的《奏报分年筹备事宜折》中,制定了各项分年筹备事宜,其中,1909 年的筹备事宜中有“颁布图书馆章程”和“京师开办图书馆”两项内容[13];1910 年的筹备事宜中有“行各省一律开办图书馆”的内容[14]。据此,清政府学部于 1910 年颁布了我国首部“图书馆法”性质的图书馆章程——《京师图书馆及各省图书馆通行章程》。由此,宣传西方图书馆观念、倡导设立新式图书馆的思想和活动正式从民间和地方的呼声上升到了政府的公开提倡[15]。我国的公共图书馆运动开始兴起。

1912 年 1 月 1 日民国政府成立后,教育部设立社会教育司专门负责管理图书馆事务。而通俗图书馆则是清末民国初年政府倡导社会教育的一个重要组成部分。1913 年 10 月,教育部创办的京师通俗图书馆增设了儿童阅览室,这是公认的我国最早的公共图书馆附设的儿

童图书馆。1915 年民国政府教育部颁布《通俗图书馆章程》和《图书馆规程》,认为开办通俗图书馆的目的是“诱启社会之常识,儿童之智能”。北洋政府成立后,设立了大学院。1928 年 5 月 15 日,大学院召集全国教育会议,与儿童图书馆相关的就有“组织委员会规定中小学附设图书馆设备之标准案”。1928 年夏,大学院拟定训政时期施行要目,期望用三年时间分别见诸实施,其中就有涉及儿童图书馆的建设规划:“第一年,调查全国儿童图书馆状况;筹设中央儿童图书馆。第二年,实施儿童图书馆条例;扩充中央儿童图书馆。第三年……”虽然这个计划因时局的变化未能落实,但政府对儿童图书馆的重视已初见端倪[16]。随后,几乎所有通俗图书馆都实施或计划实施儿童阅览服务,山东、陕西、云南、浙江、湖南等地十余个省立图书馆设置了儿童阅览室。

1930 年 10 月,吉林省公布《吉林省儿童图书馆简章六条》[17],其中第二条规定“教育经费较充裕之市县,均须于市县府所在地及人烟稠密之乡镇,设立儿童图书馆;其不能单独设立者,市县政府所在地得于市县立民众图书馆内另开儿童图书室或附设于市县立民众教育馆内”“省立及市县小学校除附设儿童图书馆者外,均须设置儿童阅览室”。1931 年 4 月,浙江省教育厅发布实施《杭州市市立儿童图书馆章程》,提出了设置巡回文库、加强与各小学的流通,帮助儿童就近开展阅读等[18]。这些章程规则的制定为我国目前儿童图书馆制定相关的政策法规都有一定的参考和借鉴价值。在中华图书馆协会的推动下,广东省政府教育厅也专门发了《转令知应设儿童图书馆并规定各图书馆附设儿童阅览室》的训令,要求各县市政府、省立图书馆、仲元图书馆执行[19]。1917 年直隶省天津社会教育办事处总董林兆翰呈报组成儿童图书馆文,12 月 24 日,天津社会教育办事处在全国创办了我国历史上第一所独立的儿童图书馆并制定了《儿童图书馆阅览规程》[20]。之后,上海、杭州、长沙等地也都创办了独立的儿童图书馆。

据王柏年《儿童图书馆发达史》统计,在 20 世纪 30 年代,全国 28 个省市建有独立的儿童图书馆 8 所,学校图书馆 100 所,附设在成人图书馆里的儿童阅览室 48 所，附设在民众教育馆的 26 所，其他类型 2 所[21]。可见，民国时期，以独立建制、公立图书馆（通俗图书馆）附设的儿童阅览室、公私立小学图书馆组成的儿童图书馆体系已经初步形成。

（三）儿童图书馆是借鉴国外经验，西为中用不断推进的结果

日本以及欧美等西方国家的儿童图书馆事业自 19 世纪初便发展与兴盛起来，清朝末年，关于日本及欧美等西方图书馆的相关介绍文章开始见诸我国报刊。最早介绍儿童图书馆的多是翻译日本儿童图书馆的文章，目前看到的关于儿童图书馆的文章最早载于 1903 年（光绪二十九年）的《教育世界》（译文篇下）[22]，其中《记美国少年图书馆》（1901 年发表）一文介绍了美国以少年图书馆著名的有四处，提到在少年图书馆中少年可以随意入内并且不收取阅览费用，而且以阅历最深的教育家负责阅览室的工作，阅览室内还备有图画书，对于图书馆的设施，则强调“勿使光线有不足之处”“书籍有不备之憾”等；1903 年《教育世界》（译文篇上）刊载介绍日本小学校的文章《小学校令》和《关于幼稚园图书馆盲哑学校及其余类于小学校之各种学校又私立小学校等规则》（日本明治字二十四年十一月十七日文部省令第十八号）（1902 年发表），规定了幼稚园图书馆职员的任职资格以及程序；1903 年《教育世界》（译文篇下）又刊登译文《拟设简便儿童图书馆说》（1903 年发表），鼓励设置简便图书馆，我们可以理解为学校图书馆，其中提到设置简便图书馆的 5 个好处：一是可以使学生拓宽视野，补充其受自然教育的功效；二是学生毕业以后也能使他受到教育并增长知识；三是使到学校附近的居民能够受益于图书馆；四是使学校内老师的教授方法得以改进；五是使学校附近的人们“益与学校有亲密之关系”等。

1909 年商务印书馆创办《教育杂志》，在创刊的前两年就刊登有提倡儿童图书馆的论文六篇。第一年第一期的《庄俞氏之藏书楼与学堂之联络》提到“该藏书楼于改订章则之第一年，儿童阅览书籍，不过三万一千四百九十次。自一九〇〇年九月至翌年七月，出纳之数量，

突增至二十五万两千四百七十一次之多”。蔡文森的《欧美图书馆之制度》中介绍了德国小学校图书馆事业的情况。孙毓修在《教育杂志》中连载的《图书馆》一文，提到“我国图书馆事业草创伊始，对于儿童部分，尚难别出。似可仿效日本之法，于寻常(即普通之意)图书馆中，附设一处，为儿童观书观画之所”。《教育杂志》1910年第二期介绍了日本东京日比谷图书馆附设儿童阅览部概况。另外，蔡文森还在他的《设立儿童图书馆办法》中详细介绍了日本东京日比谷图书馆创设儿童阅览部办法，促进我国图书馆界及初等教育界效仿办理，显示出我国儿童图书馆的宣传已经从理论的倡导转入实际方法的探讨。

最早的介绍儿童图书馆概况的译著是1924年陈逸民翻译的日本金泽慈海、竹贯宜人两人合著的《儿童图书馆之研究》，该书介绍了日本办理儿童图书馆实施情况。之后1929年又有王京生译《儿童图书馆》一书，介绍美国的儿童图书馆学。

1917年，沈祖荣从美国留学归来，倡导兴起了“新图书馆运动”。新图书馆运动使图书馆界对于儿童图书馆的研究日益关注，中国在向西方学习先进理念的同时，也将理论不断付诸实践。

对于儿童图书馆的发展同样发挥重要作用的是美国实用主义教育家约翰·杜威和美国图书馆协会鲍士伟博士来华。杜威在1919年至1921年2月的两年多时间里，在中国进行演讲，大力宣传“儿童中心”思想；而鲍士伟则在1925年来华考察两个月，发表各类演讲约50场，宣传公共图书馆思想，走出了我国图书馆事业国际交流的第一步，他的来华演讲大大加快了中华图书馆协会的成立，进而促进儿童图书馆事业的发展。孔敏中曾以鲍士伟《美国公共图书馆》一书中第一章“现代图书馆的意义”为题，发表《“现代图书馆”的意义》一文，说明“现代图书馆”的意义之一就是要“有专备儿童用的屋子”等[23]。

(四)图书馆学期刊、图书馆学专业教育以及本土学术研究的不断深入，与儿童图书馆事业的发展互相促进

民国时期三大图书馆学期刊的创办，极大地促进了儿童图书馆事业发展以及专业研究的深入。1925年创办的《中华图书馆协会会报》

发刊词中写道："本报为本会传达消息之刊物，极愿以此为全国公共图书馆事业之通讯机关。凡图书馆或各地图书馆协会之任何消息，皆愿代为露布。"[24] 1926 年创办的《图书馆学季刊》共登载儿童图书馆相关学术文章 20 余篇，代表了儿童图书馆学研究领域的较高水平，体现了"形成一种合于中国国情之图书馆学"的编辑宗旨[25]；1929 年创刊的《文华图书馆学专科学校季刊》（原名为《武昌文华图书科季刊》）最初是由文华图书馆学专科学校的学生创办的，它在宗旨中提出"以提倡图书馆学，研究实际问题，解决应用方法为目的"，也提到"为促进图书馆之设立，改良图书馆之设备，提倡图书馆之实用"[26]。在该刊的创刊号中即刊有曾宪文的《儿童图书馆之研究》一文。三大图书馆学期刊的创刊和持续的工作，大量宣传了图书馆（包括儿童图书馆）的各类消息和文章，成为宣传儿童图书馆教育、促进儿童图书馆学研究的主要阵地。经粗略统计，民国时期教育学、图书馆学期刊约 160 余种，其中有 100 多种期刊登载过儿童图书馆相关的消息或文章，而且根据社会发展和社会热点问题刊登各种儿童图书馆专刊，如《中华教育界》在 1921 年即推出"儿童用书研究专号"，1932 年山西的《小学教育》推出"儿童读物专题讨论号"，《中国出版月刊》1933 年推出"儿童图书专号"，1934 年《开封实验教育》推出"儿童读物审查专号"，《天津市市立图书馆月刊》在 1936 年推出"儿童专刊"等。

在借鉴国外儿童图书馆理念的基础上，结合当时儿童图书馆的发展情况，我国在儿童图书馆的本土理论研究方面也小有成就。据统计，当时有儿童图书馆学相关著作约 32 部，220 余人发表儿童图书馆学论文 260 余篇[27]。而当时杜定友、刘国钧、吕绍虞、钱亚新、戴志骞、徐锡龄、徐家璧、曾宪文、陶述先（曾发表《儿童图书馆宣传与广告》一文）等图书馆学人也开始关注和研究儿童图书馆，文章和著作不断出现在图书馆学、教育学期刊上，为儿童图书馆的产生和发展提供了有力的理论支持和实践指导。以杜定友和刘国钧为例，对儿童图书馆理论研究较为全面深入的当属杜定友，其论文包括《儿童图书馆问题》《小学图书馆问题》《中学图书馆的几个问题》《最低限度的中学图书馆》《儿童参考书研究》《学校图书馆管理法》,涉及中学图书馆、小学图书馆、儿童图书馆、学校图书馆等各种类型,并且采取演讲的形式进行宣讲。以杜定友在图书馆界的地位和广泛的号召力,这些著述对于民众了解儿童图书馆起到了积极的引导作用,并且对儿童图书馆的实践提供了有力的理论指导。刘国钧是比较早提出对儿童阅读分龄、儿童阅读兴趣、儿童读物本身进行研究的学者,虽然他的儿童图书馆论文数量不多,目前仅发现有《儿童图书馆和儿童文学》一篇,但“他的这一论文质量很高,首次提出了建设图书馆的要素问题,并在以后不断充实、完善,最终成为一种图书馆学理论体系”[28],并且“最先在图书馆界引入了儿童心理学理论”“是中国研究儿童图书馆方面具有里程碑意义的重要成果”[29]。

中国化的儿童图书馆学理论著作主要有 1929 年蒋镜寰编述的《小学图书馆实施法》,1931 年徐锡龄编写的《儿童阅读兴趣的研究》,1933 年杜定友著《学校图书馆学》、王人路著《儿童读物的研究》,1934 年陆静山著《儿童图书馆》、徐能庸著《儿童图书馆》等,每本著作都从儿童图书馆建设的实际出发,浅显易懂,非常适合我国刚刚发展的儿童图书馆的经营和实践,在一定程度上也丰富了我国的图书馆学理论研究。

伴随着图书馆学专业教育的不断推进,儿童图书馆学专家不断涌现,这其中韦棣华及其所创办的文华图书馆学专科学校对儿童图书馆专业人才的培养起到了关键的作用。文华图书馆学专科学校自 1931 年起开设儿童图书馆学课程[30]。1936 年,文华图专还聘请纽约公共图书馆儿童阅览部主任郝路德来华讲儿童图书馆学。沈祖荣、胡庆生、徐家壁、徐家麟等一大批图书馆专家都毕业于该校。除此之外,还有一些短期培训也成为儿童图书馆专业人才培养的有效手段。1925 年 7 月,中华图书馆协会与国立东南大学、中华教育改进社、江苏省教育会组成暑期学校,其中专门设儿童图书馆课程班,共上课一个月,李小缘、刘国钧等图书馆学专家专门讲授儿童图书馆[31]。金陵大学设置专门图书馆学,图书馆学课程中注重儿童图书馆教育[32]。在儿童图书馆教育实践方面,1929 年江苏省四区地方教育研究会暑期讲习会、1935 年北平市暑期小学教员讲习会等均有儿童图书馆学及管理法课程。据统计,1920—1948 年间,有 15 种类型的短期培训班[33]。

（五）现代出版业的进步以及儿童读物的迅猛发展为儿童图书馆的产生、发展提供了物质基础

创刊于清光绪元年(1875)的《小孩月报》①(Child's Paper)为纽约长老会所办,可以称得上是我国儿童期刊之开山祖师。《小孩月报》延至民国三年,改名《开风报》。创刊于清光绪二十八年(1902)的《启蒙画报》是我国目前可见的出现较早的儿童课外读物,该刊物已经具备了近代杂志的雏形,报纸图文并茂,符合儿童的接受心理。1903 年中国第一份儿童日报《童子世界》②诞生于上海,随后各大报刊如《大公报》也纷纷开始开办儿童专栏,中国儿童报刊迈出了近代化的脚步[34]。1908 年商务印书馆刊发《儿童教育画》,供 7—8 岁儿童阅读。民国时期是我国的儿童教育事业步入现代教育的一个重要阶段,产生了很多优秀的儿童读物。《儿童教育画》《少年》《儿童画报》等刊物都是我国近代早期儿童启蒙读物的典型代表,从内容到形式都富有新意,生动活泼、多样化地运用了儿童美术。虽然时光流逝近百年,依然图画清晰,例如《儿童教育画》是供七八岁儿童阅读的,《教育杂志》曾

① 由美国传教士范约翰(John Marshall Willoughby Farnham,1829—1917)于 1875 年在上海创办。1881 年 5 月更名为《月报》,1914 年更名为《开风报》。1915 年停刊。“不但刊载有论说、故事、寓言、诗歌、传记、小说、新闻、戏法、科学常识等,而且配有精美的铜版和黄杨雕版的图画”,是我国最早的画报,以生动而简明易懂的形式向我国儿童介绍西方的科学成就。其因承关系尚待考证,一说因承于 1874 年 2 月创刊于福州的《小孩月报》,一说因承于 1874 年 2 月创办于广州的《小孩月报》。

② 1903 年 4 月 6 日创刊于上海,由上海南洋公学退学学生组织“爱国学社”编印。撰稿人有吴忆琴、钱瑞香、翁筱印等。初为月刊,自第二十二号起改为双月刊,第三十一号起改为旬刊。主要栏目有论说、时局、历史、地理、小说、传记、故事等。1903 年 6 月 16 日停刊。

评价它“是书寓教育于游戏之中，于儿童体育、智育、德育，极有关系”[35]。商务印书馆和中华书局是当时出版儿童课外读物最多的出版机构。商务印书馆先后创刊了《少年杂志》(1911 年创刊)、《学生月刊》(1914 年创刊，1920 年以后改名为《学生杂志》)和《儿童世界》(1922 年创刊)。中华书局则创办了《中华童子界》(1914 年创刊)、《中华学生界》(1914 年创刊)、《中华儿童画报》(1914 年创刊)和《小朋友》(1922 年创刊)等报刊。这些期刊成为当时儿童不可多得的课外读物。《儿童世界》和《小朋友》是当时最受欢迎的两种儿童课外读物。在我国儿童教育发展史上，这两种刊物以刊行时间长、发行范围广著称于世。这两种杂志的诞生，也标明我国儿童文学的发展已进入一个崭新的时代，具有里程碑的意义[36]。

在儿童报刊创刊、单行本儿童读物大量发行的同时，儿童丛书的大量出版则为儿童图书馆的产生发展提供了更加有力的物质基础和资源保障。王云五、徐应昶主编的《小学生文库》就是根据中国儿童教育的需要，包括了图书馆学、社会科学、自然科学、应用技术、文学、艺术、史地等 45 个门类的内容，号称“购备一部，立可成一儿童图书馆”[37]。1902 年少年中国学会编印《中国新丛书》，1908 年 12 月，林万里所编《少年丛书》第一本《哥伦布》出版。《少年丛书》是林万里根据日本明治三十年出版的博文馆少年读本和世界历史谈等丛书体例编制而成的。1909 年商务印书馆出版了孙毓修编译的儿童丛书《童话》，这是我国出版史上第一套真正意义上的大型儿童读物丛书，凸显了儿童读物在整个出版物构成中的新趋势。从 20 世纪 20 年代开始，多册数、大部头的儿童丛书开始发展。商务印书馆《小学生文库》，供中高级儿童阅读，第一集 500 册；《幼童文库》，全书 200 册，供低级儿童阅读；《小学生分年补充读本》，600 册；中华书局《小朋友文库》450 册，分低、中、高三级。另外还包括《小学生丛书》60 册、《小学生各科副课本》300 册、《初中学生文库》300 册等。各个书局发行儿童丛书之风盛行，并且出现了专门出版儿童读物的出版机构——儿童书局。这股儿童丛书的出版之风在 1934 年达到兴盛时期。

据1935年上海生活书店编写的《全国少年儿童书目》统计，当时的儿童课外读物已经达到3000种，达到了儿童读物出版的繁荣时期。儿童读物不仅数量增多，品种也更为丰富。儿童文学作品的体裁不仅包括童话、故事、小说、儿歌等常见的文学类型，其他的文学形式如笑话、谜语、儿童百科、科普读物等也多有涉及。

应该说，儿童读物尤其是儿童丛书的发展有赖于儿童图书馆教育的发展，在儿童图书馆发展过程中，需要大量的儿童读物满足儿童的阅读需求，同时满足儿童图书馆馆藏建设的需要，两者相辅相成，起到了互相促进的作用。

（六）多种社会力量的推动，尤其是行业组织和学术团体的积极倡导为儿童图书馆的产生、发展提供了强有力的支持

20世纪20年代开始，教育和图书馆相关的协会组织先后成立，其所提议案推进了当时儿童图书馆事业的发展。我国历史上的“儿童图书馆运动”兴起。

1. 中华教育改进社

1921年12月，中华教育改进社成立，其中设立图书馆教育研究委员会[38]。这是我国图书馆界第一个全国性的联络组织，也是第一个倡导儿童图书馆事业的社会机构。该社的三次年会均有儿童图书馆议案提出。1922年在山东济南举办的第一届年会便有戴志骞“通俗图书馆内应设儿童图书部之提案”、洪有丰“各市区小学校应就近联合于校内创设巡回儿童图书馆以补充教室内之教育案”[39][40]。1923年8月在北平清华园召开的第二次年会关于儿童图书馆相关议案有两条，一是“北平师大及女师大附小合组之小学教育研究会：为提倡儿童课外读物请各地教育界组织团体审慎选择并规定使用方法案”，二是许本农“请分期编制各种中小学校需用图书目录以便各校酌量备用案”[41]。1925年8月的第四届年会中有黄兢白的“请公立图书馆及通俗教育图书馆增设儿童图书部案”。该案要求公立图书馆及通俗图书馆另开一室为儿童部，设专人管理，并且儿童部于必要时得分设在各小学附近或适中地点[42]。1925年中华图书馆协会成立后的一段时间

里，相关事务仍由中华教育改进社图书馆教育组办理。

2. 中华图书馆协会

1925 年，上海图书馆协会发起成立了中国现代图书馆专业学术团体和行业组织——中华图书馆协会，推进了我国儿童图书馆事业的快速发展。最初的三届年会中均有多项儿童图书馆议案获得通过。1929 年 1 月在金陵的首届年会便有吴谨心“请教育部通令各大学区各省教育厅训令各小学设立儿童图书馆，遇必要时联合数校共同组织”和万国鼎“各县筹设小学公用图书馆或公立图书馆添设学校部”[43]；1933 年 8 月在北平清华大学第二届年会有两条议案，其一是余超“通函各县市应设儿童图书馆并规定各图书馆附设儿童阅览室”，其二是陈长伟“请协会呈请教育部令各省市县教育行政机关应聘请图书馆学专家指导各中小学图书一切进行事宜”[44]。1936 年 7 月 20—24 日，中华图书馆协会第三届年会在山东大学召开，有关儿童图书馆议案有三，一是王柏年提国立北平师范大学附属第一小学复议“本会拟设儿童图书馆事业咨询委员会案”，二是谈锡恩“请拟定儿童图书馆分类法以备全国儿童图书馆采用案”，三是黄警顽、李文裿提“呈请教育部令各省市县及公立小学凡未经设立儿童图书馆者应从速设立或附设儿童图书馆案”[45]。

3. “儿童节”和“儿童年”的设立

1931 年 3 月 7 日，中华慈幼协会执行委员会呈请上海市政府和南京国民政府设立儿童节。儿童节由民国政府教育部规定后，教育界和出版界对儿童文化骤然注意，各种杂志关于儿童福利的文章都在重要位置。后来，教育部公布的纪念儿童节办法，其中第四条便有以文具书画作为儿童节纪念品的规定，自此儿童节风行赠送儿童读物。儿童节确立后，中华慈幼协会再次向民国政府呈请将 1935 年设为“儿童年”并获准，之后举行大型庆祝活动“儿童读物展览”，展示了优秀的国内外儿童读物，吸引儿童到图书馆读书，以此激发出版儿童读物的热情以及儿童读书的兴趣。

4. 其他

1925 年 12 月 1 日至 5 日,苏浙皖三省师范附小联合会提案中也有规定儿童图书馆相关的议案,共六条[46]:①研究统计已出版之教科书的内容,做地方小学校选用之标准;②编制儿童读物以应急需案;③创制初步儿童读物案;④整理民间文学,使成适用的儿童读物案;⑤调查儿童适用图书,编制儿童图书目录案;⑥规定儿童图书的分类和分段,及儿童图书馆之组织设备标准案。

随着"七七事变"的爆发,我国开始了长达八年的抗日战争,这期间,整个中国都处在抗击外敌的紧迫时期,我国的儿童图书馆事业遭到重创,良好的发展势头受到了巨大阻碍。1945 年虽然抗战胜利,但由于接下来的三年内战爆发,我国的儿童图书馆事业始终处于一个惨淡衰败的局面,一直未能恢复到抗战前蓬勃发展的状态。国统区的儿童图书馆虽有前期较好基础,但在时局动荡、时遭搬迁及政府不作为等种种因素的影响下萎缩衰退,发展基本停滞。

在此阶段,以延安为中心的陕甘宁边区则保持了相对的和平和稳定。在条件艰苦、经费短缺的边区,依靠群众力量捐款捐书,在短短几年内,白手起家,边区的文化教育,包括儿童图书馆事业取得了初步的发展,迅速建立了有一定规模的馆藏。建立了一批儿童图书馆,主要有:赤水县救亡小学图书馆(1938 年)、边区儿童保育院图书馆(1938 年)、绥德西北抗敌书店儿童阅览室(1938 年)、延安少年团儿童图书馆(1941 年)、延安干部子弟学校图书馆(1944 年)、八路军抗属子弟学校图书馆(1945 年)、第一保育小学图书馆(1946 年)等[47],这些儿童图书馆为边区儿童的文化教育发展起到了重要的作用。

二、民国时期儿童图书馆的基本类型

了解民国时期儿童图书馆的基本类型,可以帮助我们有效地把握民国时期儿童图书馆事业发展的整体状况,同时也可以对不同类型儿童图书馆的产生背景、服务对象等不同特点进行有针对性的研究。民国时期的儿童图书馆可以分为中小学图书馆、公共图书馆下设儿童阅览室以及独立建制的儿童图书馆3种类型。在1928年6月30日的《中华图书馆协会会报》上有“大学院拟定训政时期施行要目:筹设中央博物院中央图书馆中央儿童图书馆中央通俗教育馆”的消息[48],但因故未能成立,因此我们现在所说的国家级的少年儿童图书馆在民国时期尚未形成。

1. 中小学图书馆

中小学图书馆属学校图书馆范畴。学校图书馆一般是指那些属于高等教育层次以下的所有类型的隶属于学校的中小学图书馆。在李钟履《图书馆学目录索引》中,学校图书馆是单独统计排列的一种类型。民国时期的中小学校图书馆是国民政府重视课外教育的产物,因此它的产生较早。据王柏年《儿童图书馆事业发达史》记载,成立较早的学校图书馆包括成立于1909年的北平师大一小儿童图书馆(据《国立北京师范大学附属小学校儿童图书馆的概况》记载,该校儿童图书馆成立于民国六年夏,即1907年)、成立于1911年的上海万竹小学儿童图书馆以及成立于1912年的无锡县立中心小学儿童图书馆。据1936年教育部出版的《全国公私立图书馆调查报告》,当时“共有学校图书馆1963所,惟其规模不大,尚在初创阶段”,是民国时期儿童图书馆的一个重要组成部分。

中小学图书馆的建设受到当时新式教学法的影响,即老师教授学生不再按书讲说,而在于能够指导学生自主研究;学生在学习的过程中也不以学会课本而满足,而在于博览群书,触类旁通,即当时所说的“读书务博”。在这样的教育背景下,儿童图书馆作为拥有大量课外读物的场所自然成为中小学教育的一个重要手段和有力补充,是不可或缺的学校教育的组成部分。一方面,儿童图书馆能够提供教师教学的参考资料;另一方面,它也是学生课外阅读的重要场所。与其他两种类型的儿童图书馆相比,中小学图书馆一般具有几个特征:一是由于中小学学生年龄尚小、自制力较差,容易被不良读物所诱惑,容易误入歧途。因此,针对这种情况,中小学校图书馆的开放时间往往覆盖了学生在校期间的所有课余时间,甚至包括午休时间(如北平师大一小儿童图书馆之阅览时间安排[49]),这样的安排有助于学生利用闲暇时间,有助于学生的身心发展,更能避免其妄想邪行,使之成为课堂教育的有效补充。二是由于民国时期社会动荡,中小学图书馆的管理缺乏统一规划,图书馆往往没有专指负责人,一般由校领导兼任或由热心教师负责图书馆日常管理事务。除负责人外,管理员一般以学生为主,且薪金微薄。三是图书馆的经费往往来自中小学校的办学经费,多数情况下经费极少,且学校一旦出现开支紧张,儿童图书馆的经费就有挪为他用的危险,不利于儿童图书馆的发展。

2. 公共图书馆(通俗图书馆、民众图书馆)下设儿童阅览室

公共图书馆(通俗图书馆、民众图书馆)下设的儿童阅览室是随着公共图书馆运动以及社会各界对儿童的关注度提高而发展和壮大起来的。根据中华图书馆协会1925年、1928年、1930年、1931年进行的四次全国图书馆调查发现,我国的通俗图书馆和公立图书馆在民国时期已经广泛兴办起来[50][51][52][53]。但前两次调查中都有对学校图书馆的专门统计,并没有独立的儿童图书馆和公立图书馆(包括通俗图书馆)附设的儿童阅览室的统计。后两次统计中有专门儿童图书馆的统计,但只见到天津儿童图书馆一例。同时根据民国23年(1934)发行的《第一次中国教育年鉴》,全国33个省市区,有省市区立图书馆的有30个①,其中13所提及设有儿童阅览室,另有两所提及有儿童读物及儿童体育场[54]。

公共图书馆(通俗图书馆)下设的儿童图书馆往往是在普及大众文化知识的前提下,更加关注儿童的身心发展特点,为其创立能供儿童阅览探索的场所。而市面上充斥的质量低劣、内容不适合儿童阅读的书刊,容易在思想上对儿童产生不良影响,进而对其未来的发展不利。儿童图书馆倡导人正是在这样的背景下大力倡议公共图书馆下建设儿童图书馆。因此,这类附属儿童图书馆在经费、管理、书刊配给、人员配置等方面都对公共图书馆存在强烈的依赖关系。经费方

① 包括正在筹备中的上海市立图书馆。

面,往往来自公共图书馆的管理经费。管理方面,公共图书馆针对儿童图书馆的工作性质和工作内容建立专门机构进行统一管理,其经费的使用、人员的变动、图书的调配都须经过管理机构协商许可。图书配给方面,购书经费同样来自公共图书馆的购书经费,或者直接由公共图书馆调拨适合儿童阅读的图书。

3. 独立建制的儿童图书馆

民国时期独立建制的儿童图书馆数量较中小学校图书馆和公共图书馆附设儿童图书馆数量要少,但仍然不失为一种重要的组织形式。

独立建制的儿童图书馆一般具有下面几个特点:一是这个类型的儿童图书馆往往由公益基金会、公益组织、相关研究机构、医院、报社等公共机构与社会组织联合筹办,其建设目的同样在于养成儿童良好的阅读习惯,造就儿童端正的品行,形成健康的性格。二是由于其筹设机构的特殊性,独立建制的儿童图书馆的经费往往来自社会资金。这里存在两种情况,其一是独立建制儿童馆的发起人多是社会名流或实业家,他们本身具有一定的经济实力,或者具有一定的社会号召力,能够通过社会宣传募集资金;另一种情况就是儿童图书馆通过为商号做广告宣传等方式获取自身的运营资金。以上两种方式也为儿童图书馆的运营管理提供了某些启发和借鉴。三是独立建制儿童馆的董事、馆长及管理职位均由政府官员、文化学者以及热心人士义务担任,这种管理方式节省了开支,且义务负责人往往对儿童图书馆事业抱有一腔热忱,甘愿为图书馆事务的正常运行和健康发展无私地贡献力量,对儿童图书馆的宣传起到了引导作用。但这种管理方式也存在着一定的不利之处,即因为这种义务职务存在着不稳定的因素,为儿童图书馆的长期和持续的发展带来隐患。值得一提的是,图书馆属于公共事业的范畴,不应由于经费的减少而紧缩,民国时期的图书馆就经常因为经费的缺乏而影响正常运行。世界各国都是政府支持图书馆的运营,而我国民国时期独立建制儿童图书馆由社会公益组织建立,其经费来源不依靠政府而是通过社会募集,这种运作方式虽然在很大程度上存在不稳定性,但也不失为一种图书馆运营的重要形式。

三、民国时期儿童图书馆的理论与实践

民国时期,儿童图书馆学相关的理论与实践研究随着儿童图书馆的发展而逐步发展起来。结合国外的研究实践,民国时期的儿童图书馆研究逐步本土化,形成了具有一定中国特色的体系。从初期对儿童图书馆的社会意义、社会价值的讨论到对儿童读物、儿童阅读指导的研究,由理论的宣传逐步转到儿童图书馆的兴办与管理实践中,其理论研究基本集中在儿童图书馆的地位和价值、行政和管理、儿童读物的研究以及阅读指导等几个方面,与此同时,实践活动也在理论的基础上如火如荼地开展起来。具体而言,主要集中在以下四方面:

1. 儿童图书馆儿童教育的价值得到认可

20 世纪初,随着东学西渐的浪潮,社会对于儿童的关注度不断提升,一批留学欧美及日本的学者认识到现代图书馆对于社会发展的巨大作用,兴办儿童图书馆便是开启民智之路的最佳选择。教育界、图书馆界的先辈们从译介国外儿童图书馆的文章、书籍期刊入手,结合我国的社会实践,鼓励兴办儿童图书馆事业。杜定友认为设立儿童图书馆的两个目的是“养成儿童的读书的习惯”与“养成儿童的图书馆习惯”,他认为“只有认定儿童图书馆是一种社会教育机关,才能够理解儿童图书馆责任的重大。对儿童的阅览活动,不但应该加以指导,提高儿童的兴趣程度,并且应该放眼未来,对儿童将来有所准备”[55]。董明道从 7 个方面概括了儿童图书馆的意义[56]:①增加儿童课外生活的兴趣;②养成儿童读书的习惯;③增加儿童自动求学之能力;④培养儿童使用参考书的能力;⑤帮助学校教育发展儿童之才能;⑥培养儿童的公德心;⑦陶冶儿童优美的性情。迟受义则把儿童图书馆的价值归结为以下八点[57]:①养成儿童读书习惯;②补教科书的不足;③培养儿童自动学习的能力;④培植儿童的公德心;⑤防备有害或不良的读物;⑥辅助训教;⑦适应个性差异;⑧其他,包括节省阅读成本,联系办事能力,供给儿童留心时事的机会等。由于大量教育界、图书

馆界的先知人士的大力宣传和推广,儿童图书馆的童稚启迪作用迅速被公众所认知并接受。

据统计,讨论儿童图书馆价值、大力提倡普及儿童图书馆的论文主要集中在民国早期,占到民国时期儿童图书馆相关全部论文量的27%,说明儿童图书馆在其产生和发展初期,强调儿童图书馆在教育上之价值,宣传其重要价值与职能是研究的重要方向之一。

2. 对儿童图书馆业务管理与行政管理的探讨逐步深入

民国时期,随着儿童图书馆实践的不断展开,对于儿童图书馆业务管理与行政管理等方面的探讨也在不断深入,这方面的论文涉及设施设备管理、经费、资源建设、分类编目、业务指导、馆员培养等儿童图书馆筹建与运作的方方面面。

根据儿童的生理心理特点,结合当时儿童出版物的出版情况,学者们非常重视重视儿童读物的选择,从儿童的角度出发,除对纸张、字体、印刷等提出具体的建议外,在儿童读物的内容也提出了初步标准。尤其值得一提的是,学者们提出了对儿童读物"找寻某书的特点,使阅者都能欣赏它的意味"这样极为人性的高度[58],这是超越时代的。在分类法与编目等问题上,民国时期的图书馆先辈十分注重儿童读物的分级分类研究,认为"儿童图书的排列,宜按照儿童的智力划分阶段,分类不宜过细,以适合儿童的生理与心理"[59],因此当时的分类更加注重儿童心理,力求简单明了。

几乎当时所有关于儿童图书馆管理的著述都有涉及馆员素质对儿童影响的问题。关于儿童图书馆馆长和馆员应具备的基本素质,当时的学者普遍给出了很高的期望,从性情、学识、容貌举止等诸多方面都进行了热情的阐述。此外,冷淑媛和熊文两人还专门针对儿童图书馆馆员的养成问题进行了专门的论述[60][61]。

3. 对儿童阅读,包括儿童读物的研究渐入实质性阶段

王柏年在他的《中国儿童图书馆事业发达史》中认为儿童阅览指导方法的优良与否,关系儿童图书馆事业的前途和兴衰,是研究儿童图书馆事业的中心点。这说明民国图书馆人士已认识到儿童阅读指

导是极其重要的。杜定友就明确提出“儿童图书馆和公共或其他图书馆的组织不同，就是偏重在阅览的指导和图书的选择方面”。他在《儿童图书馆问题》一文中还提出儿童读物的选择应该注意3个方面：社会、儿童和书本。儿童图书馆选择书籍，除了注意儿童的现在之外，还要注意儿童的将来。这一描述说明民国时期对儿童读物的研究不仅仅局限于儿童读物本身，其视角已经面向整个社会与未来。

概括而言，民国时期对儿童图书馆阅读指导方面的研究，以儿童的阅读兴趣为出发点，通过对大量儿童读物内容的研究，结合儿童的阅读习惯，归纳总结出具体的阅读指导的方法。这些著述所提倡的阅读指导方法归纳起来主要包括以下一些内容：读书环境布置、阅览卫生与不良习惯纠正、儿童读物审查、新书揭示与提要介绍、阅览指导及摘录笔记方法指导、参考书使用指导、故事会与读书会指导、设置儿童巡回文库、拟定书目等。这些具体的、有针对性的、可操作的阅读指导方法对儿童图书馆具体的阅读指导工作具有很强的实践指导意义。

另外，针对儿童读物的选择，根据儿童的生理心理特点与儿童出版物的情况，当时的研究者还从字体、印刷、纸质等方面提出儿童读物选择的重要性，儿童读物内容方面更是出现了一大批理论与具体指导的成果。

4. 对儿童阅读活动进行总结和指导

在图书馆学人积极从事理论探究的同时，儿童图书馆工作者也积极行动起来，通过丰富多彩的儿童阅读活动积极推进儿童图书馆和儿童社会教育事业的发展，在制定相关具体指导方法的基础上，进行丰富多彩的儿童阅读活动，并及时进行总结，在通过儿童图书馆理论指导实践的同时，用儿童图书馆实践丰富与完善儿童图书馆理论。具体而言，主要包括以下几个方面。

(1)制定儿童阅览奖励规则，吸引儿童进馆阅览。北平特别市市立第一普通图书馆发布《诱导儿童阅览简章》，针对儿童设置阅读的奖励政策，规定“初次来馆即自记姓名于儿童阅览室登记簿上，本馆即发给阅览证一件，每次携带来馆时由本馆在证上盖用戳记，以便月终统核次数之多寡分别给奖”[62]。

(2)经常编制主题书目和推荐目录。南京国民政府教育部在1933年曾经发布了《教育部选定儿童读物目录》[63],根据商务印书馆等20家出版机构征集所得的儿童读物选编,依程度深浅,分低、中、高三级。徐锡龄编著的《儿童图书馆一个最低限度的书目》[64]对儿童图书馆的藏书建设在实践上提供了具体指导。北平市立第一普通图书馆编制了适用本馆的儿童书目,这份书目“充分容纳幼稚园及小学用书,同时并能容纳初中一年级中等程度之用书”[65],书目共分十大类,在每大类下又分出若干小类,如有必要,每小类下再分细目,书目分类的最终目标就是简便,方便儿童利用。

(3)编写儿童阅读指导手册。广东景堂图书馆编写了《儿童阅读指导》一书[66],强调读书的三点:“1. 在做人;2. 适应社会,解决生活问题;3. 为社会服务,为人群谋福利。”同时,这本儿童阅读指导手册对儿童阅读正确的姿势、错误的姿势做了图示对比,对阅览室的秩序、签名、借书、还书手续,阅读姿势、做笔记的方法都做了详细讲解,并且希望儿童“时常来这里讨生活,能够增进读书的兴趣,养成读书的习惯,以训练一种优美的德行和生活的知能”。类似的小册子吸引了儿童来馆阅读,加深了他们对儿童图书馆的了解与兴趣,是非常实用有效的儿童图书馆普及与应知应会读物。

(4)广泛开展各种儿童读书活动并及时总结。为促进儿童读书,各儿童图书馆经常举办儿童读书会、儿童读物展览、儿童图书巡回等活动。天津市第五通俗图书馆为扩大儿童读书的影响,“拟定暑期儿童竞读会简章数则,函致各校,招收小朋友入会市五图书馆暑期儿童竞读会”[67];图书馆学人还及时总结和推广丰富多彩的儿童阅读等实践活动,积极推进儿童图书馆及儿童社会教育事业的发展,如王述之的《苏四师小协动教学部儿童图书馆概况报告》、迟受义的《第一附小儿童图书馆计划大纲》等[68][69]。这些儿童图书馆馆务、实践活动等方面的章程、计划、实施情况、总结、报告等为儿童图书馆的研究提供了鲜活的参考资料,对于儿童图书馆事业的推广同样起到了重要作用。

四、民国时期儿童图书馆事业发展的经验及启示

(一)民国时期儿童图书馆事业取得的经验

民国时期儿童图书馆在社会教育上的价值被充分认识,儿童图书馆的地位也得到广泛认可,儿童图书馆研究者、实践者在儿童读物的选择、儿童分级阅读研究、儿童阅读指导等方面都取得了长足的成绩,在形成了“儿童观”的基础上形成了以儿童作为读者服务工作的核心,以包容和尊重的心态对待儿童,以引导儿童养成读书习惯,发挥社会教育职能为宗旨的服务理念。具体体现在以下的几个方面:

1. 初步明确了儿童图书馆基础设施设备条件

馆舍、儿童读物和馆员被视为儿童图书馆的3个组成要素。从馆舍、家具等方面来看,对于儿童阅览桌椅、书架的标准,按照儿童普通的发育水平,民国时期对此有一个相对公认的标准。基本的原则即为符合儿童的身心,方便儿童取书、看书,并且对阅览室内的环境和卫生也提出了希望。另外还有一些细节设计方面,例如为保护儿童视力,阅览报纸的桌子应该有一定倾斜,以45度角为宜;从安全角度考虑,阅览桌、书架的四周边角应设计成圆形,以避免碰伤儿童;从卫生角度考虑,阅览室里应设置洗手池,并且应该保证空气流通;常备文具,以防儿童急需使用;书架、杂志架宜靠墙设置;出纳台应设于靠近门口的地方;天花板宜用白色,墙壁用淡黄色,这样不易使日光反射;书架上悬挂些精美的卡片,桌上可放置鲜花,以增加儿童美感等,无一不是从儿童的角度考虑,以方便儿童使用、以儿童健康发展为基本的出发点,可以说考虑到了儿童在馆内活动可能涉及的周边设施设备的方方面面,体现了儿童图书馆清洁、整齐、安静、安全的原则。

2. 对馆藏资源建设进行了细致讨论

儿童图书馆的馆藏建设从另一个角度说就是儿童读物的选择问题。何为儿童读物,王人路认为“儿童读物是供给儿童阅读的书籍,有活泼的思想,有动人的情感,有奇特的想象,用艺术的文字和图画,把他表现出来,而且是能使普遍的儿童懂得且感兴趣的”[70]。这个定义

比较准确地概括出优秀的儿童读物与其他成人读物的差异。当儿童图书馆认识到儿童有儿童的生活,“有儿童自己的小宇宙”,儿童的思想、兴趣、能力都与成人不同,明了儿童图书馆的“书籍的选择以儿童为中心”,应按儿童的知识程度、理解能力来创作和翻译作品时,民国时期的儿童图书馆便从关注不同年龄、不同性别儿童的阅读兴趣着手,根据不同儿童的阅读兴趣以及儿童读物的体裁、形式、内容等多方面去适应满足儿童的身心发展。

3. 初步给出了儿童图书馆的服务政策

为了节省儿童的取书时间,尊重和培养儿童的公德心,增加儿童的阅读兴趣,养成利用图书馆的良好习惯,民国时期的儿童图书馆多采用开架阅览的服务方式,不制订过多规则,免除繁杂的借阅手续,强调自由阅览。当时的学者普遍认为,儿童阅读兴趣的产生和萌芽时期是在十一二岁,而这个时期也是读书习惯的养成和图书馆习惯养成的关键时期,不应在图书馆内设置读书的障碍,否则会阻碍儿童的发展。因此建议“出纳规则不可以过于限制,然后不失儿童图书馆的效用”。对于阅览,均以开架方式,让儿童自由走动,自由取阅,以引起儿童的阅读兴趣。

而对于开放时间,则均以儿童的自由时间为标准,尊重儿童需要而定,对于公共图书馆来说,即当儿童身处学校上课时,阅览室设计为关闭时间;而在儿童下课后的自由时间里,再实行开放的策略。开放时间一般是在以下午课后的四点到七点,如果来读书的儿童极为踊跃,开放时间可以再延长一个小时。而对于中小学校图书馆来说,则开放时间定在学生在校时间内的非上课时间开放,鼓励学生课下来到儿童图书馆阅览,补充课内教育的不足。

4. 对儿童图书馆馆员素质有了初步的要求

儿童图书馆馆员作为儿童图书馆的核心要素,对其的职业素质要求可以从另一个侧面展现那个时代儿童图书馆以儿童为中心的服务理念。杜定友对儿童图书馆馆员职业价值说过这样的话:“她的举止,她的工作,就可以磨炼儿童的道德,提高儿童的意志,增加儿童的智识,训练儿童的习惯。”并且进一步阐述了馆员对于儿童阅读的重要作用,强调馆员“是书籍的原动力”。既然肩负这样的使命,则对儿童图书馆馆员的要求也非常严格:首先,除了强调馆员所必须具备的图书馆专业知识,包括图书馆教育和图书馆组织、管理方面的知识外,更重要的是根据儿童图书馆读者的特殊性,要求馆员最好接受过师范教育的正规训练,熟知儿童心理学、教育学,认为只有这样才能顺应儿童的心理,吸引儿童并用合适的方法去指导儿童阅读;二是德性修养的要求,要求馆员诚实守信,富有责任心,热诚对待儿童,要克尽职守,要有宽容忍耐的精神,对待儿童要有同情心,“要像父母待子女一样,使儿童不知不觉中受他的感化,养成良好的习惯”;三是仪态仪表的要求,包括容貌端庄、衣着整洁、礼貌待人等。可以看出,对儿童图书馆员的所有要求都是本着为儿童服务的原则,站在“养成勤敏的读者”“培养高尚的国民”的高度去认识和培养的,认识之深刻足以让我们现代人深思。

5. 开展了丰富的阅读指导活动

有了对儿童阅读兴趣的深入了解,就具备了开展阅读指导的前提和基础。由于每个年龄阶段儿童心理的差异,儿童图书馆针对不同年龄阶段的儿童采取了不同的阅读指导方法。比如对于年龄小的孩子可以采取讲故事的方式,并且根据不同年龄进行分组,以此选择适合每组的材料;可以帮助年龄小的儿童检索目录或其他书籍,而年龄大的孩子则可以为其提供有关问题的参考书等。另外,个体儿童和团体儿童在阅读指导上也会采取不同的方式:个体的儿童可以采用馆员与儿童共同阅览、随时指导的办法;对于以集体形式参加活动的儿童,馆员可以为他们集中传授利用图书馆的相关知识,比如如何检索目录,如何使用工具书等,还可以设立小规模的读书会,开展诸如讲故事、朗诵等活动等。除了在馆内举办各种阅读指导活动,儿童图书馆还加强与儿童父母、各种公共机关包括各种教育、公共、自然、学术机关的联络及合作。鼓励儿童走出图书馆,参观各学校及其他教育机关,开阔视野;鼓励儿童在学校教室内进行故事和讲演朗诵;鼓励教师来馆参观和阅览等。上述阅读指导活动的大力开展是儿童图书馆充分发挥其社会教育职能的重要体现。

（二）民国时期儿童图书馆事业发展的不足

囿于时代背景，民国时期“各地图书馆，附设儿童图书部者，尚寥若晨星。即设有之，而办理完善者，几无一所”[71]，民国时期我国的儿童图书馆事业发展整体上还是相对落后的。具体来讲，民国时期的儿童图书馆事业存在着以下一些不足。

1. 发展不均，地区差异显著

民国时期，儿童图书馆的分布极不均匀，主要集中在经济比较发达的东部地区，例如北京、天津、上海、安徽、江苏、广东等地。以上海为例，民国时期在上海创办的各类儿童图书馆就有少年宣讲团儿童图书馆、东方图书馆儿童图书馆、上海市儿童幸福委员会第一儿童图书馆、第二儿童图书馆、上海萧场儿童流通图书馆、上海儿童图书馆、清华儿童图书馆、上海第一儿童图书馆等。天津也是民国时期儿童图书馆较为兴盛的地区，1936 年天津市立七处通俗图书馆同时成立了三家儿童图书馆，并由通俗图书馆专门拨给经费[72]。除此之外，还有中小学校附设的儿童图书馆或阅览室。相比较而言，而他省份比重很小，尤其是西北、西南等省，儿童图书馆事业起步更晚，“因交通不便，文化晚开，教育事业向无巩固的基础，竭力提倡，犹恐不及，又何尝天灾人祸之纷投兼至？是以西北教育之破产事实，更倍胜于东南各省”，青海省到 1934 年尚无一所儿童图书馆[73]。

2. 设备简陋，规模影响有限

民国时期，儿童图书馆的馆舍面积都很小，公共图书馆、小学校附设的儿童阅览室一般只有一到两间，可容纳 20 至 50 人。安徽省立图书馆儿童阅览室最初只 8 个书架，阅书桌两张，椅子十二张，新添之后“共安放新书架二十个，添阅览桌三张，同时能容三十六位小朋友”[74]；浙江省立图书馆儿童阅览室扩充之后能容纳 50 人[75]，阅览室内一般能放置书橱、书架等。工作人员也相对简单，一般设主任一人，干事或管理员 1 至 2 人，学校图书馆则多以学生任职。

除了面积小，设备简陋之外，儿童图书馆的藏书量也比较少，除了经费紧缺、空间狭小影响儿童图书馆的儿童读物量以外，儿童读物出版量的不足也是其中重要的影响因素。陈独醒曾对全国儿童读物做过一个统计，截至 1932 年 9 月底，各地出版界发行的儿童读物总计 4300 多册[76]。王柏年对此曾有过这样的评价："就现在儿童读物之出版情形观之，数量极少，尤其是优良之儿童读物，质量益微，吾人如一时欲购置一二千册，确为易事，但是欲购置在三千册以上时，稍为难求，至四千册以上，购置已极费力。"比如当时建设比较完善的北平师大一小儿童图书馆拥有藏书 2317 种，4841 册，浙江省立图书馆儿童阅览室有儿童读物 2795 册。

儿童图书馆在当时的影响力相对有限，以当时儿童图书馆比较发达的天津地区为例，天津市第一通俗图书馆儿童阅览室自 1935 年初成立后，每天阅览人数约有一二百人[77]，天津市立第七通俗图书馆"位于居民稠密，学校林立之区"，1936 年每日平均阅览人数为 81 人[78]，已经被认为是当时难得一见的盛况，其他天津儿童图书馆的阅览人数，每月只有几百人，而女童利用图书馆更在个位数。相比而言，其他地区的儿童图书馆的利用率就更低了。

3. 经费不足，发展受到制约

经费问题应该是民国时期儿童图书馆发展面对的最主要的难题。当时社会动荡，国家的财政经济内耗不断，政府用于包括图书馆事业在内的文教事业的经费很少，霞浦县公立图书馆就曾提案"图书馆经费应请各县政府予以保障案"[79]。根据陈东原《省立图书馆经费标准之拟议》一文所载教育部社会教育司 1930 年全国公私立图书馆一览表，全国图书馆包括普通、专门、民众图书馆，及社教机关、行政机关、学校等附设图书馆等共 2935 所[80]。同时根据教育部普通教育司编制的 1928 年度全国教育概况，公私立图书馆 575 处，其全年经费为 644 462元；而全国中等教育经费约为 4871 万。虽然书中也表示这个数字可能不太可靠，但也能"观全豹于一斑"。文中举例江苏、浙江、安徽等 16 个省立图书馆全年经费占该省教育经费的比例，用以说明图书馆经费在文教事业中比重极少,大部分在千分之十以下。同比之下,可以想象用于儿童图书馆的,当然就越发拮据起来。当时创办和维持一所儿童图书馆的经费主要包括开办费、运营费以及工作人员的薪金。例如,国立北平师范大学附属第一小学儿童图书馆开办费预算为50元,经常费预算每月50元,全年600元[81],经常费用的50元中,每月有30元主要是用于购买儿童读物的费用;天津市市立通俗图书馆附设儿童图书馆每个馆每月的经费大致60—70元[82];广州特别市立第三小学校儿童图书馆的经费分为经常费用以及临时费用两种,经常费用每学期一百元,折合每月约20元[83]。鉴于经费短缺的突出问题,中华教育改进社就曾在第四次年会中出现"规定学校图书馆购书经费案",提议国内学校"应以常年费的二十分之一作为图书费"[84]。

为了维持儿童图书馆的正常运转,学校图书馆或者通俗图书馆拨款、学生缴款、社会各方的捐助成了儿童图书馆经费的主要来源。《怎样筹措中小学图书馆的经费》一文提出"由学校经常费用中拨出一部分作为购书费用;向校董或乡绅募捐;向教职员募捐;向学生募捐;在学生缴纳学费时,加收图书费"等筹措经费的方式[85],在实践中也被广泛运用。《吉林省儿童图书馆简章》规定:"设置儿童阅览室或儿童图书部之小学校,如无余款购置图书,得于招收新生时征收图书购置费一次,其数不得超过全年学费五分之一,至学校经费充裕为止。"上海儿童图书馆筹备时也成立了筹备委员会并发布了《上海儿童图书馆筹委员议决募捐办法》[86],决议中提到如下三点:"一、本会举行国内及海外募捐,其征募目标定为十万元,充耳听图书馆建筑费用途。二、本会举行国内及海外募捐,自民国三十年一月一日起,至四月三十日为止。三、本会欢迎国内及海外热心人士协助进行募捐,在必要时,本会得派人员,前往国内及海外各地募捐。"即便如此,儿童图书馆还会经常出现因经费不足导致关停的悲惨结局。例如1927年,京师儿童图书馆就被京师学务局以"为撙节经费起见理由下令停办"[87]。

4. 分类编目方法不统一

民国时期对于儿童读物尚未有一个实用统一的分类编目方法,曾宪文有“我国各公立图书馆，虽间有儿童部之创设，但布置简陋，管理乏人。而于整理图书与分类编目等事，更无规则可言”的感叹[88]。当时常用的分类方法有杜定友的“图书分类法”，王云五的“统一分类法”，杜威的“十进法”，以及刘国钧分类法、何日章分类法等，但每个分类法都不是专门针对儿童，对于儿童读物都没有专门的详细分类。例如王云五的“统一分类法”没有儿童文学这一项，而杜定友的图书分类法将儿童文学列为其中之一。

各个儿童图书馆大都根据自己所收藏儿童读物的实际情况进行修订分类和编目。比如安徽省立图书馆儿童图书阅览室的管欣荣将馆内的儿童读物分成普通类、文学类、史地类等三大类 27 小类；北平市立第一普通图书馆儿童阅览室根据杜定友的小学图书馆分类法，把图书分成十大类：普通类、哲理科学、教育科学、社会科学、美术、自认科学、应用科学、语言学、文学以及历史地理，再由此分出子目，并就此进行过比较大规模的书目分类整理工作；广州市立第三小学校图书馆儿童读物分类是采用杜威的“十进法”的原理进行修订和改良[84]；北平师范大学附属小学儿童图书馆则是采用王柏年根据刘国钧分类法改编的儿童读物分类法等。在学术研究领域对于儿童读物分类也有很多不同的意见和讨论，例如陈独醒在《儿童图书分类法的初拟》一文就介绍了自己对儿童图书分类法的意见[89]，舒纪维、方承谟等都发表对于儿童图书馆分类法的意见[90]。儿童读物分类法的不统一在一定程度上影响了民国时期儿童图书馆的管理的标准规范化以及儿童使用儿童读物的便利性。

除了以上一些问题外，民国时期，各地儿童图书馆之间的交流实践活动不足，与国外的交流更少。另外，这一时期，虽然有中华图书馆协会、中华教育改进社，以及各地的教育与图书馆组织，但缺乏儿童图书馆专门的行业组织，也阻碍了当时儿童图书馆的发展。

(三)历史价值与现实意义

尽管民国时期儿童图书馆的发展还存在诸多的问题，但作为时代的产物，它的发展还是具有划时代的历史意义。一是促进了民国时期儿童教育的发展，成为社会教育的重要组成部分，为普及知识、开启童智做出了重要的贡献；二是作为我国图书馆事业的一部分，儿童图书馆的发展也为我国图书馆系统的发展做出了重要的支撑和贡献。

从现实意义讲，民国时期是儿童图书馆产生和发展的重要时期，虽时隔百年，其“以儿童为本”的服务理念对于当今的少年儿童图书馆建设仍有一定的指导和借鉴意义：①重视儿童图书馆的使用，有针对性地开展服务。民国时期各馆在考虑开闭馆时间、制定借阅政策、规划服务流程、加强馆藏资源建设等方面从儿童实际需要出发，为当今的儿童图书馆工作做出了榜样。②开启儿童图书馆服务的服务标准研究。民国时期儿童图书馆服务的各项标准化研究已经展开，专家学者们试图制定规范的儿童图书馆服务，而如今应继续加强《公共图书馆未成年服务规范》的研究和制订，传承民国时期的服务标准研究精神，从多方面规范儿童图书馆的服务。③开始充分了解不同年龄段儿童青少年的生理、心理特点以及认知发展水平，推出了适合不同儿童群体的阅读指导活动。④对儿童读物进行研究，加大对儿童读物了解。民国时期儿童图书馆的发展虽受到了文献的制约，但已经对儿童读物进行了大量研究。⑤开拓服务手段与服务方法。民国时期儿童图书馆的发展告诉我们，如何吸引儿童读书是一个非常重要的问题，这就要求如今的儿童图书馆要开拓服务手段与服务方法，利用儿童喜闻乐见的形式，包括新媒体等创新的服务手段，吸引青少年利用图书馆，同时还应该加强面向低幼儿童的早期阅读指导，培养他们的阅读兴趣。⑥走出去，重视社会合作。民国时期儿童图书馆已经初步开始进行社会合作，它们通过媒体进行宣传，走进社会和学校，取得了初步成效。在社会急速发展的今天，儿童图书馆更不应该囿于馆舍范围，应该走出去，动员社会力量参与儿童图书馆的建设和服务，有效整合社会资源，最广泛地调动起多方社会资源，在合作中共赢。⑦加强儿童图书馆专门人才的培养。民国时期初步培养了一批儿童图书馆的专门人才，成为儿童图书馆发展的关键力量，证明专门人才和自身的专业素质是服务成功的核心、基础和保障。目前，图书馆对于儿童和青少年服务专门人才的培养问题尚未引起足够的重视，仍需要从服务意识、服务观念、服务能力等多方面提高儿童图书馆专门人员的整体素质，提高整体服务形象，提升服务水平，提高儿童图书馆的社会形象。

第二节　1949—1978——百废待兴，蹒跚前行

新中国成立初期，少年儿童的教育工作受到党和政府的高度重视，并且得到社会的大力支持，同时，我国教育工作者积极借鉴外国的一些经验，这些使我国少年儿童图书馆事业得到了较大的发展。许多独立建制的少年儿童图书馆成立，包括：1952 年，私立的上海儿童图书馆改名为上海市立儿童图书馆；1956 年，独立的兰州市儿童图书馆和北京市少年儿童图书馆正式成立；1958 年，独立的武汉市少年儿童图书馆和天津市少年儿童图书馆成立；1964 年，重庆市少年儿童图书馆正式开放等。

少年儿童图书馆的工作受到政府有关部门的广泛关注，关于儿童图书馆的工作经验交流活动增加。1955 年 11 月 4 日，《图书馆工作》编辑委员会在北京图书馆少年儿童阅览室召集北京地区"少年儿童图书工作座谈会"，教育部、文化部社会文化管理局、团中央少年部、北京图书馆、中国少年出版社、北京市教育局等 17 家单位参加了座谈会，讨论研究了进一步开展少年儿童图书工作。1957 年 7 月 4 日至 9 日，由上海市文化局在上海主持召开了儿童图书馆工作经验交流会。会议总结交流了儿童图书馆（室）的工作经验。参加这次会议的有湖北、山东、北京、天津、沈阳、兰州等省、市儿童图书馆、阅览室负责人。文化部社会文化事业管理局、青年团中央少年儿童部也派人参加了这次会议。12 月 13 日文化部社会文化事业管理局印发《儿童图书馆座谈会情况并请研究如何加强改进公共图书馆的儿童阅览工作》，这也是新中国成立以后第一份由政府机关下发的有关少年儿童图书馆工作

的指导性文件。

在此阶段,儿童图书馆以及公共图书馆的少儿阅览室都大力开展形式多样的“读书活动”“儿童读物展览”“作家与小读者的见面会”“图书流通站”等活动,儿童图书馆事业有了一定的发展。儿童图书馆成了启迪童智、增长知识的重要场所。1960 年 3 月 15 日,中央批转了《文化部党组和共青团中央书记处关于进一步改善少年儿童读物的报告》,这也是新中国成立以后第一份关注到少儿读物的政策性文件。到了 1965 年,在学习借鉴苏联经验的基础上,我国的少年儿童图书馆有了长足的进步,显示出良好的发展势头。

然而由于种种历史原因,到了 20 世纪 70 年代末期,我国的少儿图书馆数量剧减,均面临着资金严重缺乏、阅览等基础设施薄弱、缺乏技术和设备以及专业人才匮乏等种种制约其发展的严重问题,少儿图书馆并没有发挥出它应有的功能和作用。我国的少儿图书馆事业遭到严重破坏,基本停止了发展的步伐。

第三节　1978—2000——充满希望,全面起步

一、政策支持及环境保障

党的十一届三中全会的召开,促进了我国少儿图书馆事业的繁荣发展。1979 年“六一”国际儿童节前夕,时任人大常委会副委员长的宋庆龄应北京市少年儿童图书馆的要求,为该馆题写馆名。北京市少年儿童图书馆是当时我国大型的少年儿童图书馆之一,收藏少年儿童书刊 24 万余册,每年借出图书 22 万册次,接待读者 1 万多人次,并经常举办各种形式的阅读辅导活动。1980 年 10 月 10 日,《关于切实解决青少年文化活动场所的意见的通知》下发[91],通知要求“重复利用社会上已有的文化设施,大开方便之门,为青少年服务”,尤其提出“各地图书馆应附设少年儿童阅览室,经常举办读书、讲座、读者评书等活动”。这为恢复和建立少儿活动场所,尤其是开设儿童图书馆、儿童阅

览室创造了积极的条件,为少儿图书馆的发展提供了明确的政策支持和环境保障。

1980 年 5 月 26 日,在国家图书馆原馆长刘季平的积极努力下,中共中央书记处第 23 次会议通过了《图书馆工作汇报提纲》,作为我国迄今为止唯一一项由中共中央书记处正式通过的国家级公共图书馆政策,《图书馆工作汇报提纲》对于恢复和重新兴办图书馆、发展图书馆学教育事业、确立我国公共图书馆事业的管理体制以及建立图书馆协会和开办图书馆学刊物等方面均产生了积极而深远的影响,有力地推动了近 30 年来我国公共图书馆事业乃至整个图书馆事业与图书馆学情报学教育事业的发展[92]。《提纲》建议大力发展图书馆事业,并专门要求"在中等以上城市和大城市的区都要设立少年儿童图书馆,县、区、市图书馆要设立儿童阅览室"。国务院办公厅批转了这次会议的报告,重新阐述了少年儿童图书馆的地位和作用。

为了召开全国少年儿童图书馆工作座谈会,遵照党中央关于切实加强对少年儿童培养教育的指示精神,1981 年 1 月 27 日,文化部、教育部、共青团中央向各地发出通知。通知要求要办好少儿图书馆,积极开展以阅读指导为中心的各种有益活动。1981 年 5 月 12—20 日,全国少年儿童图书馆工作座谈会召开,文化部图书馆事业管理局局长丁志刚做了"发展少年儿童图书馆事业,为下一代健康成长做出贡献"的报告。会议着重讨论了发展少年儿童图书馆事业,改善少年儿童阅读条件,加强对少年儿童图书馆阅读指导等问题,并提出了 9 条改进意见,形成并通过了《关于全国少年儿童图书馆工作座谈会的情况报告》。期间,时任中共中央书记处书记宋任穷,全国妇联主席、全国少年儿童协调委员会主任康克清接见了与会代表并做了重要讲话。

1981 年 7 月,国务院办公厅向各省、市、自治区人民政府发出了《关于全国少年儿童图书馆工作座谈会的情况报告的通知》[国办发 1981(62 号)],要求各地执行该报告,并积极支持各地少年儿童图书馆(室)的建设。文中明确提出:"因地制宜,在中等以上的城市和大城市地区,逐步建立专门的少年儿童图书馆。今后凡新建公共图书馆,都必须考虑少年儿童阅览设施的安排。对现有的少年儿童图书馆要加强领导,在人员、经费、馆舍、设备等方面予以重点扶持,使其臻于完善,以期在全国少年儿童图书馆事业中起骨干和示范作用。"[93]这是我国少儿图书馆事业发展历程上一份具有历史意义的重要文件,掀起了少儿图书馆事业建设的一个崭新的高潮。

1982 年 12 月 20 日,全国少年儿童图书馆(室)先进集体、先进工作者表彰大会召开,出席会议的中央领导同志向先进集体代表和先进工作者颁发了奖状并讲话。王震同志的讲话强调了少年儿童图书馆(室)在建设两个文明、培养共产主义事业接班人中的重要作用。这个大会对于我国的少儿图书馆事业给予了重要的支持和关注,给广大的少儿图书馆工作者很大的信心和鼓舞。

6 月 6 日,第六届全国人民代表大会第一次会议《政府工作报告》再次指出"要大力加强广播电视电影、出版印刷发行、图书馆、科技馆、博物馆、档案馆、文化馆、青少年宫、体育场所等的建设,以满足广大群众特别是青少年学习和娱乐的需要""首先要满足他们多方面的求知欲望""达到大大提高他们认识和改造客观世界能力的目的"。图书馆作为课外教育场所的重要作用再次得以体现。

在党和政府的支持下,尤其是全国少年儿童图书馆工作座谈会以及《关于全国少年儿童图书馆工作座谈会的情况报告的通知》文件的指导下,我国的少年儿童图书馆事业得到了迅速发展。北京、天津、上海、重庆、武汉、兰州等省级少年儿童图书馆迅速建立或恢复,新建的少年儿童图书馆不断涌现。1981 年 9 月 11 日,杭州市人民政府批复市文化局的报告,同意将杭州市图书馆儿童分馆改为少年儿童图书馆,这是浙江省设立的第一个儿童图书馆。1982 年 1 月 16 日,杭州市少年儿童图书馆举行了正式开馆典礼;1981 年 12 月 13 日,湖南省少年儿童图书馆开馆;1985 年,广西壮族自治区人民政府正式批准成立了广西少年儿童图书馆;1986 年,济南市少年儿童图书馆开馆。尤其是深圳这些省、市的少儿图书馆,不仅规模大,而且引进了现代电子信息技术和全新的图书馆管理理念,为广大少年儿童乃至全社会提供系统的文献信息资源创造了条件。

1979 年以前,全国独立建制的少年儿童图书馆仅有 7 个,全国县以上公共图书馆中仅有 5% 左右设有专门的少儿阅览室,阅览座位不到 4000 个[94]。到 1982 年,全国少年儿童图书馆发展到 40 多所,其中省辖市级以上的专门的儿童图书馆发展到 14 个,区县级的独立建制的少儿馆也由 8 个发展到 29 个,各级公共图书馆设立的少儿阅览室达到 682 个[95],阅览座位发展到 18 948 个。1987 年增加到 50 多个,少儿阅览室增加到 1100 多个。1992 年继续增加到 78 个[96]。到 1999 年末,我国公共图书馆机构数量达到了 2675 家,专门面向未成年人的独立建制的少儿图书馆数量达到了 81 家[97],我国少年儿童图书馆事业呈现出一片欣欣向荣的景象。

同时,我国的中小学图书馆事业也得到了较大的发展,走上了正规化道路并呈现了繁荣兴旺的景象。1981 年 6 月,教育部批转《天津市中小学图书馆工作条例》(试行草案),这是我国中小学图书馆第一个章程性的文件,对于中小学图书馆事业的发展起到了很好的示范作用;1989 年 1 月,国家教委在北京主持召开了“全国中小学图书馆会议”,讨论了《中小学图书馆工作暂行条例》,这是一次载入图书馆史册的重要会议,对于中小学图书馆事业的发展产生了积极深远的影响。1991 年 8 月 29 日,国家教委正式颁发了《中小学图书馆(室)规程》,并成立了图书馆工作委员会。规程重点强调了中小学图书馆的性质、地位、作用,制定了书刊资料购置原则、书刊资料管理标准、读者服务的内容和方法、机构及人员的配备以及条件保障等规定。按照《中小学图书馆(室)规程》的规定,城乡中学都要求建立图书馆(室),重点小学和条件好的学校应该设立图书馆(室)。《中小学图书馆(室)规程》的颁发,促使我国的中小学校图书馆管理工作走上了正规化发展的道路,推进了学校图书馆事业的发展、巩固和提高。

据 20 世纪 90 年代中期对西北、东北、华北地区 60 所条件好的重点中学图书馆的调查,馆藏文献平均每馆为 6.3 万册,工作人员平均每馆为 4.8 人,都达到了《中小学图书馆(室)规程》的要求。而我国中、小学图书馆数量也十分普遍，达到十几万所。

二、主要成果展示①

1. 馆际之间的交流协作进一步加强

从20世纪80年代初开始，我国各省市少儿图书馆之间的协作协调工作一直开展得较好；省、市、县、乡、街道等少儿图书馆之间，公共图书馆系统的少儿图书馆与教育系统的中小学校、少年宫以及工厂（企业）少儿图书馆之间也逐渐形成了网络。有业务研究的刊物或信息交流报，有中心少年儿童图书馆牵头组织的活动，有定期开展活动的计划，包括人才培训、文献馆际互借、大规模的读书活动以及电子计算机互联网等内容的联合等诸多活动计划。从20世纪80年代中期开始，全国跨地区性的少儿图书馆协作组织相应产生，如“华北、东北、西北地区少儿图书馆协作委员会”“华东地区少儿图书馆协作委员会”和“中南西南地区少儿图书馆协作委员会”等，协作组织成立后，积极开展各种理论研讨、业务研讨，加强协调和沟通工作，加大少儿图书馆对中小学图书馆的业务以及人员的培训和指导，有力地促进了中小学图书馆（室）的健康发展。

行业领导并专业学术机构——中国图书馆学会

图书馆除了接受行政隶属关系的管理机构的领导外，大多同时接受行业组织的业务指导和协调。图书馆的学术团体，是指由图书馆界的权威学术机构牵头，自愿结合的公益性、学术性、非营利性的群众团体。学术团体以学会的形式开展工作，组织学术活动，规范学术行为，编译学术刊物，开展学术交流，促进学科发展和人才成长。

中国图书馆学会（英文名称为 Library Society of China，缩写为

---

① 主要参考文献：刘小琴．我国少年儿童图书馆事业发展概况［J］．图书馆工作与研究，2001(6)；各年《中国图书馆年鉴》；《当代中国的图书馆事业》编辑部．中国图书馆事业纪事（一九四九——一九八六）［M］．北京：书目文献出版社（今国家图书馆出版社），1987

LSC)的前身是成立于1925年的中华图书馆协会,是1927年成立的国际图联的发起单位之一。1979年,中国图书馆学会成立大会暨第一次会员代表大会在山西太原召开,并于同年加入了中国科学技术协会。1981年5月,中国图书馆学会恢复了在国际图联中的合法席位。

中国图书馆学会是依托国家图书馆,由全国图书馆及相关行业或机构科技工作者自愿结合、依法登记成立的全国性、公益性、学术性、非营利性的社会组织,是党和政府联系图书馆工作者的桥梁和纽带,是引导图书馆行业全面落实科学发展观、科学管理、推动科技进步、建设创新性国家、发展我国图书馆事业的重要社会力量。下设专业委员会和地方委员会。1982年5月6—10日中国图书馆学会学术委员会在天津召开少年儿童图书馆研究组成立会议(即现在的未成年人图书馆服务专业委员会)。出席会议的有北京、天津、上海、浙江、湖南、湖北、辽宁等省、市图书馆协会、少年儿童图书馆和北京大学、华东师范大学图书馆学系的代表共10人。1986年11月29日,中国图书馆学会学术委员会儿童图书馆第2届研究组成立会在长沙召开,湖南、上海、天津三馆被聘请为组长馆。

区域合作——少儿图书馆协作委员会

从20世纪80年代中期开始,全国跨地区性的少儿图书馆协作组织相应产生,如“华北、东北、西北地区少儿图书馆协作委员会”“华东地区少儿图书馆协作委员会”和“中南西南地区少儿图书馆协作委员会”等。

1987年5月,中国图书馆学会少年图书馆专业研究组受文化部图书馆局和中国图书馆学会的委托,在浙江温州市召开“全国少年儿童图书馆工作经验交流暨学术研讨会”。这是继1981年全国少年儿童图书馆工作座谈会之后又一次少年儿童图书馆界盛会,来自全国28个省、市、自治区的近百名代表参加了这次会议。会后,少儿图书馆专业研究组决定:为了更好地发挥各地区的作用,加强馆际合作,各地以组长馆牵头,分东北、西北、华北地区(简称“三北地区”),华东地区,中南、西南地区等三大片成立协作组织,分别组织本区的学术研究、经验交流及协作活动,共同促进少儿图书馆事业的发展。

1988年8月,三北地区少儿图书馆协会在大连召开成立大会暨首届学术研讨会。同时,上海、杭州、济南、厦门、合肥、温州、无锡、扬州等市少儿图书馆的负责人共同召开了华东地区少儿图书馆协会筹备会议,讨论了少儿图书馆协会的章程,确定了宗旨、基本任务和组织形式,协商产生主任馆和副主任馆馆选,确定成立时间、地点及研讨的主题。由此揭开了华东少儿图书馆协作活动的序幕。

1988年12月20日至25日,华东少儿图书馆协会成立大会在福建厦门市召开。来自山东、江苏、安徽、浙江、上海和福建六省市的各级少儿图书馆(室)和中国少儿出版社、浙江少儿出版社、福建少儿出版社、明天出版社、上海教育出版社和儿童时代出版社的代表共52人出席了会议。同时,文化部图书馆局、福建省文化厅、三北地区少儿图书馆协会和天津、湖南少儿图书馆等向大会发来贺电、贺信。华东少儿图书馆协会成立以来,召开了多次年会、学术研讨会和主任馆会议,举办大型的地区性少儿读书活动等,取得了累累硕果。[98]

2. 业务建设不断加强,标准化水平提高

除各地区学校图书馆工作条例外,伴随着少儿图书馆的相继成立,为加强少儿图书馆文献资源的管理,保证少儿图书馆的服务标准化和规范化,提高少儿图书馆的工作水平和服务质量,促进少儿图书馆事业的发展,1990年,文化部图书馆司在《中国图书馆图书分类法》编委会下设《中国图书馆图书分类法(儿童图书馆·中小学图书馆版)》分编辑委员会,组织全国少年儿童图书馆专业人员进行研制。1991年,《中国图书馆图书分类法(儿童图书馆·中小学图书馆版)》正式出版并在全国推行。1998年该书修订出版了第二版,使我国少年儿童图书馆的文献分类标引工作趋于科学、规范和统一,有利于实现馆藏文献的自动化和网络化。2000年4月,《中国少年儿童文献分类主题词表》编辑委员会成立。在推动少儿图书馆分类法发展的同时,1995年,文化部制定了少年儿童图书馆评估标准,并发布了《文化部关于在县以上公共系统少年儿童图书馆进行评估、定级工作的通知》,

强调“对少年儿童图书馆开展评估、定级工作,可以比较具体地掌握各少年儿童图书馆以及各地少年儿童图书馆事业的实际状况,以利改善工作条件,提高服务质量,发扬成绩,弥补不足,进一步促进事业的发展”。截至目前,已分别在 1995 年、1998 年、2004 年、2009 年以及 2013 年进行了五次评估定级,评估标准的制定以及评估定级工作的实施,有力地促进了少儿图书馆各项工作管理水平的提高,促进少儿图书馆的科学规范发展。

3. 服务内容不断拓展,服务手段多样化

少儿图书馆在少年儿童培养中具有其他机构难以比拟的优势。少儿图书馆在更新服务理念、拓展服务内容、创新服务方式和服务手段等方面开始进入了一个崭新的阶段。不少大中城市的少儿图书馆基础设施得到了很大改善,大连、广州等地都建立了新的较大规模的少儿图书馆。各地的少儿图书馆更是通过开展一系列服务活动来激发孩子的阅读兴趣,普遍开展阅览、开架借阅、送书上门、设置流通站等多项服务。湖南省少儿图书馆与当地强势新闻媒体联合举办有关图书馆方面的知识讲坛,在少儿中影响很大。

国家层面也积极组织了针对少年儿童阅读的大型活动“全国红领巾读书读报奖章活动”。活动是国家教委、共青团中央、文化部、新闻出版署、全国妇联等部门共同组织开展的一项全国性的少年儿童读书活动,自 1982 年开始,持续了十多年,影响较大、效果显著。各级少儿图书馆(室)在这项大型的读书活动中承担了具体的组织和实施工作。他们通过推荐和提供图书,辅导少年儿童阅读,组织开展读书心得交流会等方式,吸引广大少年儿童热爱读书,对这项活动的开展起到了重要推动作用。1995 年以来,各少儿图书馆(室)又开展了阅读百部爱国主义教育图书活动,1997 年以来,积极参与实施以倡导全民读书、建设阅读社会为目的的“知识工程”,以上大型读书活动组织层次高、参与面广、持续时间长,对培养青少年起到深远的影响。

在这个时期,少儿图书馆开始不断拓展服务范围,关注特殊群体少年儿童的教育和成长问题，充分考虑到农民工子弟等弱势群体的读书需求，努力为他们提供更全面完善的服务。开展了送书以及阅读指导工作，取得了很好的效果。天津市南开区少儿图书馆就将为残疾、智障儿童的服务纳入日常工作范围，开展送书上门、预约借书等服务，并成立了“残疾人之家”。

服务手段的进步主要体现在自动化、网络化技术的发展和利用。经济较为发达地区的少儿图书馆建立了自己的电子阅览室，装备了崭新的电脑，实现了业务工作和办公管理的自动化；为少年儿童开展电脑培训服务；有的还建立了自己的网站，开展了网上查询、外借和咨询服务。

4. 学术研究不断深入，国际交流起步

少儿图书馆事业的发展为儿童图书馆学的研究工作提供了前提和条件。儿童图书馆工作研究的理论刊物如雨后春笋般不断涌现。除了天津市少儿图书馆的《儿童图书馆与中小学图书馆》为正式刊物外，还有湖南省少儿图书馆的《少儿图书馆·中小学图书馆》、大连市少儿图书馆的《少儿书海》、沈阳市少儿图书馆的《少儿图书馆工作》、重庆市少儿图书馆的《少图学苑》、杭州少儿图书馆的《少儿图书馆工作》、厦门少儿图书馆的《厦门儿童图书馆》、上海市少儿图书馆的《少年儿童图书馆杂志》和 1993 年国家教委图书馆工作委员会主办的《中小学图书情报世界》等正式或非正式的少儿图书馆刊物，为广大少儿图书馆工作者进行沟通交流和理论研讨提供了很好的平台。

儿童图书馆相关的著作、论文等学术成果也相继出版、发表，以 1996 年熊钟琪编著的《少儿图书馆理论与实践》，1997 年孟绂、何红编著的《儿童图书馆工作》为代表。

专业培训和学术研究不断加强。1981 年 10 月 20 日—11 月 20 日，文化部图书馆事业管理局委托华东师范大学图书馆学系举办全国少年儿童图书馆业务人员训练班，这是全国少年儿童图书馆工作座谈会后第一次大规模的培训班。50 名学员来自全国 28 个省、市、自治区儿童图书馆和公共图书馆，为新时期的少儿图书馆培养了一大批专业人才和业务骨干。之后，专业培训逐步常态化。以1983年为例，就有三次比较大规模的专业培训和学术讨论班：①4月18日—5月13日，为了提高少年儿童图书馆（室）工作人员的业务水平，文化部图书馆局在北京师范大学举办了第2期全国少年儿童图书馆业务人员训练班，参加人员50名；②5月24日上海市图书馆协作委员会和上海市图书馆学会联合举办少年儿童图书馆业务培训班，学员138名；③6月12—27日，青海省文化厅和教育厅在西宁联合举办全省第一次少年儿童图书馆（室）工作人员业务讲习会，省内24个州、市、县基层图书馆和11个州、市、县的重点中小学的藏、回、蒙古、撒拉、壮、汉等6个民族43人参加学习。

在专业培训不断加强的同时，少年儿童图书馆的学术研讨也逐步深入，涉及少年儿童图书馆发展的方方面面，包括事业发展史、科学管理、馆藏文献建设、读者研究、服务工作、自动化与网络化建设等问题。以各地的图书馆学会为主要组织者的各类学术讨论会相继召开，为少儿图书馆事业提供了理论基础。

1996年，在北京召开了第62届国际图联大会，这是我国第一次承办的国际图书馆会议。全国少儿图书馆与中小学图书馆的代表数十人参加了会议。天津少儿图书馆、北京大学信息管理系等单位的代表在儿童研究组研讨会上，安徽图书馆与湖南省少儿图书馆的代表在阅读研究组研讨会上，北京少儿图书馆的代表在故事会研讨会上，湖南省少儿图书馆的代表在多元文化研究组研讨会上分别宣读了自己的论文，受到中外同行们的赞扬。表明中国少儿图书馆的研究工作已经走上了国际论坛。

第四节　2000—2014——各界重视，蓬勃发展

一、政策支持及环境保障

2004年3月22日《中共中央国务院关于进一步加强和改进未成

年人思想道德建设的若干意见》(中发〔2004〕8号)要求:图书馆要发挥教育阵地的作用,要积极主动为未成年人开展活动创造条件。同年9月,中共中央政治局常委李长春在中共中央精神文明委员会召开的第三次全体会议上发表了题为“加强未成年人思想道德建设极为迫切”的讲话,要求办好博物馆、图书馆等文化事业,为未成年人健康成长服务。2004年10月,文化部等12部委联合下发的《关于公益性文化设施向未成年人免费开放的实施意见》(文办发〔2004〕33号)中明确提出了要“坚持面向未成年人、服务未成年人”的宗旨,规定了“公共图书馆要通过开设未成年人阅览室、举办面向未成年人的讲座与培训、设立未成年人集体参观接待日等方式,有针对性地向未成年人提供服务,培养未成年人使用图书馆的意识,积极开展适合未成年人实际需求的各种文献信息服务”。

2005年11月和2007年8月,中共中央办公厅、国务院办公厅先后下发了《关于进一步加强农村文化建设的意见》(中办发〔2005〕27号)和《关于加强公共文化服务体系建设的若干意见》,明确了公共图书馆在基层文化建设和公共文化服务体系建设中的特殊作用,强调了公共图书馆和少年儿童图书馆在保障未成年人文化权益、面向未成年人提供基本文化服务方面的基础设施保障作用。

2010年12月,文化部出台了《关于进一步加强少年儿童图书馆建设工作的意见》(文社文发〔2010〕42号),就构建覆盖城乡的少年儿童图书馆服务体系、文献信息资源共建共享体系建设、发挥以阅读指导活动为主的教育职能、开展绿色的公益性上网服务、专业队伍建设和宣传推广等方面做了具体安排和部署。

2011年1月26日,文化部、财政部联合下发《关于推进全国美术馆、公共图书馆、文化馆(站)免费开放工作的意见》(文财务发〔2011〕5号),明确提出少年儿童阅览室属于正式免费开放范围。同年,《中华人民共和国国民经济和社会发展第十二个五年规划纲要》中明确提出要“保障儿童优先发展”和要“保护青少年身心健康,为青少年营造健康成长的空间”,要“加强青少年文化活动场所建设,创造出更多青少年喜闻乐见、益智益德的文化作品,广泛开展面向青少年的各类文化体育活动"。2011 年 8 月 8 日,国务院又专门颁布了《中国儿童发展纲要(2011—2020 年)》,提出"培养儿童阅读习惯,增加阅读时间和阅读量,90% 以上的儿童每年至少阅读一本图书"。10 月 18 日召开的十七届六中全会明确提出"全面加强学校德育体系建设,构建学校、家庭、社会紧密协作的教育网络,动员社会各方面共同做好青少年思想道德教育工作。完善面向妇女、未成年人、老年人、残疾人的公共文化服务设施"。

2013 年 1 月 1 日,新修订的《中华人民共和国未成年人保护法》(主席令第六十五号)开始实施,明确了图书馆作为未成年人社会保护的主体,并将图书馆面向未成年人免费开放列入未成年人社会保护的范畴。强调各级政府要建立和改善适合未成年人文化生活需要的活动场所和设施,并对中小学生优惠开放。

这些规章制度和法律法规为公共图书馆开展面向未成年人的服务提供了政策依据和制度保障,也为图书馆的未成年人服务创新和可持续发展提供了法律基础和理论指导,我国公共图书馆未成年人服务事业迎来了一个蓬勃发展的新时期。

二、主要成果

在政府的政策支持下,未成年人图书馆事业有了较快的发展,独立建制少儿图书馆数量有所增加。截至 2013 年 12 月,我国已经建成 105 家独立建制少年儿童图书馆,从业人员达到 2170 人,拥有专业技术人才 1558 人,馆藏总量 3165. 01 万册,电子图书 775. 73 万册,排架总长度达 227 公里,有效借书证数量 143 万个,总流通人次 2131. 47 万人次,书刊外借量 2285. 37 万册次,组织各类讲座 2622 次,举办展览 488 个,举办各类培训班 1719 个,少儿图书馆计算机数量 6648 台,图书馆网站访问量达到 1040 万页次,少儿图书馆购书专项经费达到 6857 万元。大多数公共图书馆新增或加强了面向未成年人的服务。我国的儿童图书馆事业进入到一个蓬勃发展的崭新时期。

(1)国家对少儿图书馆事业越发重视,在人员和经费等诸多方面给予了政策支持和保障。按照文化部对省、市少儿图书馆的评估达标要求,省市级少儿图书馆每年需要有固定的购书经费。深圳、广州、上海、大连等发达地区、沿海地区的少儿馆购书费占有很大比重,这对于收集齐全全国或本地区的少儿读物(包括音像资料)、为少年儿童提供更丰富和优质的文献资源提供了物质基础。

(2)社会合作愈加广泛和深入。我国公共图书馆在未成年阅读服务的活动策划、组织过程中,越来越感觉到社会合作的重要性,除了与共青团组织、关心下一代工作委员会、妇联等政府有关机构充分合作,扩大公共图书馆未成年人服务的社会影响力,还积极与各地的中小学校、各出版机构、作家、阅读机构、阅读推广人进行广泛和深入的交流合作,借鉴、吸收他人的优势资源和先进的儿童阅读方面的经验,达到更好地为少年儿童服务的目标。

(3)组织有力、规模扩大,社会效益显著。2009 年,根据全国知识工程领导小组办公室特别签发的《关于在全国开展全国少年儿童阅读年活动的通知》精神,中国图书馆学会未成年人图书馆服务专业委员会联合全国少年儿童图书馆和部分公共图书馆,在全国范围内开展了我国第一次“全国少年儿童阅读年”活动,活动以“让我们在阅读中一起成长”为主题,以“少年强则国强”为口号,以全国的少年儿童、家长以及教育工作者为服务对象,开展了形式多样的阅读年系列活动。自此,以未成年图书馆服务专业委员会、国家图书馆少儿馆为主要组织机构的全国性的阅读活动延续下来,在 2013 和 2014 年分别举办了“科普阅读——点亮智慧人生”“绘本阅读——开启美丽人生”等为主题的全国少年儿童阅读年活动,使我国的公共图书馆未成年人服务走向了规模、联动之路。

(4)学术研究领域进一步扩展。公共图书馆未成年人服务的学术研究水平代表着少儿图书馆事业发展的方向,能够指导少儿图书馆的实践活动。《我国公共图书馆未成年人服务研究》《少儿图书馆建设理论与实践》《播撒阅读种子,守望少儿幸福——青少年阅读推广理论与实践》《阅读、创意、互动——绘本阅读推广的多元化策略》等著作的出版是对我国公共图书馆未成年人服务的理论及实践的总结与升华，提升了公共图书馆未成年人服务的学术研究水平。同时，《民国时期图书馆报刊资料汇编——儿童图书馆卷》的出版，为我国少儿图书馆的发展史研究提供了很好的研究资料。

（5）服务方式、服务手段进一步创新。为适应少年儿童的生理和心理特点，公共图书馆未成年人服务越来越多地采取讲故事、亲子游戏、绘本剧表演等新颖活泼的方式，结合互联网、多媒体技术等服务手段吸引少年儿童。广州市少年儿童图书馆将多媒体技术运用在少儿阅读服务中，开展“电子书”制作大赛，利用计算机技术将文字、图片、音、像等信息记录下来，以全新的方式鼓励少年儿童来图书馆。

（6）服务范围进一步扩大，对弱势儿童的知识援助进一步加强。2002 年，全国首家盲童阅览室在鞍山成立，阅览室设立了必要的盲人标识，为盲童制作了舒适的桌椅，设专人为盲人服务，免费送水、免费接送。同时与市聋哑学校建立了共建关系，扩展对盲童的服务内容，开设流动图书站等。几乎所有的公共图书馆对城市务工人员子女、受灾地区少年儿童、残障儿童、农村儿童等弱势群体都提供了免费赠书、开设讲座、到馆参观等活动，帮助、指导、调动这些孩子加入到阅读的队伍中来。

（7）国际交流进一步加强。随着国内外对儿童的关注，公共图书馆的未成年人服务越来越受到重视，国际交流与合作成为分享成果和借鉴经验的方式之一。2011 年的中美图书馆服务研讨会的主题就是“全球少儿图书馆的未来发展与服务”，我国图书馆界 75 人走出国门，赴美参加了此次研讨会，参观、培训，拓宽视野，吸收先进理念和经验，增长见识。少儿图书馆界还积极与国外的基金会联合，以全新的合作方式创办少儿图书馆。首都图书馆、厦门市少年儿童图书馆、大连市少年儿童图书馆等少儿馆开设的“明德少儿英文图书馆”便是此合作方式的最有代表性的一项成果。

2010 年 5 月 31 日，国家图书馆少年儿童馆成立。截至 2014 年年末，国家图书馆少年儿童馆累计向到馆的少年儿童提供各类少儿文献357万册，接待到馆读者47万人次，接待集体参观205场7526人次，接待个人参观11 000人次，举办“文津少儿讲坛”52场。开展“全国图书馆未成年人服务提升计划”“弱势儿童知识援助计划”“阅读推广进幼儿园”“全国少儿图书馆主题阅读年”等多项阅读推广工作，少儿活动阵地建设不断加强，全年举办“文津少儿讲坛”，开展节假日、寒暑假等假日活动多场。开展全方位的社会合作，联合业界策划、组织各种形式、规模不一的活动，成为全国少年儿童图书馆的典范。

参考文献

1. 陆克俭. 发现与解放——中国近代儿童观研究[D]. 武汉：华中师范大学教育学院，2007

2. 谢毓洁. 梁启超的儿童观和儿童教育观[J]. 石家庄学院学报，2009(1)

3. 朱海龙. 回归人本——张之洞儿童教育观评析[J]. 淄博师专学报，2011(1)

4. 董雪梅. 传教士与近代中国教育[J]. 理论学刊，2006(7)

5. 唐俟(鲁迅). 我们现在怎样做父亲？[J]. 新青年，1919(6)

6. 周作人. 儿童的文学[J]. 新青年，1920(8)

7. 鲁迅. 鲁迅全集·卷一[M]. 北京：人民文学出版社，2005

8. 国木田独步著；周作人译. 少年的悲哀[J]. 新青年，1921(8)

9. 陈艳玲. 论丰子恺的儿童观与儿童教育观[J]. 韶关学院学报(社会科学版)，2008(4)

10. 丰子恺. 丰子恺散文精选[M]. 湖北：长江文艺出版社，2013

11. 全国儿童教育社成立会[N]. 申报，1929－07－15(11)

12. 罗振玉. 京师创设图书馆私议[M]//李希泌，张椒华. 中国古代藏书与近代图书馆史料. 北京：中华书局，1982

13. 陈学恂. 中国近代教育史教学参考资料(上册)[M]. 北京：人民出版社，1986

14. 李希泌，张椒华编. 中国古代藏书及近代图书馆史料[M]. 北京：中华书局，1982

15. 程焕文. 20世纪中国图书馆事业回顾与展望[J]. 图书馆建设，2004(6)

16. 陈源蒸,张树华,毕世栋.中国图书馆百年纪事(1940—2000)[M].北京:北京图书馆出版社(今国家图书馆出版社),2004

17. 教育部.第一次中国教育年鉴·甲种乙编[M].上海:开明出版社,1934

18. 杭州市市立儿童图书馆章程[J].市政月刊,1931(5)

19. 转令知应设儿童图书馆并规定各图书馆附设儿童阅览室[J].广东省政府公报,1933(243)

20. 咨直隶省长天津社会教育办事处儿童图书馆规则尚属妥协应准备案请转饬知文[J].教育公报,1918(3)

21. 王柏年.中国儿童图书馆事业发达史[M].手稿本,1942

22. 记美国少年图书馆[J].教育世界(译文篇下),1903(51)

23. 孔敏中.现代图书馆之意义[N].晨报副刊,1925-06-02

24. 本报启事一[J].中华图书馆协会会报,1925(3)

25. 本刊编辑部.本刊范围及宗旨[J].图书馆学季刊,1926(1)

26. 本刊宗旨[J].文华图书科季刊,1930(2)

27. 黄洁.民国时期儿童图书馆研究综述[J].图书馆工作与研究,2014(1)

28. 吴稌年,顾烨青.论刘国钧先生早期的图书馆学思想[J].中国图书馆学报,2011(5)

29. 吴稌年,顾烨青.刘国钧早期学术思想演进之一翼——从儿童教育到儿童图书馆建设[J].图书情报知识,2013(2)

30. 梁建洲,梁如.我国图书馆学档案学专业教育的摇篮——记武昌文华图书馆学专科学校[J].四川图书馆学报,1996(5)

31. 中华图书馆协会图书馆学暑期学校之经过[J].中华图书馆学会会报,1925(1)

32. 部令大学酌设图书馆课程[N].申报,1930-06-26

33. 康兆庆.试论民国时期儿童图书馆兴起发展的原因[J].图书馆工作与研究,2013(12)

34. 刘杨.蒙学撷珍——国家图书馆馆藏近代少儿文献略述[C]//读者服务与文献典藏工作论文集.北京:国家图书馆出版社,2013

35. 绍介批评[J].教育杂志,1909(1)

36. 王余光,吴永贵.中国出版通史·民国卷[M].北京:中国书籍出版社,2008

37. 商务印书馆广告插页[J].图书馆学季刊,1934,8(3)

38. 中华教育改进社成立纪要[J]. 新教育,1922,4(2)

39. 图书馆教育组[J]. 新教育,1922,5(3)

40. 分组会议记录. 图书馆教育组:图书馆教育组议决案汇录[J]. 新教育,1922,5(2)

41. 会议纪要[J]. 新教育(第二届年会报告号),1923,7(2-3)

42. 中华教育改进社第四次年会图书馆教育组议决案[J]. 中华图书馆协会会报,1925,1(3)

43. 中华图书馆协会第五次会务报告[J]. 中华图书馆协会会报,1929,5(1-2)

44. 中华图书馆协会第二次年会通过改进全国图书事业要案[N]. 申报,1933-09-03(20)

45. 严文郁. 中国图书馆发展史[M]. 台北:枫城出版社,1983

46. 苏浙皖三省师范附小联合会关于儿童图书馆之提案[J]. 图书馆学季刊,1926,1(2)

47. 赖伯年. 陕甘宁边区的图书馆事业[M]. 西安:西安出版社,1998

48. 筹设中央博物院中央图书馆中央儿童图书馆中央通俗教育馆[J]. 中华图书馆协会会报,1928,4(2)

49. 王柏年. 两年来之师大一小儿童图书馆[J]. 图书馆学季刊,1937(1)

50. 全国图书馆调查表[J]. 中华图书馆协会会报,1925,1(3)

51. 全国图书馆调查表[J]. 中华图书馆协会会报,1928,4(2)

52. 全国图书馆调查表[J]. 中华图书馆协会会报,1930,5(5)

53. 全国图书馆调查表[J]. 中华图书馆协会会报,1931,7(3)

54. 教育部. 第一次中国教育年鉴·丙编[M]. 上海:开明出版社,1934

55. 杜定友. 儿童图书馆问题[J]. 教育杂志,1926,18(4)

56. 董明道. 儿童图书馆在教育上之价值[J]. 安徽教育行政周刊,1929,2(25)

57. 迟受义. 儿童图书馆的价值[J]. 文化与教育,1936(84)

58. 雷振清. 儿童读物的选择[J]. 中华教育界,1936,23(7)

59. 赵为容. 民众图书馆设施法[M]. 济南:山东省立民众图书馆出版部,1932

60. 冷淑媛. 儿童图书馆馆员之训练及责任[J]. 图书馆学季刊,1936,10(1)

61. 美国图书馆协会儿童图书馆专业训练委员会编;熊文译. 儿童图书馆员之训练[J]. 文华图书馆学专科学校季刊,1937,9(1)

62. 诱导儿童阅读简章[J]. 北平特别市市立第一普通图书馆周年纪念

刊,1930

63. 教育部. 教育部选定儿童读物目录[M]. 南京:教育部,1933

64. 徐锡龄. 儿童阅读兴趣习惯的调查[J]. 教育研究,1930(21-23)

65. 罗静轩. 北平市立第一普通图书馆藏儿童图书目录编制标准及分类表[J]. 北平图书馆协会会刊,1933(5)

66. 景堂图书馆. 儿童阅读指导[M]. 江门:广东景堂图书馆,1936

67. 潘宝林. 市五图书馆暑期儿童竞读会[J]. 天津市市立通俗图书馆月刊,1934,1(2)

68. 王述之. 苏四师小协动教学部儿童图书馆概况报告[J]. 中华教育界,1926,16(5)

69. 迟受义. 第一附小儿童图书馆计划大纲[J]. 师大月刊,1934(13)

70. 王人路. 儿童读物的研究[M]. 上海:中华书局,1933

71. 舒纪维. 儿童读物及其分类之商榷[J]. 学风,1934,4(2)

72. 天津市七图书馆筹建儿童图书馆[J]. 学觚,1936,1(1)

73. 儿童图书馆刍议[J]. 到民间来,1934(24)

74. 管欣荣. 本馆儿童室十个月来进步状况[J]. 学风,1931,1(3)

75. 王文莱. 浙江省立图书馆儿童阅览室一年来之回顾[J]. 浙江省立图书馆馆刊,1933,2(2)

76. 陈独醒. 全国出版界所发行儿童图书的概括[J]. 中国出版月刊,1933,2(2-3)

77. 林凤春. 天津市市立第一通俗图书馆二年来之儿童阅览室[J]. 天津市市立通俗图书馆月刊,1936,2(5)

78. 市立第七通俗图书馆儿童阅览概况[J]. 天津市市立通俗图书馆月刊,1936,2(5)

79. 图书馆经费应请各县政府予以保障案[J]. 福建教育,1935(1)

80. 陈东原. 省立图书馆经费标准之拟议[J]. 学风,1933,3(8)

81. 第一附小儿童图书馆计划大纲[J]. 师大月刊,1934(13)

82. 燕东. 天津市市立通俗图书馆附属儿童图书馆成立始末记[J]. 天津市市立通俗图书馆月刊,1936,2(5)

83. 广州特别市立第三小学校儿童图书馆六周年纪念特刊,1925

84. 中华教育改进社第四次年会图书馆教育组议决案. 中华图书馆协会会报,1925,1(3)

85. 犁牛. 怎样筹措中小学校图书馆的经费[J]. 公教学校,1937,3(15 - 16)

86. 上海儿童图书馆筹委会议决募捐办法[J]. 中华图书馆协会会报,1940,14(5)

87. 北京两图书馆停办[J]. 中华图书馆协会会报,1927,3(2)

88. 曾宪文. 儿童图书之分类与编目[J]. 文华图书科季刊,1929,1(4)

89. 陈独醒. 儿童图书分类法的初拟[J]. 中国出版月刊,1933,2(2 - 3)

90. 方承谟. 我们的儿童读物分类法[J]. 浙江第二学区图书馆协会会刊,1934(4)

91. 刘小琴. 我国少年儿童图书馆事业发展概况[J]. 图书馆工作与研究,2011(6)

92. 潘燕桃.《图书馆工作汇报提纲》及其历史作用与重要影响——纪念《图书馆工作汇报提纲》通过30周年[J]. 图书馆论坛,2010(6)

93. 文化部,教育部,共青团中央. 国务院办公厅转发文化部等单位关于全国少年儿童图书馆工作座谈会的情况报告的通知[国办发(1981)62号][G]//文化部图书馆事业管理局. 图书馆工作文件选编. 北京:文化部图书馆事业管理局,1983

94. 黄宗忠. 新中国图书馆事业50年[J]. 图书情报知识,1999(3)

95. 程福臣. 汗水浇得朵朵花儿红——全国少年儿童图书馆(室)先进集体、先进工作者表彰会议在京召开　王震、邓力群、朱穆之出席闭幕发奖仪式并讲话[J]. 中国图书馆学报,1983(1)

96. 黄宗忠. 论我国公共图书馆事业(上)[J]. 江苏图书馆学报,2000(1)

97. 中国图书馆学会. 中国图书馆年鉴(2001年卷)[M]. 北京:科学技术文献出版社,2001

98. 华东地区少儿图书馆协作协调活动十年回顾与展望[M]//陈峰. 书海荡舟. 北京:作家出版社,1999

第三章　少儿图书馆的文献资源建设

少儿图书馆的文献资源建设工作是少儿图书馆基础业务建设中的重要环节。少儿图书馆各项业务工作的开展都离不开藏书的支撑，图书馆效益的发挥，在一定程度上也依赖于馆藏资源的建设、开发及利用。随着少儿出版业的迅猛发展，浩如烟海的文献资源必须经过系统、有目的地搜集和选择，才能很好地保证少儿图书馆馆藏建设有序进行，保证少儿阅读推广等各项活动的正常开展。

第一节　我国少儿读物出版概述

每个国家对少年儿童的年龄界定都不相同，从上限来看，美国界定在 13 岁，德国界定在 14 岁，英国、日本等国家界定在 16 岁。从下限来看，有的定在 1 岁，而有的定在 3 岁，有的甚至定在 6 岁。我国《未成年人保护法》中将未成年人的年龄界定在 18 岁，而联合国在其 1989 年通过的《儿童权利公约》中将 18 岁以下定义为儿童。在此之后，国际社会对少儿读物的读者群体统一在 0—18 岁。

根据对少儿的界定，少儿读物的范围可以理解为适合少儿阅读的各类文献。海飞在其《童书海论》中将少儿图书定义为“适合 0—18 岁这一年龄段孩子阅读与亲子共读的图书”。美国的《韦伯斯特词典》定义少儿图书是“关于儿童，表现儿童特征或适合儿童阅读的图书”[1]。同时，少儿读物根据其不同的分类标准也有着不同的分类方法。比如按图文比例关系的不同，可以分为文字书、图画书和图文并茂的书；按少儿读者的年龄层次划分，可分为适合 0—3 岁的婴幼儿读物、3—6 岁的低幼儿童读物、6—9 岁小学低学龄儿童读物、9—12 岁小学高学龄少儿读物、13—15 岁初中学龄、16—18 岁高中学龄读物等；按少儿读物的内容不同，可以分为文学类、启蒙类、卡通漫画类、科普类、游戏益智类、艺术类、思想教育类等。其中文学类读物的体裁最为丰富，蒋风在其《新编儿童文学教程中》将儿童文学分为图画书、儿童诗歌、童话和寓言、儿童小说和儿童故事、儿童散文和儿童报告文学、儿童戏剧和儿童影视、儿童科学文艺、儿童科学故事等多种形式，它们在少儿读物中所占分量最重，也是最受广大少年儿童喜爱的文学形式。

一、我国少儿读物出版现状

少儿读物对于少年儿童接受教育、增长知识以及能力培养等方面具有越来越重要的作用，因此少儿读物的出版得到了全社会的广泛关注。少儿出版界积极适应我国少年儿童不断增长的精神文化需求，坚持出好书，在少儿读物的出版数量、品种和品质等多方面都取得了长足的发展。

1. 少儿读物专业社和综合社的出版格局

据《2014 中国新闻出版统计资料汇编》统计，截至 2013 年年底，我国共有 582 家出版社[2]，另据统计，这 582 家出版社中 90% 以上都有少儿读物出版的经历。据 2011—2013 年专业少儿社出版种类排名统计，前十名少儿出版社的出版物种数分别占到总少儿读物出版种数的66. 23% 、70. 52% 和 64. 50% ，而一直稳居少儿出版物出版总数前十名的有 7 家出版社。由此可见，目前在少儿读物的出版市场上确有一些相对占领先地位的少儿社，像浙江少年儿童出版社、中国少年儿童出版总社、二十一世纪出版社、接力出版社、安徽少年儿童出版社、湖南少年儿童出版社以及江苏少年儿童出版社等都各有其自身出版优势。另外，我国绝大多数的高校出版社、教育出版社、其他综合性出版社等也出版一些少儿图书，据开卷 2009 年数据显示，有 525 家出版社涉足少儿读物出版市场，其中设有专门少儿读物编辑室的有 130 家[3]。非专业少儿社，尤其是老牌的出版社纷纷开始介入少儿读物出版领域，他们利用其雄厚的资金、营销等优势，推出特色少儿读物，抢占少儿读物市场。中信出版集团旗下的“小中信”秉承“只为儿童精品阅读”的理念，连续出版《DK 儿童百科系列》《可爱的咕噜王》等符合儿童天性、深受孩子喜爱的精品童书，外语教学与研究出版社专门成立儿童出版事业部，人民邮电出版社与丹麦合资成立童趣出版社等，这些都是非专业少儿社中的佼佼者，其介入加剧了少儿读物出版市场的竞争。从 2011—2013 年的统计数据可以得出结论：综合社出版的少儿读物占了少儿读物市场的半壁以上江山，已经成为我国少儿读物出版的重要生力军（见表 1），以 2013 年为例，仅吉林美术出版社就出版了 1031 种少儿读物，其少儿美术类产品成为其重点发展板块之一。外语教学与研究出版社也出版了 317 种少儿读物，名列综合社少儿出版的前列，即使同专业少儿社相比也毫不逊色，甚至超过了很多传统的少儿专业社。

表 1　2011—2013 年专业少儿社出版种数排名情况

序号	名称	2011 年	2012 年	2013 年
1	浙江少年儿童出版社	1067	1311	1219
2	安徽少年儿童出版社	726	723	924
3	二十一世纪出版社	944	1241	1172
4	湖南少年儿童出版社	1182	1374	1114
5	中国少年儿童出版社	729	804	738
6	接力出版社	568	833	787
7	四川少年儿童出版社			639
8	江苏少年儿童出版社	467	527	555
9	少年儿童出版社	556	719	
11	北京少年儿童出版社	375		723
12	海豚出版社	367		
13	希望出版社		560	

续表

序号	名称	2011 年	2012 年	2013 年
14	新蕾出版社		540	
15	北方妇女儿童出版社			522
前十名出版社出版总种数		6981	8632	8393
专业少儿社少儿读物出版总种数		10 540	12 241	13 013
前十名占专业少儿社出版总数的比例		66.23%	70.52%	64.50%
少儿读物出版总种数(种)		22 059	30 966	32 400
专业少儿社出版数量占少儿读物总出版数量的比例		47.78%	39.53%	40.16%
综合社出版数量占少儿读物总出版数量的比例		52.22%	60.47%	59.84%

2. 少儿读物出版规模

近年来,我国少儿读物的出版规模迅速扩大,少儿读物出版总量从 2007 年的 1 万余种,到 2013 年达到 3.24 万种、45 686 万册。经统计,在过去的 5 年里,我国少儿读物的种数和册数的年均增长速度分别达到 23.4% 和 12.4% ,2013 年的出版种数较 2008 年增长了 2.86 倍,册数增长 1.8 倍。而整个书刊出版总数和册数的年均增长速度则为 10.1% 和 3.3% ,2013 年总体书刊出版种数较 2008 年增长 1.62 倍,册数增长 1.17 倍。可以看出,我国少儿读物无论从品种还是册数,年均增长速度或者增长水平都要远远大于整个出版行业。同时,2008 年,少儿读物的种数和册数在整个图书出版物中所占的比例分别为 4.12% 和 3.6% ,到了 2013 年,变成了 7.29% 和 5.5% ,几乎增长了一倍。显然,最近的 10 年时间,尤其是最近的 5 年中,我国的少儿出版是整个出版行业增长速度最快的一个门类[4]。

表 2　少儿读物出版情况统计

年份	2008	2009	2010	2011	2012	2013
种数(种)	11 310	15 591	19 794	22 059	30 966	32 400
册数(万册)	25 420	28 445	35 781	37 800	47 823	45 686
比例	2013 年少儿读物种数较 2008 年增长 2.86 倍,册数增长 1.80 倍					

表 3　出版行业整体情况统计

年份	2008	2009	2010	2011	2012	2013
种数(种)	274 123	301 719	328 387	369 523	414 005	444 427
册数(亿册)	70.62	70.37	71.71	77.05	79.25	83.1
比例	2013 年总体书刊出版种数较 2008 年增长 1.62 倍,册数增长 1.17 倍					

3. 专业人员队伍状况

应该说,没有好的少儿读物作者,就不会有好的少儿作品;而没有好的少儿读物编辑,则好的儿童作品很难与小读者见面。儿童文学作家、插画家和少儿读物编辑是少儿读物质量的前提和保证,与少儿出版的兴盛繁荣息息相关。目前,少儿读物的作家、插画家队伍进一步壮大,无论年轻还是年长,他们都保持着可贵的童心,不断为少年儿童创作出优秀的作品。金波、孙幼军老当益壮,锐气不减;高洪波、曹文轩、郑渊洁、张之路、杨红樱、梅子涵等中坚力量,如日中天;新一代年轻作家黑鹤、伍美珍、王一梅等崭露头角。同时,从事少儿出版的专业人员队伍也得到了迅猛发展,整体编辑队伍的知识层次和文化水平都较过去有了显著提高,能够较好把握少儿读物的内容,有能力给孩子们提供积极向上的、健康美好的读物;编辑们对于现代的儿童教育理念、儿童心理学的知识都有基本的了解,能够做到使少儿读物寓教于乐,在潜移默化中使孩子们得到良好的教育。并且,对于文学、美术等知识也有所涉猎,所编辑的读物能够符合儿童的心理,能够与少儿读物的出版市场相吻合。

4. 市场份额

我国拥有3.67亿的少年儿童，拥有全世界最大的少儿读物市场。近些年少儿读物的市场份额逐步扩大，成为继教育和人文之后的第三大热门板块。少儿畅销书的比例加大，不少少儿图书的市场销量高达上千万册，这是其他门类的图书所无法比拟的。而从图书销售市场的统计也可以看出少儿读物市场的繁荣。以2013年为例，我国图书零售63.47亿册，销售金额659.15亿元，占零售数量的98.64%，零售金额的95.82%。而其中少儿读物的销售就高达1.95亿册，销售金额27.48亿元，占图书零售数量的3.03%，零售金额的3.99%。少儿读物无疑是图书市场最具活力的一个板块。

5. 少儿读物版权贸易

目前我国少儿图书的版权贸易日益频繁，已经成为我国图书版权贸易中最为活跃也最为成功的一个类别，在全国图书版权贸易中占到了20%以上份额，呈现出所占份额大、关注度高、分量重的特点，并且拥有不少成功案例。各出版社通过各种图书博览会，包括北京国际图书博览会、上海国际童书展览会、德国法兰克福书展、意大利博洛尼亚国际儿童图书博览会等国内外各大书展开展少儿图书的版权贸易。少儿引进版图书一直呈稳定的增长趋势。2013年少儿引进版图书106.88万册，达到整体少儿图书出版量的9%，并且除了专业的少儿出版社以外，更多的综合社开始涉足引进版少儿图书的出版市场，以浙江少年儿童出版社的《冒险小虎队》系列、人民文学出版社的《哈利·波特》系列为代表，引进版少儿读物开始崭露头角，一大批国外优秀的童书进入国内市场。同时，为配合少儿读物“走出去”的战略思想，我国少儿读物的输出也开始引起出版界的重视，并取得了很大的进展，据统计，少儿读物引进和输出的比例，已经从2000年的9∶1提升到2009年的7∶3[5]。

二、我国少儿读物出版的特点

我国少儿读物在其发展过程中不断积累经验，显示出其自身显著的特点，主要表现在政策环境优化、品种数量齐全等6个方面的优势以及少儿读物质量欠佳，缺乏创新意识、重复出版现象严重，价格昂贵、无法惠及更多少年儿童等3个方面的不足。

（一）我国少儿读物出版的优势

1. 政策扶持，环境优化，少儿读物的出版质量有所提高

我国党和政府一直非常重视少儿读物的出版工作，密切关注少年儿童的阅读状况，制定并推出了一系列促进少儿读物发展的方针政策，为少儿出版业的繁荣有序发展提供了强有力的政策支持。例如《中共中央国务院关于进一步加强和改进未成年人思想道德建设的若干意见》《中共中央办公厅、国务院办公厅关于进一步净化社会文化环境，促进未成年人健康成长的若干意见》、中宣部等五部委联合下发的《关于加强少儿出版管理和市场整治的通知》等重要文件，同时，随着“全民阅读工程”的启动，新闻出版总署在每年评选的“大众喜爱的50种图书”中将少儿读物列为重点，专门推出“向青少年推荐百种优秀图书”活动；另外，2014年，新闻出版总局还启动了“百社千校书香童年”的活动。这些都为少儿读物的发展和创新创造了优良的政策环境。

同时，重视少儿读物的质量，新闻出版广电总局党组书记、副局长蒋建国明确提出要大力加强少儿出版的管理工作，在管理机制上提出了“要坚持不懈地抓好产品质量，坚持和完善选题论证制度、稿件三审制度、责任编辑制度、三校一读制度、质量检测制度，健全少儿出版物内容治理、编校质量、印装质量的管理机制”的具体要求[6]。2013年，新闻出版总署开展了“出版物质量保障年”活动，2014年开展了“出版物质量专项年”活动等，进一步清理少儿图书市场，净化出版市场环境。

国家政策的扶持促进了我国少儿读物出版环境的改善，政府的重视以及行业监督的进一步完善促进了我国少儿读物出版质量的提高。

2. 少儿读物品种数量大幅增多，分类齐全，市场繁荣

如前所述的数据表明，除了专业的少儿出版社之外，其他综合性出版社也参与到少儿读物的出版中来，推出自己的少儿读物，我国的少儿读物在品种和数量上都有很大的提高，极大繁荣了我国少儿出版

事业。每年出版的少儿读物品种从10年前的1万多种到2013年的近4万种,成为“当之无愧的少儿出版大国”。目前少儿读物多种载体并存,图书、期刊、报纸、音像、电子出版物,种类齐全;引进作品和原创作品共同发展、相互促进;儿童文学、历史人文、科普百科、游戏益智、国学经典、早期教育、卡通挂图、卡通、动漫,各种类别齐全,数量繁多;品种结构继续优化,改变了教参教辅占绝对主导地位的现象,基本能够满足少年儿童多元化的阅读需求。其中以少儿文学类、文化教育科学体育类、艺术类等为主要出版品种;少儿读物的分级工作不断完善,从胎教读物到低幼图书、亲子绘本,从幼儿到学龄的桥梁书,再到适合各个年龄阶段少年儿童的读物,可以说是应有尽有,可以满足不同年龄阶段少年儿童的不同需求;立体书、玩具书、布书、洗澡书、“4D绘本”等多种形式层出不穷,符合儿童的心智发展需求。

3. 原创作品增多,原创能力显著提高

有研究者认为,我国的少儿读物出版走过了最初的以自主研发为主,到2000年以后的大量版权引进,直至今日各界有识之士鼓励本土原创作品的创作与出版这样一个较为清晰的发展轨迹。2003年之后,少儿读物引进版的市场份额小幅度下滑,这种现象正是引进版与原创作品之间较量的一种体现。在这种比较、权衡和碰撞中,优秀的原创作品不断涌现。

而近几年我国政府也逐步加强对原创图书的扶持力度,鼓励原创童书的出版是提高我国原创能力的重要保证。中宣部、国家新闻出版局推出的“五个一工程”、2006年启动的“三个一百”原创图书出版工程等重大工程的实施,极大地推动了我国少儿读物原创事业的发展。政府同时还支持国产动漫产业,实施中国儿童动画出版工程——“5155”工程等。在国家政策支持、指导和推动下,我国原创少儿图书的创作数量、创作水平以及出版能力都有了大幅度的提高,涌现出一大批优秀的、题材丰富的、受广大少年儿童喜爱的少儿作品。在2011年举办的第八次向青少年推荐百种优秀图书活动中,推荐的绝大部分都是我国优秀的原创少儿图书,其入选比率达到了84%,可以说是我国少儿图书原创出版精品的集中展示,更是我国原创能力、原创水平的最佳表现。“三个一百”原创出版工程近十年来共推出了1106种优秀原创图书,其中少儿图书就有160多种[7]。同时,在开卷统计的2012年最畅销的100本少儿图书当中,本土原创作者的作品非常抢眼,其中有89本图书是来自于本土,所占的席位高于前几年。

4. 引进版图书促进国内少儿读物出版市场的发展

引进版少儿读物市场的发展与活跃,应该说,在一定程度上改变了我国少儿读物出版市场的竞争格局。少儿读物的大量引进、出版不仅给我国的少年儿童带来了国外优秀的经典少儿读物,丰富了我国少儿读物的品种,并且在某种程度上也为我国少儿出版界拓展了视野,为原创少儿读物的创作提供了更多的参考和有益的借鉴,提高了我国少儿读物的整体出版质量和水平,对于我国原创少儿读物的创作和出版起到了很好的促进作用。

目前,从引进图书的角度来说,我国的少儿读物已经逐步完成了单纯对超过版权保护期的经典作品进行整理出版到逐步实施正规的版权贸易,从单纯的少儿文学作品的引进到人文、科普、漫画、绘本等全方位的引进,已基本实现了使我国的少年儿童能够“与世界同步阅读”的目标,实现了对世界少儿优秀文化的接受和吸纳,《安徒生童话》《格林童话》《伊索寓言》《一千零一夜》《爱丽丝漫游奇境记》《爱的教育》等一大批经典童话故事经久不衰就是一个很好的例子。而“凯迪克奖”作为图画书界的奥斯卡奖,其获奖作品代表了国际最受少年儿童认可的上佳图画书作品,至2014年已经颁布了78届,其中78部作品获得金奖,248部作品获得了银奖。而已经引进、翻译的中文版本就有128部作品,占到获奖作品的近40%,使中国的少年儿童、家长、教育工作者、研究者都能在最快的时间里完成与世界的同步阅读。

5. 进出口贸易增多,国际交流广泛,版权输出增多

少儿读物的进出口贸易逐年增加,2013年少儿读物类进口数量达106.88万册、476.91万美元,占图书进口量的12.46%,金额的3.96%。出口数量达724.39万册、447.31万美元,占图书出口数量

41.69%，金额的8.58%。为促进版权输出，在市场的引导和推动下，少儿出版社积极参加各类国际大型图书博览会，如意大利博洛尼亚国际儿童图书博览会、法兰克福书展等，中国少年儿童出版总社在2013年还独立组团参加了第50届博洛尼亚少儿书展，并且设置了近百平米的独立展位，借以推出我国优秀的少儿读物，弘扬我国优秀的传统文化，进而扩大我国整个少儿出版行业在国际市场的影响力。加大少儿版权的输出力度，积极向国际安徒生奖评委会、林格伦纪念奖评委会大力推荐我国优秀的少儿作家、插画家和他们的作品。杨红樱的《淘气包马小跳》《笑猫日记》目前已经被翻译成英语、德语、法语、意大利语、西班牙语、韩语等多个国家的语言，极大地扩大了我国少儿原创作品的国际影响力。另外，为得到国际市场的认可，少儿出版界还不断摸索、积累经验，为版权顺利输出创造条件，例如高洪波的《快乐小猪波波飞》采取邀请国际儿童读物奖项评委等知名人士撰写该书的推荐导读的形式，曹文轩的《纸房子》则采取与安徒生奖提名获得者、巴西著名插画师合作创作的形式等，为少儿读物尽快被国际市场认可和接受提供了基础条件。不断有新的作家作品获得国外重要童书奖项，这也是我国少儿读物“走出去”而被国际社会认可的重大标志。在“走出去”的同时，少儿读物出版界还采取“请进来”的方式，不断加大与国外出版社的深度交流与合作。2013年开办首届上海国际童书展，在2014年的第二届就吸引了450家国内外参展商参加。

6. 数字出版迅猛发展

数字出版与传统的出版行业相比，具有查询便利、存储量大、成本相对低廉的优势。近几年来，我国整个数字出版行业持续保持着快速增长的势头。在这样的大环境下，童书的数字出版由于其特有的互动性、体验性强等优势，毫不例外地成为各个出版社甚至互联网、电商等其他行业竞相竞争的一个重点领域。1999年朝华少年儿童出版社策划出版的《你好，花脸道!》被视为国内第一部“双媒互动儿童小说”[8]，而2011年6月1日国内首个儿童电子书出版运营平台——“童媒在线”的正式上线运营，则真正开启了我国少儿数字出版的征程。之后,多家实力雄厚的出版社都开始尝试少儿读物的数字出版工作。

平台建设方面的突出代表是中国少年儿童新闻出版总社的数字出版平台项目。内容的互动及升级体验方面的最佳作品是由接力出版社和法国伽利玛少儿出版社共同开发的“第一次发现丛书”。这两本电子书应用了仿 3D 技术、移动定位技术等多项数字出版技术,使阅读过程具有游戏、体验、互动、娱乐、教育等多重功能,通过互动操作,将传统纸质媒体无法呈现的内容很好地呈现出来,显示了童书数字出版在童书的升级、展示以及教学等方面的作用。

另外,多家少儿出版社都在数字出版领域做了积极探索和实践,例如:浙江少年儿童出版社产品的延伸开发;二十一世纪出版社针对 0—18 岁的少年儿童开建“世纪童书馆”,大力推进“点读笔”的研发与推广;安徽少年儿童出版社则创建了中国第一家少儿类互动阅读社区平台——Ebook3. 0 多媒体互动阅读等。这些积极的探索都使我国的童书数字出版进入了一个蓬勃发展并且理性和有序的时期。

(二)存在问题及不足

1. 图书质量还不能完全满足少儿心智的发展和成长的需求

除了教参教辅材料质量较差之外,很多少儿读物在策划选题、编辑、印刷等方面都存在着不同程度的质量问题。看似装帧精美、纸张考究,但却随处可见错字、别字、语句不通顺、表达不严谨等问题。另外由于商业利益的考虑,少儿读物有时会出现过于娱乐化的倾向,或者内容低俗、格调不高,或者没有内涵,或者不考虑少年儿童在认识社会之初的心理成长需求,成人化倾向严重,不利于低龄儿童的身心成长。一些少儿读物根本没有考虑少年儿童的生理和心理发育特点,夸大社会上的一些不良现象,错误地引导了少年儿童的世界观和价值观。部分动漫读物甚至充满了荒诞、黄色、暴力的内容。还有部分少儿读物粗制滥造,东拼西凑,根本谈不到知识性、趣味性。对于一些引进版的图书,忘记要在多元文化的同时保证中国传统的道德底线以及责任意识,盲目跟风,甚至违背中华民族的传统道德,给少年儿童的健康成长带来严重的危害。

2. 缺乏创新意识,重复出版现象严重

由于专业市场的不断细分,各个少儿出版社逐步形成了各自的优势和品牌。例如中国少年儿童出版总社以人文社科类图书为主,上海少年儿童出版社以科普读物为主,湖南少年儿童出版社以儿童文学理论为主,浙江少年儿童出版社主打儿童文学,接力出版社以引进出版低幼儿童绘本为主等。但各自的优势其实并不十分明显,热门市场空间不断被瓜分,盲目跟风、缺乏创新意识、重复出版的现象明显,表现在:一是原创作品相对较少,据统计,2004 年全国少儿图书出版 7400 多种,而原创图书占年出版社总量不到 20%,热门的作家、作品经常会出现多家出版社出版的现象,"跟风抢滩""改头换面""洗牌重组""一鸭多吃"的现象不断出现[9]。目前这一现象虽然有所好转,但距离一个相对完善的儿童读物出版格局来说仍有待提高。二是对于引进版的图书,一些出版社为了争取国外热门少儿读物的出版权,提高版税,甚至恶性竞争,不择手段;对于一些超过版权保护期的经典图书,则不断重复出版。虽然版本不同,装帧不同,但内容却是大同小异。例如几乎每个少儿社都出版过《安徒生童话》《格林童话》《凡尔纳作品》《木偶奇遇记》《一千零一夜》《小王子》《伊索寓言》《爱的教育》等经典少儿图书,据粗略统计,《安徒生童话》有 130 种版本,《格林童话》有 108 个版本[10]。

3. 价格昂贵,无法惠及更多的少年儿童

目前我国很多少儿读物的装帧考究、印刷精良,但是价格昂贵。大部头的图书没有考虑到少年儿童的实际需求,并且由于价格比平装本高出许多,对少儿读物的出版起到了一定的负面作用。根据 2011 年第六次全国人口普查报告显示,我国有 2.28 亿的 0—14 岁少年儿童,其中有一半分布在乡村。而图书销售和图书阅读有关资料显示,占半数的城镇少年儿童拥有童书资源的 88.9%,乡村少年儿童只占 11.1%[11]。读书对于农村的少年儿童来说很多都是可望不可即的,更不要说是价格昂贵的精装图书。少儿读物的高价位将很多爱读书的家庭和孩子，尤其是农村的少年儿童挡在了门外[12]。曾有调查显示，相对于经济条件较好的家庭，价格是影响家庭条件较差的家庭购买行为的最为重要的因素。同时，调查也显示有超过 86% 的家庭认为现在少儿读物的价格偏高或者太高[13]。

三、少儿读物出版的行业机构、社会组织及重要奖项

健全的行业管理机构是少儿读物出版重要的管理环节，对于少儿读物出版的质量、整个行业的规范发展至关重要。我国少儿出版的领导机构是国家新闻出版局，而行业领导机构则是中国出版协会下设的“少年儿童读物出版工作委员会”（简称“少读工委”）。在“少读工委”下设有两个联盟，一是由专业少儿出版社联合成立的“中国专业少儿出版联盟”和非专业少儿出版社组成的“中国童书联盟”。目前较为活跃的少儿出版物社会组织则是“儿童读物联盟中国分会”（又称“中国儿童读物促进会”，简称“CBBY”），而 2010 年初成立的“中国童书联盟”则被称为我国少儿出版界的一个标志性的事件。联盟的成立不仅增强了我国少儿出版的综合实力，并且极大促进了我国优秀少儿读物的创作及出版。

从 1986 年开始，我国的少儿出版界就开始参加国际儿童读物联盟（IBBY）的活动，并且于 1990 年 6 月 6 日正式加入 IBBY，成立了国际儿童读物联盟中国分会，即中国儿童读物促进会（CBBY）。1994 年，经新闻出版署和中国版协同意，将 CBBY 划归中国版协少年儿童读物出版工作委员会一并运作，秘书处设在中国少年儿童新闻出版总社。2006 年 9 月 20 日至 24 日，在澳门召开了国际儿童读物联盟第 30 届世界大会，这是中国第一次承办儿童读物的国际大型学术会议，在此次大会上开通了 CBBY 网站。CBBY 成立后，设立了“中国安徒生（文学、插图）奖”，保证了与 IBBY 安徒生奖（文学、插图）的接轨；两次举办中国少年儿童读物插图艺术作品展；捐赠图书，促进儿童阅读；出版 IBBY 专刊，加强中国少儿出版与 IBBY 其他国家分会的联系与交流；组织 CBBY 代表团参加 IBBY 大会等工作。

同时,少儿读物奖项的设立以及优秀少儿读物的推荐活动则为少年儿童多读书、读好书提供了明确的指导和方向,创造了一个良好的社会环境。我国拥有众多的少儿图书奖项评选,推荐机构虽然各不相同,但各有其特点及优势,影响力较大的包括并称国内四大儿童文学奖的“冰心儿童文学奖”“宋庆龄儿童文学奖”“陈伯吹儿童文学奖”以及“全国儿童文学奖”[14],这些奖项主办机构各不相同,但推荐方式和推荐程序大同小异。另外,像新闻出版总署组织开展的“国家图书奖”“大众喜爱的50种图书”、国家图书馆组织的“文津图书奖”等综合性奖项都专设有“少儿图书”这个门类,也都具有比较强的权威性和公信力。随着全社会对少儿的重视,专门面对少儿读物的活动或奖项也开始增多,例如为深入开展全民阅读、弘扬社会主义核心价值观,国家新闻出版广电总局除了继续举办“向全国青少年推荐百种优秀图书”活动外,还在2013、2014连续两年开展“向全国青少年推荐50种优秀音像电子出版物”活动。

除此之外,一些民间的图画书奖项也广受关注,以“丰子恺图画书奖”和“信宜图画书奖”为主要代表,这两个奖项都是由基金会赞助并发起成立的,以鼓励原创图画书的创作和发展。“丰子恺图画书奖”自创办以来,已成功举办4届,共有22本华文原创图画书作品获奖。而“信宜图画书奖”截至2014年已成功举办5届,共有64本原创图画书获得奖。

第二节　少儿阅读心理

根据心理学解释,阅读行为或者阅读活动受阅读心理的影响,而阅读心理的内涵则十分丰富,它与阅读需求、阅读动机以及阅读兴趣等多种因素有关。少儿阅读需求是少儿阅读行为产生的前提,它包括对少儿读物的内容需求和形式需求,不同性别、年龄、智力、阅读能力甚至不同性格、不同情绪状态下的少年儿童由于其所处社会、家庭环境的不同,阅读需求会有很大的不同;同时少年儿童作为一个最富有变化性、创新性的群体,其阅读需求受多种因素影响,并且与引导者的指导有着密切的关系,它不仅在不断地变化和发展,并且具有可调适和可引导性。有了阅读需求,阅读动机则是促使少儿阅读行为真正发生的必备条件。按照心理学解释,阅读动机是指"由与阅读有关的目标所引导、激发和维持的个体阅读活动的内在心理过程和内部动力过程"[15],少儿的阅读动机一般包括求知、娱乐消遣、解惑等几种类型。少儿阅读兴趣是指少年儿童在阅读过程中所表现出的、对不同种类少儿读物的具有倾向性的情绪,它与少儿自身因素以及外部影响因素有关。不同的少年儿童喜好的读物也不尽相同,范围广,种类繁多;受周边环境影响,具有一定的从众性;娱乐、消遣与课业要求并存;判断能力有限,需要加以引导等特征。

具有针对少年儿童不同的阅读心理,少儿图书馆除了需要了解少儿读物,定期或不定期地推出不同的指导书目,采取不同的阅读指导方法外,更要了解少年儿童的阅读心理,尤其是他们的阅读兴趣,这点对于少儿读物的选择具有非常重要的指导意义。

一、少儿阅读心理的年龄特征

虽然少儿的阅读心理受年龄、性别、阅读能力等诸多因素影响,但却有着大致相同的特点,不同的研究者对于儿童阅读兴趣、阅读心理的研究结果大同小异,都是根据不同年龄阶段少儿的阅读心理特点,归纳总结出其适合的少儿读物类型。

日本著名儿童教育家阪本一郎在其《现代的读书心理学》①中,根

① 阪本一郎(1904－07－01—1987－08－02),日本教育心理学者。毕业于东京文理科大学教育学部心理学专业。同校同专业研究生毕业。1961 年以《语汇的教育心理学研究》一文,获得东京教育大学文学博士学位。日本读书学会会长,名誉会长,获得 1976 年国际读书功劳奖。专业为儿童心理学、教育心理学、儿童文化。其《现代的读书心理学》为代表作品之一,金子书房出版。该观点引自第 129—134 页。

据儿童阅读兴趣随着年龄增长而不断发展变化的研究，将少儿阅读兴趣的发展分为5个阶段：第一阶段：摇篮童话阶段（2—4岁），即“教养时期”；第二阶段：民间故事阶段（4—6岁），即“撒娇时期”；第三阶段：寓言阶段（6—8岁）；第四阶段：童话阶段（8—10岁）；第五阶段：故事阶段（10—12岁）；第六阶段：传记阶段（12—14岁）；第七阶段：文学阶段（14—17岁）；第八阶段：思索阶段（17岁以后）。

李广建的研究与阪本一郎的研究成果基本一致，他在《青少年阅读心理与读书方法》一书中将青少年阅读兴趣的发展大致分为几个阶段：幼儿故事期（2—4岁）；神话期（4—6岁）；寓言期（6—8岁）；童话期（8—10岁）；故事期（10—12岁）；传记期（12—14岁）；文学期（14—17岁）以及思索期（17岁以后），并且每个年龄阶段都有其独特的阅读心理，在喜好上对儿童读物的内容和形式也都有了不同的变化[16]。他们的研究经过数十年的验证，虽受社会环境等诸多变化的影响，但其基本的研究成果对于我们了解不同年龄阶段少年儿童的阅读倾向仍然具有宝贵的参考价值。

2—4岁。这个年龄的低幼儿童处在学习生活基本常识时期，能够捕捉物体的外观形象，喜欢明亮鲜艳的色彩，享受现实世界和想象的不同的乐趣。适合一些想象力丰富且夸张的幼儿智力开发、生活常识、趣味读物、色彩明亮的图画书，包括可以数数的书、重复的故事以及押韵的儿歌或童谣。

4—6岁。心理学上称为儿童的“第一反抗期”，开始产生强烈的自我意识，能够辨别书中细微的差别，在这个阶段，适合为他们提供一些想象力丰富、能够满足幼儿好奇心的读物，与身体的发展和心理状态相关知识性、科学性的绘本，有关家庭与周围环境的故事、讲述价值观判断、人际关系或性别角色差异等内容的图画书。

6—8岁。这是开始走入社会的第一步，这一阶段称之为“他律道德的时代”，这个阶段的儿童被动地接受社会行为准则，需要为这个阶段的儿童准备一些能够帮助他们理解行为准则的读物、知识性的读物、幽默趣味的短篇故事、桥梁书等。

8—10 岁。这个时期从以自我为中心转向对客观现实的理解,从他律转向对行为的自我判断阶段,这一阶段称为“过渡期”。为这个年龄的儿童提供一些取材于生活但具有丰富想象力的读物,即所谓“生活童话”,是他们所喜爱和热衷的。

10—12 岁。这个年龄的少儿开始重新转向现实世界,对周围世界有了了解,并且开始具有较强的集体意识;生理走向成熟,开始关注成人世界,是最旺盛的读书期。这个年龄的少年儿童有着多样化的阅读倾向,最适合一些能够帮助其了解社会、处理他人关系的少儿读物。

12—14 岁。这是人生的“第二反抗期”,12 岁也是一个孩子真正有阅读能力的年龄。这个阶段的少年自我意识增强,有着自己对事物的判断能力和是非观念,自尊心强,不喜欢别人的干涉。喜爱传记文学,能够满足个人发展以及个人追求的读物。这个阶段男孩和女孩的阅读兴趣开始有比较大的区分。男孩子热爱武侠、科幻以及传记文学,而女孩子则热衷浪漫、情感的故事。在图书的形式上来说,时尚、有趣、个性是孩子们的最爱。

14—17 岁。自我追求期。这个年龄的青少年思想逐步成熟,开始追求自己的理想。适合并喜爱各种心理描写的文学作品。

17 岁以后属于青少年的思索期。他们开始探索和思考人生,对人类社会、自然界的基本规律及其理念表现出兴趣。喜欢一些能够完善自我价值的读物,甚至是哲学类读物。

二、少儿阅读倾向的现实反映

据开卷 2013 年少儿图书零售市场调查显示,少儿类图书以 6.65% 的增长率领先于其他门类,其中少儿文学增长比率最快,占少儿图书十个品种之首,远远高于古典启蒙、科普百科和少儿卡通。而在少儿读物的细分市场中,少儿文学仍是市场份额最大的一个类别。在 2013 年前三季度,少儿文学的销售量占了近一半的份额,达到了 44.22%,其次是少儿卡通、漫画和绘本,再次是少儿科普百科、游戏益智、低幼启蒙等。

根据《2014 首都青少年阅读状况调查报告》，在阅读喜好方面，文学类书籍是青少年课外阅读中最感兴趣的读物，占了 16% 的比例；其次是科普类，占到 14%，以下依次为历史传记、人文社科、自然科学、网络小说。这个调查未包括学龄前儿童，因此低幼儿童喜爱的图画书、卡通漫画等低幼读物不占优势，但这个结果基本可以代表大中城市青少年在阅读兴趣方面表现出的阅读倾向。对于农村的青少年来说，由于经济条件和教育水平的限制，很多孩子课外读物非常稀缺，阅读的时间也非常有限，在条件许可的情况下，农村青少年对于自己喜爱的少儿读物也有着比较明确的倾向，根据《贫困地区少年儿童图书阅读现状调研报告——以河北青龙为例》，同城市的孩子一样，农村的青少年对于故事类、科普类、少儿动漫类同样也表现出极高的阅读兴趣。

对少儿图书馆的馆藏利用情况进行统计分析也可以看出少儿读者对于少儿读物的阅读倾向。厦门市图书馆少儿阅览室曾对少儿图书的流通情况进行过详细的统计分析[17]，最受小读者欢迎的少儿读物是文学类（I 类）、文化科学教育体育类（G 类）和艺术类（J 类）。文学类主要包括童话、寓言故事、中外名著等，而 G 类则主要是一些教参教辅类书籍，这类图书因其对青少年的学业有着比较重要的参考价值，因此也是青少年比较喜欢、家长和老师也重点推荐的书籍。

虽然数据反映所涵盖的年龄层次多有不同，得出的结论不一定全面，但基本可以看出这一年龄段少年儿童基本的阅读倾向，不考虑教参教辅的因素，他们热爱文学读物，由于有一定的从众心理，热爱新奇事物，思考问题、看待事情主要还是以形象思维为主，阅读图书除了求知、求实之外，满足好奇也是影响他们选择少儿读物的一个因素。

第三节　少儿读物的选择

文献资源是少儿图书馆开展读者服务的物质保障，而其生存和发展的第一动力则是为了满足少年儿童的阅读需求。因此少儿图书馆应该切实从孩子们的实际需要出发，以满足少年儿童身心发展的需要为宗旨来选择少儿读物，以此做好馆藏建设工作。

一、少儿读物的选择原则和具体方法

1. 以“以儿童为本”，了解不同年龄阶段少儿阅读需求

优质的馆藏文献资源是少儿图书馆开展阅读服务的基础，为了不断调整和完善馆藏结构，实现馆藏资源效用的最大化，就要最大限度地满足少年儿童的阅读需求。它是图书馆服务的生命力和根本动力。少儿图书馆的文献采选工作首先就要满足“以儿童为本”的原则，要对少年儿童的阅读心理进行充分调研，了解少年儿童的心理发展、行为认知、阅读兴趣以及阅读需求，对影响少儿阅读的各种影响因素做到心中有数，同时做好少儿读者的借阅情况分析和调研，采购的各类文献资源应以满足少儿读者的实际阅读需求为主要目的。而数字资源的采访或是数据库自建过程当中，数据库界面的设计是否符合少儿用户的心理特征和知识接受能力，检索系统是否清晰，符合儿童的使用习惯，内容是否符合儿童的阅读兴趣等，这些都是在选择和自建少儿数字资源时需要关注的问题。同时，由于儿童的天性是游戏，因此数字资源内容的选取，游戏环节的问答，游戏机制的引入等都应有利于儿童对数字阅读活动的关注与开展。目前很多出版社在出版少儿读物时都注意到了分级分层的需要，在图书出版时便注明建议的阅读年龄。少儿图书馆在选择少儿读物时可以将其作为选择的重要参考依据。

2. 制定科学、合理、可行的馆藏建设方案，满足长期和系统性要求

馆藏结构是指根据少儿图书馆自身的实际情况和服务任务，以满足少年儿童的阅读需求为目标，对文献资源的数量、种类而达到的比重或构成。制定可行的馆藏建设方案就是为了保证藏书建设有计划、连续不断地有效进行，确保馆藏结构的科学合理以及馆藏质量的提高和馆藏品种的完整和丰富。为了能够科学地了解各种类图书的比例，以实现对图书进行有效采集，有计划地购买图书的目的，少儿图书馆

的馆藏建设应注重少儿文献资源的完整性和连续性，应该根据馆藏建设的规划，资源目标、服务对象要求、资金拨付情况等因素综合考虑，确定适合本馆情况的资源结构，主要包括资源的类型构成、资源学科内容构成等，最终形成符合本馆馆藏资源建设总体要求的，有重点、有层次、各类资源比例适当的馆藏资源结构体系。

具体方法：一是组成馆藏结构体系调研小组，调研分析馆藏状况以及少年儿童的实际阅读情况和阅读需求情况，找出实际需求与现实状况的差别；二是根据不同的规模，以及服务人群的结构特点，制定适宜本馆情况的馆藏结构方案，保证藏书体系的科学、合理、系统以及相对的稳定性；三是根据确定的文献收藏范围、收藏重点、采购的标准等，确定不同文献载体的数量和比例、不同年龄层次文献的数量及相应比例、文献的剔除和下架规则、复本量确定等；四是如果遇到情况发生变化，要及时调整计划，做出合理安排。

3. 综合考虑经济性原则

一个馆的藏书建设好坏，书的品质排在首位。购书经费是反映公共图书馆资金投入的重要指标，2009 年，普通公共图书馆少儿年购书经费集中在 1 万至 5 万元之间，少儿购书经费超过 50 万元的仅有 5 家。通过对 2009 年普通公共图书馆少儿购书经费与总购书经费的比例进行统计发现，大部分普通公共图书馆中购书经费中的少儿部分都在 20% 以下。经费紧张的同时，少儿图书馆还经常会面临复本量的选择问题。为了实现经济性的原则，在购书经费并不充裕的情况下，就要求采访人员认真考虑少年儿童的阅读兴趣和需要，从少年儿童的利益出发，精打细算，合理分配，统筹安排。一般来说，根据馆藏建设目标和服务对象的基本特征，应以品种为先，在保证品种的前提下，对于部分少年儿童喜爱的、借阅量较大的少儿读物，需要注意加大复本的采购量，避免出现很多小读者抢一本书的情况；而对于一些质量高、价格适中但并不受少儿读者的欢迎，借阅量较低的少儿读物，就需要采用低复本的方法达到既降低采购价格，又能不完全迎合、追随市场，把真正适合少年儿童的好书呈现给少年儿童。当然，这些书需要在阅读服务、书目推荐中给予重点关注。另外，对于采访品种的分配，中文、外文、电子出版物等多种形式应合理分配相应的购书经费比例，以确保重点文献入藏率。还需要注意选择最佳的市场时机，综合利用不同的采购方式，例如可以采用订购、直采、招投标相结合的方式，实现资源和经费的最佳配置，争取最大限度的回报。

4. 全面多样性和重点性相结合

目前我国少儿读物的出版类型、出版物的语种、学科种类等全面多样，多元化的少儿读物格局已经形成。其载体形式已经不限于传统的纸质文献，音像、网络出版物、电子出版物、各种“有声读物”以及颇受广大少年儿童喜爱的动漫作品等，目前都是采访人员需要关注的资源类型。除了图书之外，期刊、报纸、音像电子制品、网络出版物、数字资源产品等都是对馆藏的有益补充。同时少儿读物涵盖的年龄层次越来越广泛，种类越来越丰富，采访人员要充分考虑到各个年龄阶段儿童读物群体的阅读需求，保证文献入藏的全面和多样性。而从内容上来说，考虑到我国目前少儿读物的出版现状，少儿图书馆文献采选应在保证全面和多样性的同时，结合重点采选的原则，以满足品质要求，谨慎增加文献的复本量，把握市场热点，要有“品种重于复本量”的意识，尤其对于一些重复出版的、内容相同但版本不同的少儿文献，应该注意版本的选择，尽量挑选一些公认的、权威性的经典版本。教参教辅类则要注重时效性，过期的教参教辅不宜选入，低幼儿童的绘本应多参考推荐书目并尽量逐本筛选，最受少年读者欢迎的儿童文学等种类则应该适当增加复本量。

5. 拓宽少儿读物采选渠道

建立少年儿童推荐图书制度。设立图书推荐处，收集少年儿童喜爱的图书或想借阅的图书情况。推荐的少儿文献应该包括普通图书、期刊、音像资料、电子出版物等多种类型；同时，提供多渠道的沟通方式，让小读者通过发送电子邮件、发短信、打电话、本馆网站论坛讨论等形式推荐图书。对认真填写的推荐单，可以给予提供提前借阅新书、免费参加读者活动、积分奖励等多种优惠措施，提高少年儿童参与的热情。组织少年儿童到书店直接选书。挑选各年龄段经常借阅图书的小读者代表,组织他们到书店直接挑选图书。要注意从多种渠道了解掌握书源状况,拓宽采购渠道。在了解书源情况方面,除了加强与出版机构的沟通、订阅专业刊物外,其他媒体中也经常会包含一些有用的书目信息源。积极收集互联网上的书源信息,综合网站的网上图书、网上书店的畅销书排行榜也是获取图书资源的有效途径。

二、少儿读物的选择标准

众所周知,一本好的少儿读物受很多因素的影响,评判标准受一个时代、一个国家传统文化的影响,受到少儿年龄、性别甚至性格的影响,对于好的少儿读物似乎很难有一个明确的选择和判断标准,就像美国儿童阅读专家安妮塔·西尔维在她的著作《给孩子100本最棒的书》①的说明中并没有具体告诉我们什么才是一本好的儿童读物,只是在介绍选择的过程时提到"我寻找那些文笔优美、插图精美的书,这些书在美国出版,经过时间考验,深受儿童、家长、老师、图书馆员和书商的喜爱"。但我们更知道,虽然对"何为一本好的少儿读物"判断标准不一,但判断其优劣的各种活动却一直存在,包括各种儿童奖项的评选、各种少儿图书推荐榜单,市场对少儿读物的销售排行等。

法国文学史学家保罗·阿扎尔在其《书,儿童与成人》②一书中认为"优秀的书籍是各种各样的",但适合儿童阅读的好书应该包括下面一些因素:

---

① 《给孩子100本最棒的书》是由美国"儿童书权威杂志"——《号角》杂志的童书评论家和编辑,安妮塔·西尔维所著,2010年由王林博士翻译成中文,湖南少年儿童出版社出版发行。

② 《书,儿童与成人》由法国20世纪上半叶著名学者、文学史家保罗·阿扎尔所著,被誉为"世界儿童文学理论双璧"之一,是世界各国的儿童文学思想、观念的起源之书,欧美国家儿童文学研究、爱好者的必读之书。2014年3月由梅思繁翻译,湖南少年儿童出版社出版。

忠于艺术本质的书籍,也即是那些能提供给儿童们一种直觉又直接得知识形式的书。在它的身上,拥有某种简单的能令人立即察觉到的美感。它拥有能够激起颤动儿童灵魂的能力,并将这种震撼注入衍生到他们的生命中去。

能够给以儿童他们热爱的画面的书籍。折射着周遭世界的丰富多彩的画面:既是解脱的力量,又是快乐的源泉的想象的画面,让他们在被现实关闭以前,能获得那么多可贵的幸福;在时间面前能令儿童们觉得安心泰然的画面,因为当岁月匆匆流过,他们将面对的是并不美好的现实。

能够唤醒儿童敏感的心灵,但绝非泛滥感情的书籍。让儿童走入人类伟大的情感中去,给予他们尊重生命的情感,无论是在面对动物还是在面对植物时;那些不会教导他们鄙视世间万物,以及人类本身神秘现象的书籍。

尊重游戏的尊严和价值的书籍。让他们了解,智力与理智的练习,并不一定是立即有用或者纯粹实用的。

知识丰富的书籍,但绝非那些企图占据课间休息和娱乐时间,以所谓的在丝毫不费力气中就能学到知识为谎言和借口的书籍。

向儿童们讲述存在中最困难但又是最必需的知识,关于人类心灵的书籍。

富有深刻道德感的书籍。那些努力让真理永远地存在下去,并且不断推动激发着人们内心生活的书籍。

保罗·阿扎尔的这段诗歌般美好的描述,让我们看到一本好的儿童读物在内容上所应具备的真、善、美的本质。

少儿图书馆作为少儿读物的最大最集中的收藏服务机构,有必要在选择少儿读物时明确其基本的选择标准。在“以儿童为本”的大原则基础上,从内容方面来讲,知识性、艺术性、多元性等都是我们在选择少儿读物时应该考虑的,但最主要应具备思想性、趣味性、科普性3个条件。

(1)思想性。少儿读者正处在身心发育的关键时期,思想尚未成熟,没有明确的是非观念,需要成人去加以积极正面的引导,因此需要我们去选择一些思想内容健康、格调高尚的少儿读物,即思想性标准是少儿图书馆选择图书的第一标准,应该始终把"以爱国主义为核心的民族精神和以改革创新为核心的时代精神"、把弘扬社会主义核心价值观作为选择少儿读物的首要要求。要选择能够体现、弘扬中华民族优秀传统文化,充满正义、积极、仁义、诚信、友善等中华民族优秀传统美德的内容,以加强和改进未成年人的思想道德建设为最终目标,通过选择和提供优秀的少儿读物,引导少年儿童树立崇高的理想以及正确的世界观、人生观和价值观。

(2)趣味性。关注童心,尊重少年儿童的阅读兴趣是少儿读物选择的第二标准。少儿读物所描述的应该是少年儿童所熟悉和了解的,要根据我国国情和我国少年儿童的阅读需求和阅读特点,选择一些寓教于乐、贴近少年儿童生活的、少年儿童喜闻乐见的少儿读物,使他们能够在娱乐中潜移默化地接受新知识、新技能,并且在游戏中学会思考。少儿读物要富于想象力,动作要生动,情节应该有变化,表述应该幽默风趣,能够吸引少年儿童的注意力,能够启发他们的创作力。只有坚持以儿童的兴趣为出发点,以儿童的立场为基本落脚点,才有可能引导孩子热爱阅读,与书中人物同悲喜,从而实现通过阅读提升生活体验,增强独立思考的能力。

(3)科学性。青少年的科学精神和科学素养、科学思维在少年儿童成长中起着至关重要的作用,它关系到国家的未来和民族的兴亡。随着我国科学教育事业的迅速发展,科学技术成果不断出现,我国少儿科普作品的出版资源不断涌现;而广大少年儿童对科学知识的需求也与日俱增。因此在当今时代,我们在选择图书时要始终把弘扬科学精神、普及科普知识、培养少年儿童的科学素养放在重要位置。

而从少儿读物的外在形态考虑,要充分满足少年儿童的审美需求和成长的需要,在颜色、开本大小、轻重等方面都要以满足孩子的兴趣和心智发展的要求。

(1)注重安全和环保。安全和环保这是在少儿读物形式选择中首先应该注意的问题。少儿读物的质量直接关系少年儿童的健康成长，甚至从某种意义上说，少儿读物的制作材质的质量与内容质量同等重要。少儿尤其是婴幼儿，由于手臂的力量还不够大，手掌也非常小，因此开本的大小一定要和孩子的年龄相匹配，不宜选用开本过大的书籍，否则会增加阅读的困难甚至是潜在的危险。一般的儿童书籍多选用16开本以下的中小型；国家为了规范开本的尺寸，曾于1965年和1987年两次发布国家标准，对常用的大32开、小32开、16开等开本尺寸做了统一规定。但随着市场的逐步放开，一些异型开本也逐步被采用，给了读者更多清晰、美好的视觉体验。少儿读物更是如此，呈现出更加多元化的势头，但要注意不能盲目追求新奇的外形。在考虑形式和内容相统一的基础上，更应从安全性上考虑儿童读物的选择。在书籍边角的处理上要注意避免锋利尖锐。另外，对于材料的使用要确保安全环保，在可能的条件下选择绿色环保新材料制作的少儿读物。目前北京市已启动"绿色印刷工程——优秀少儿读物绿色印刷示范项目"。

(2)装帧及版式设计精致考究。外部装帧包括开本设计、装订样式、材料选择、封面设计、插页设计等，而内部版式设计包括字体和字号的选择、版心的确定、图文在版式上的编排等[18]。封面作为图书装帧最为醒目的部分，其设计既是一种工艺流程技术，又是图书营销思想的外在体现[19]。封面的选择要符合不同年龄阶段儿童的特点，色彩要相对鲜明和丰富，书名用字要生动活泼，易于理解且能让孩子印象深刻。并且封面设计与内容要协调一致，只有这样才能通过封面设计最大限度地传达书籍的内容，达到最佳效果。封面设计要注意与图书的主题相一致，能够吸引读者，并且能够传达图书的主题和内容。注重开本大小的多样性，注重版式设计。

(3)形式的新颖和独创性。现代社会由于信息技术的快速发展，电视、网络、电脑游戏等对少年儿童的吸引力已超过传统少儿读物本身，因此应该注重选择一些外形上新颖和独创的少儿读物，例如玩具书、异形书、立体书等。一些有小附加品的少儿读物也是少年儿童喜爱的,它们虽然与图书的内容相关,但属于图书的附加品,例如书中的卡通人物、卡通贴画、小卡片、拼图以及书签等,都可增加少年儿童与图书的互动性,以引起他们的阅读兴趣。

应该说,上述所列的内容和形式标准是一个带有通用性质的意见,而非明确的可操作性的标准,关于一本好的少儿读物的判断标准会因人而异,需要少儿图书馆的采访人员了解儿童、了解儿童读物,并且时刻以一颗童心来对待,只有这样,才有可能挑选出为少年儿童喜爱的、对他们的身心健康发展有益的读物。

第四节　少儿数字资源建设

一、少儿图书馆与数字阅读服务

1. 我国青少年数字阅读状况

数字阅读是随着信息技术发展而兴起的一种新型阅读方式,近年来逐渐成为人们获取信息和休闲娱乐的主要途径。少年儿童的数字阅读一方面是指阅读内容的数字化,如电子图书、报纸、微博、微信、网页等;另一方面是指是指阅读方式的数字化,阅读的终端不再是传统的纸张,而是带有显示屏幕的电子设备,如 iPad、电纸书、笔记本电脑、手机等。

据 2014 年我国第十一次全国国民阅读调查结果显示,0—17 周岁少年儿童纸本图书阅读率由 2011 年的 83.1% 下降至 2013 年的 76.1%,未有明显变化。但是数字阅读频率和数字阅读资源的接触频率却持续攀升,其中 14—17 周岁少年儿童的人均手机阅读率为 57.3%,每天进行手机阅读的时长超过 20 分钟的少年儿童占 53.9%。由此可见,伴随着社会数字化的发展少年儿童已经越来越多地利用数字化新媒体进行阅读。同时,我们也应该注意到,少年儿童作为一个对数字内容高度敏感和适应的群体,其心智与行为发展尚未成熟,数字阅读将对于少年儿童个体认知与发展产生极大的影响。

2. 数字阅读的特点及影响

作为一种新型的阅读方式，数字阅读具有方式多样、内容丰富、过程互动、环境与时间随意、读者身份匿名等众多特点。与传统阅读相比，数字阅读在注意力发展、语言发展、内容感知、思维及想象发展等方面对少年儿童具有重要的影响：

(1)在注意力方面，相比于传统阅读内容的线性排列方式，数字阅读将内容信息用导航与链接组合起来，有利于帮助少年儿童选择信息，阅读更具针对性，对于少年儿童的注意力发展具有一定的积极作用。

(2)在感知阅读内容方面，数字阅读的丰富性与交互性，文本的通俗化、多元化、图文化、电子化比传统阅读方式要更灵活，有助于少年儿童调动各种感官全面参与阅读过程。

(3)在思维与想象方面，数字阅读呈现的内容比传统阅读方式更具直观性，在一定程度上有助于青少年对阅读内容的理解，但同时数字阅读的多媒体呈现方式包含了大量图片与影像，会间接地促成“浅阅读”现象的生成。

(4)在语言发展方面，数字化阅读行为可能会导致少年儿童在社会现实环境中产生交流障碍，大量网络语言的使用也可能对青少年认知发展和思维发展产生影响。

随着年龄的不断增长，少年儿童的自主学习和接受能力不断增强，对数字阅读辅导和信息素养教育的接受速度更快，理解更深，有利于提高数字信息整理能力和培养良好的数字阅读习惯，这也是儿童数字阅读的优势。但是，由于目前数字阅读在内容上缺乏监管和规范，资源内容良莠不齐，加上少年儿童对信息内容缺乏辨别能力，不具备数字阅读所需的基本信息素养与能力，因而需要我们对其进行规范和引导。

3. 少儿图书馆馆数字资源的类型

少儿图书馆作为少年儿童数字阅读服务内容的重要来源，收集和整理了各类数字信息资源，为少年儿童用户提供全面丰富的数字信息内容和服务，这些数字信息资源种类丰富，主要包括：①按数据资源的组织形式，有数据库、电子期刊、电子图书、网页、多媒体视频、动画、漫画等类型。②按存储介质的类型可分为磁介质和光介质存储。其中，磁介质包括软盘、硬盘、磁盘阵列、U 盘、磁带等，光介质包括 CD、DVD、蓝光等。③按数据传播的范围可分为单机服务、局域网服务和互联网服务等方式。单机服务指的是存储在一台计算机上的数据，仅供单机使用；局域网服务是指用户能在局域网内部浏览和检索数字资源，但在互联网或其他网络环境中不能访问；互联网服务是指用户可以通过 Internet 在任何地方通过一定的认证方式（或者不需认证）访问数字资源。④按表现形式可分为静态数字资源和动态数字资源。静态数字资源主要包括文字和图片等类型如 WORD 文档、JPEG 图片等。动态数字资源主要包括各种类型音频、视频、动画等，如 GIF 动画、FLASH 动画、MPEG 视频、AVI 视频、MP3 音频、ASF 音频等。

二、少儿图书馆数字资源建设

1. 数字资源建设的目的

少儿图书馆数字资源的建设不仅仅在于把传统的印刷型文献通过数字化的形式转换成电子格式，完成多媒体数字阅读的资源组织与开发，更在于在少儿图书馆内营造一个符合儿童认知特点、适合少年儿童学习与探索的数字阅读环境，并应通过对各类数字资源的有效组织，在图书馆内为少年儿童提供一种新的阅读方式与阅读手段，全面提高少年儿童的信息意识、信息获取及利用能力。

2. 数字资源建设的原则

少儿图书馆在数字资源建设中必须依据一定的规则，这些规则包括我国《数字图书馆资源建设指南》提出的：①从图书馆的职能定位和用户的实际需求出发，最大限度地满足社会信息需求的实用性原则；②注重资源建设内容的完整性和连续性，形成有重点、有层次、各类型资源比例适当的数字资源体系的系统性原则；③根据图书馆馆藏资源和服务对象的特点,建立有特色的数字馆藏的特色化原则;④开展跨地域、跨系统的数字资源合作建设,建立优势互补、联合共享的数字资源保障体系的共建共享原则。此外,还应该根据少年儿童自身的阅读需求及特征,满足以下三点要求:①内容组织上,应根据少年儿童不擅长逻辑推理能力以及抽象思维能力的特点,在按传统的题名、著者、主题、分类等对内容数据进行组织的基础上,按照载体形态、外部特征等进行组织。②资源建设上,应提供各类学习内容以辅助儿童的学习,提供反映不同国家、地区文化观念的资源,拓宽儿童阅读视野,培养儿童从多种角度看问题的思维方式,还要针对儿童身心发展特征特别提供一些帮助儿童塑造健康人格的阅读资源。③资源内容上,应针对学前、学龄等不同年龄段儿童进行分级采选,分级服务。④信息检索上,应对处于形式运算阶段和具体运算阶段的儿童,根据其不同发展阶段的认知特点,提供不同的检索途径。例如对形式运算阶段的儿童可以提供一些主题层次的检索途径,如类型、出版日期、作者等;对于具体运算阶段的儿童,提供一些表象层次的检索途径,如书籍厚度、封面颜色、感情色彩等。

3. 数字资源建设的方式

少儿图书馆数字资源的建设有三种基本方式:第一,结合少年儿童用户的需求特点购买数字资源供应商的阅读资源;第二,依据资源优势、人员优势、地理位置、服务定位,自建特色专题资源数据库;第三,积极争取各级公共图书馆及有关组织机构,如少儿新闻出版单位、中小学校等人、财、物的直接间接支持,实现数字资源的共建共享。

从少儿图书馆资源提供者来看,少儿图书馆数字资源建设来源主要包括两类:商业化的数字资源和非商业化的数字资源。前者包括出版社、数据库厂商和其他商业机构以购买的方式提供给少儿图书馆的数字资源,少年儿童读者个人通过少年儿童图书馆使用和访问数据库内容。商业化的数字资源内容丰富、文献量大,是少儿图书馆馆藏数字资源建设的主要内容。非商业化的数字资源主要指的是少儿图书馆的自建资源、开放获取资源和其他免费的网络资源,这些资源由各少儿图书馆自行建设或者从网络上免费获取。

4. 少儿书目数据库建设

少儿图书馆的书目数据库是少年儿童检索和利用少儿图书馆数字资源的基础性数据库,是少儿图书馆提供数字化阅读服务的前提条件,也是少年儿童利用图书馆数字资源的第一站。因此,少儿书目数据库建设需要考虑少年儿童的身心特点和信息行为规律,供少儿使用的书目数据库应该是形象化的查询界面,简单检索的设计理念,为少儿充分利用馆内资源提供帮助和便利,应具有几个特点:①少儿版书目数据库应具有色彩鲜艳活泼的图形化界面,融入少儿元素,体现少年儿童希望从视觉上探求信息的特点;②少儿版书目数据库应采用多途径的检索方式,如按主题、作者、书名等,年龄较小的儿童喜欢简单有趣、色彩丰富的图画页面,大一点的孩子喜欢浏览界面友好,主题清晰的层级目录;③少儿图书馆书目数据库应提供更多书目数据信息,如图片信息、适宜年龄段、内容简介等;④少儿版书目数据应按少年儿童的阅读习惯编写和标引,更多地选择适宜少年儿童用户理解的主题词和语言。

三、少儿图书馆数字资源整合与共享

1. 数字资源整合的基本原则及方式

数字资源的整合是指运用信息网络技术和应用软件系统对分散的数字信息资源重新进行组织,使相对独立的各个数字资源重新组织为一个有机整体,并实现在图书馆内部的集中管理与跨平台、跨数据库检索。少儿图书馆数字资源整合的范围包括书目数据库、各类商购电子图书和电子期刊等网络数据库、自建数据库以及音视频、动漫动画在内的各类多媒体资料,整合后将为少年儿童提供数字信息服务统一平台。在进行少儿类数字资源整合时,应注意:①保持数字资源对象学科系统的完整性;②保持数字资源整合的发展性和连续性;③整合后的数字资源应满足不同时期、不同年龄段少年儿童的阅读需求;④按多种学科、多种类型、多种层次、多种方式进行多维整合。

少儿图书馆对数字资源进行整合的主要方式包括:

(1)基于书目数据的整合。书目数据库是少儿图书馆重要的基础性馆藏数字资源,是少年儿童读者使用数字馆藏资源的直接入口。基于书目数据库的整合是图书馆数字资源最基本的整合方式,目前,国内大多数公共图书馆已经完成这一类型的整合。

(2)基于数字资源导航的整合。通过各类数字资源的网络链接建立导航系统,根据不同的数字资源类型,建立图书、期刊、多媒体、音视听资源、动漫资源、学习课件等导航系统,对大量复杂的资源进行有效分类整合和排序,使各类数字资源能结构化,清晰有序地供少年儿童选择检索使用。基于数字资源导航的整合以少儿图书馆网站的形式为主,无法提供资源内容上的服务,仅实现了形式上的整合。

(3)基于数字资源跨库检索平台的整合。不同数据库资源在检索方式、检索页面、检索规则算法以及检索主题字段等方面都存在一定的相似性,例如检索运算、OPAC 显示等基本功能几乎一致,只是它们页面的显示内容及格式不尽相同,将这些元数据字段内容整合形成统一的参数表,各类数据库通过元数据内容进行内容的统一检索和结果的统一输出,基本上就可以实现少儿图书馆数字资源的跨库检索。数字资源的跨库整合检索大致可分两个层次;一是检索界面的整合;二是分布式异构检索。

2. 数字资源的合作与共建共享

随着少儿图书馆信息服务的数字化、网络化发展,数字资源的共建共享已成为少儿图书馆数字资源建设与服务的重要发展趋势。通过数字资源的共建共享,少儿图书馆能够使数字资源配置合理,利用充分,有效地避免数字资源的重复建设。同时也有利于节约少儿图书馆的人力、物力和财力,充分发挥不同地区少儿图书馆各自的优势,共同构建完整的数字资源馆藏体系,极大地丰富少儿图书馆的数字资源建设。

要实现少儿图书馆数字资源的共建共享,需要完成以下几项内容。①建立统一的馆际互借系统,对数字资源的馆藏信息进行管理。

②对数字资源进行有效配置，建立规范化的标准交换书目数据库。③在少儿图书馆建立统一的公共查询系统平台，建立全国性少儿图书馆联合目录和书目检索系统。④开展全国少年儿童数字资源文献的联合目录数据库的建设。⑤统一各地区少儿图书馆数字环境的软硬件标准和技术支持，建立全国性的数字资源布局保障系统。⑥通过各地区成员馆的分工，加强各级各类少儿图书馆的特色馆藏建设，完善数字资源共建共享内容质量。

四、少儿图书馆数字资源服务与推广

1. 少儿数字资源网站服务

整合各类少儿数字资源的网站是少年儿童利用图书馆数字资源的直接入口，目前各地少儿图书馆都已建立了图书馆网站提供各类型的数字资源的导航及服务，这些网站突出了少儿图书馆形象活泼、童趣性强的特点，具有展示馆藏数字资源、宣传图书馆活动、引导少年儿童获取数字信息、扩大图书馆社会影响等重要作用。通过网站上的新书推荐、数据库检索、数字资源导航、在线阅读等栏目，少年儿童不仅可以对少儿图书馆服务有一个基本的了解和认识，而且可不受时间和空间限制获得图书馆的数字资源服务；同时，通过网站提供的在线咨询、论坛博客、虚拟社区等服务，少年儿童还可以与图书馆馆员实时交流，与其他少年儿童互动分享。

2. 特色专题数字资源库服务

目前，我国少儿图书馆的数字资源服务以各类小型专题数据为主，特色专题数字资源是少儿图书馆数字资源的主要组成部分。少儿图书馆根据馆藏特色与少儿阅读需求，建设和购买多类型特色专题数据库，加快馆藏纸质文献数字化，可以促进少年儿童纸质阅读与数字阅读的协调发展，使馆藏资源价值得到最大限度发挥，同时也可以对少年儿童的数字信息服务进行规范和引导，满足少年儿童数字阅读的需求。

3. 数字阅读活动的开展及推广

开展各类数字阅读推广活动是宣传图书馆数字资源,培养少年儿童信息素养,提高少儿图书馆技能的重要方式和手段。数字阅读推广活动应包括资源专题推荐、讲座、报告、展览、竞赛、展演等多种形式。策划各类活动时,要注意结合少年儿童的阅读特点和差异性,对少年儿童进行正确的引导,促使他们养成正确的阅读行为习惯。对于日常较少接触到数字阅读设备的少年儿童应该注意普及数字信息技术,通过培训、讲座让他们掌握信息技能、降低数字阅读门槛,引导他们学会使用数字资源,进行数字阅读。在开展各类活动时,应注意普及正确的数字阅读方法,调动少年儿童的能动性,开展更加丰富的个性化服务,提高少年儿童使用数字资料检索工具的水平与技巧。

4. 数字资源服务配套硬件设备

少儿图书馆在开展数字资源服务时,必须为少年儿童配套相关硬件服务,主要包括:①PC 服务平台。这是少年儿童利用数字资源服务的主要途径,应支持分布式部署,并具有完善的认证审核机制,强大的日志和统计功能,支持前后台用户管理,支持多媒体文件的在线播放,支持全文搜索等。②触摸屏平台。这是在少儿图书馆馆内面向少年儿童提供触摸服务的平台,通过对触摸屏前台页面的定制化开发,并集成部分图书馆的应用系统、数字资源等,实现在触摸屏上即可使用图书馆的部分服务和资源,支持嵌入第三方系统的网页或者链接地址,具有后台管理功能。③移动平台。具备 IOS 和 Android 等系统客户端 APP 程序,并实现网页在移动端浏览时的页面自适应,支持在 APP 程序内嵌入少儿图书馆网站内容,实现使用数字资源的既有功能。

参考文献

1. 朱艳. 关于少儿图书市场开发之研究[D]. 陕西:陕西师范大学,2008

2. 国家新闻出版广电总局规划发展司. 2014 中国新闻出版统计资料汇编[M]. 北京:中国书籍出版社,2014

3. 赖名芳. 新闻出版总署将出台三项政策扶持少儿读物出版[EB/OL]. [2009-03-09]. http://news.xinhuanet.com/zgjx/2009-03/09/content_10975020.htm

4. 姚红. 少儿读物未来十年(2013—2022年)的出版趋势预测[J]. 办公室业务, 2014(10)

5. 海飞. 中国少儿出版进入"童书蓝海"时[EB/OL]. [2010-09-16]. http://www.chinaxwcb.com/2011-09/05/content_228163.htm

6. 蒋建国. 多出优秀少儿读物　抵制低俗之风[J]. 中国出版, 2013(10)

7. 吴尚之. 在全国少儿出版工作会议上的情况通报[EB/OL]. [2014-12-15]. http://politics.people.com.cn/n/2014/1215/c70731-26211852.html

8. 尚勤. 中国少儿出版的数字化趋势与困境[J]. 今传媒, 2011(11)

9. 王泉根. 当今少儿读物重复出版现象与对策[J]. 出版参考, 2013(6)

10. 魏东晓. 近十年少儿引进版图书研究[D]. 郑州: 河南大学, 2008

11. 海飞. 童书出版依然"黄金"——2011年中国童书出版述评[J]. 编辑之友, 2012(2)

12. 朱消非. 对少儿出版领域现状的思考[J]. 新闻爱好者, 2011(11)

13. 许晓晖, 辛志勇, 刘红云. 关于学前儿童读物状况的调查研究[J]. 山西大学师范学院学报, 2011(1)

14. 王娟. 国内少年儿童优秀图书推荐工作概述[C]//守藏文集. 北京: 国家图书馆出版社, 2013

15. 闫国利. 阅读发展心理学[M]. 合肥: 安徽教育出版社, 2004

16. 李广建. 青少年阅读心理与读书方法[M]. 北京: 海洋出版社, 1996

17. 方卫东. 公共图书馆少儿阅览室文献借阅分析及对策[J]. 图书馆工作与研究, 2008(22)

18. 刘少鹏. 少儿读物外在形态创新研究[D]. 长春: 东北师范大学, 2008

19. 易图强. 出版学概论[M]. 长沙: 湖南师范大学出版社, 2008

第四章　少儿图书馆的服务工作

第一节　少儿图书馆服务工作的原则

少儿图书馆服务，归根结底，依然是实现读者需求与文献使用相对接的服务过程。少儿图书馆作为一个服务特殊群体的组织结构，与成人图书馆相比较，其服务内容及服务方式存在着较大的差异。综合国内外少儿图书馆服务工作特点，少儿图书馆的服务提供与活动过程中应遵循儿童权益优先、儿童权利平等以及儿童信息开放这 3 个基本原则。在服务工作开展过程中，通过对这 3 个原则的满足，基本可以实现少儿图书馆服务工作的人性化管理。

1. 儿童权益优先

2001 年，国务院发布了《中国儿童发展纲要（2011—2020 年）》，其中在基本原则部分明确提出“在制定法律法规、政策规划和配置公共资源等方面优先考虑儿童的利益和需求”。针对此项指示，在实际执行过程中，简而言之便是在对社会资源和权利进行分配时，儿童应该居于分配顺序的首位，被优先考虑。体现在少儿图书馆的服务工作中，便是少儿图书馆在馆区设计与服务开展中，应处处将儿童权益放在首要位置，将儿童优先原则体现在方方面面。

2. 儿童权利平等

《儿童权利宣言》中明确指出，儿童有权“自由参加文化生活和艺术活动”，对于儿童，应“尊重并促进儿童充分参加文化和艺术生活的权利，并应鼓励提供从事文化、艺术、娱乐和休闲活动的适当和均等的机会”。

该原则表现在现实的工作中，便是儿童享有同其他成人一样的社会资源共享的权利。近年来我国很多的公共图书馆、少儿图书馆都开展了针对弱势儿童的各项服务，保障弱势儿童平等地享有图书馆的各项资源和服务。"太阳花开"心理辅导、面向打工子弟的"弱势儿童知识援助计划"、面向智障儿童的"让折翼的天使在知识的海洋中遨游"服务、面向留守儿童的"寄语视频库"等，这些活动一定程度上弥补了我国各地区因地域、经济的差异或其他原因而造成的教育资源不均衡的不足。

3. 儿童信息开放

在《青少年图书馆服务指南》中曾明确提出了"青少年对于图书馆资源和信息来源具有自由获取的权利；图书馆尊重青少年根据自己的需要选择资源且不受审查的权利"。该原则便是指儿童具有自由选择资料并享受阅读的权利，少儿图书馆不应以任何理由拒绝或差异性对待读者的资料索取需求。

为实现"儿童权益优先""儿童权利平等"和"儿童信息开放"3个原则，需要少儿图书馆从馆区馆舍设置、家具设备选购、文献采访、服务政策制定、活动组织开展等多方面来提供保障。

馆区馆舍设置：儿童阅读心理伴随着年龄的变化而变化，馆区馆舍在设计过程中，应充分考虑到儿童的多元化需求，努力打造符合儿童心理的阅读空间。作为儿童在图书馆中的重要活动场所，阅览室的设计需要在兼顾儿童文献陈列需求的同时，满足儿童阅读行为的特点，保证少年儿童可以在阅览区内自由、自主地选择文献，进行阅读。

国内少儿图书馆由于地域差异和文化习惯的不同，阅览室的设置也各不相同。但综合而言，基本可以从服务对象、文献资源内容和文献资源类型3个纬度进行划分。从服务对象角度进行切分，少儿图书馆普遍将阅览室划分为低幼阅览室、小学生阅览室、中学生阅览室、老师和家长教育参考资料阅览室等。从文献资源内容进行划分，可分为科普阅览室、艺术阅览室、台港澳文献阅览室、参考资料阅览室、文学阅览室和报刊阅览室等。从文献资源类型进行划分，主要为传统文献阅览室（即纸质文献阅览室）和多媒体资源阅览室两种。目前，虽然多媒体的资源以其生动活泼、色彩丰富的界面和互动性强、内容丰富等特点吸引着少年儿童，但由于多媒体阅读受设备的制约，且信息过于海量，儿童的注意力易分散，眼睛容易产生疲劳，而印刷型文献可以长时间欣赏，注意力相对集中，便于对文献内容的系统性把握，因此，印刷型文献仍是少年儿童阅读的主要对象。

从活动开展角度而言，应努力增设服务项目，提升服务水平，增强少年儿童对图书馆的使用与参与。针对少年儿童的好奇心理、接受能力和可塑性强的特点，少儿图书馆作为开展儿童阅读服务的重要组织机构，在满足为读者提供各类高品质的纸质读物的同时，应着力打造适合于儿童动手动脑能力、开发智力的智能图书馆环境，积极利用新技术手段为公众阅读开展拓展服务，增设多项阅读活动及服务项目，丰富儿童可获取资源，提升读者满意度。

2010 年 5 月，国家图书馆少年儿童馆宣告成立，并正式接待读者。为更好地服务读者，开展多层次服务，国家图书馆还同步推出了少儿数字图书馆。国家图书馆少年儿童馆暨国家少儿数字图书馆的成立标志着我国少儿图书馆事业进入一个新的发展阶段，成为一个标志性事件。国图少儿数字图书馆搭载国家数字图书馆发展平台，借助数字图书馆推广计划，如全国文化信息共享工程服务平台、县级数字图书馆推广计划等，将服务扩展到全国以少儿图书馆为主要服务阵地的儿童服务组织机构。利用数字资源的远程服务优势，在满足到馆读者服务需求的同时，进一步拓宽对非到馆读者的服务手段，提升服务水平。同时，各种展览活动的开展，对宣传图书馆服务功能、提升图书馆的地位等方面也起到较好的推动作用。

从图书馆常规服务方面来说：一方面要做好少儿图书馆读者借阅高峰期的工作，掌握少儿读者借阅峰期的规律，开展丰富多彩的少年儿童文化教育服务；另一方面，应根据儿童的心理特征与阅读特点，通过有针对性地开展讲座、培训、展览等，提供多层次的文化服务。另外，在满足对少年儿童服务的同时，还应兼顾为家长、儿童教育工作者和研究人员的专业化儿童教育和研究服务。

最后，各地少儿图书馆还应进一步加强业界的交流与合作，推动资源的共建共享，为少年儿童提供更加丰富的文化资源和服务。努力做好特色阅读服务的工作，遵循开放性、多元化、宜阅读的特点，努力提高儿童阅读品质。

第二节　少儿图书馆的常规服务

读者借阅、参考咨询等常规服务工作是一个图书馆赖以生存与发展的基本条件，也是图书馆可以提供给读者最为直接的服务方式。

一、少儿图书馆的借阅服务

图书馆的借阅服务是各少儿图书馆最基本也是最为普遍的一种服务方式，是各图书馆服务宗旨与服务能力的最基本的体现。该服务是指依托各馆区的文献资源，通过到馆阅读与文献流动的方式，为读者提供具有针对性、可供参考的文献资源，是读者获取文献资源的一种最为普遍的方式。通过文献的馆区提供与传递，实现文献的利用最大化，同时，通过馆际互借与国际互借等方式，可以实现馆内文献的跨地域性服务的提供。

1. 服务方式

从文献提供方式上来看，通常条件下，传统意义上的少儿图书馆的借阅服务依然是指馆内文献到馆阅览与外借服务。这种借阅服务手段保留着最原始的图书馆服务习惯。通过文献的开闭架阅览与馆区文献的外借服务，满足读者最基本的阅读需求。传统意义上的儿童图书馆借阅服务，一定程度上不仅仅为儿童阅读行为习惯的培养提供了良好的物质保障，同时，由于儿童图书馆温馨的馆区阅读环境与专业馆员的阅读指导，对儿童阅读习惯的养成具有良好的促进作用。因此，虽然目前各阅读服务手段不断涌现，但传统意义上的馆区借阅服务依然是众多借阅服务手段中最主要的一种，尤其是位于地域相对偏远、经费相对不足的地区。

另一方面,伴随着新技术手段的不断发展与普及,少儿图书馆的借阅服务方式也逐渐由过去单一的馆区借阅,演变成现在内容多元化、手段多样化的服务方式。各地少儿图书馆相继出现的送书上门、图书流动站、自助借还、通借通还等服务方式逐渐成为当下图书馆借阅服务的重要补充。如国家图书馆少年儿童图书馆自2011年启动的“弱势儿童知识援助计划”“阅读推广进校园”等活动,天津少儿馆、重庆市少儿馆常年坚持设立的总分馆制、图书流动点等将图书服务开到辖区内的各个角落,广州市少儿馆设立的少儿汽车图书馆、北京市石景山区少儿馆开展流动书车服务等,走进社区,走到边远地区,将图书送到读者身边。这些活动与阅读服务方式极大地提高了各地少儿读者的阅读参与度,弥补了因地域现状而造成的阅读资源短缺情况。同时由于新技术手段的运用,也极大地便利了读者的文献索取与使用。上海地区所实行的上海市中心图书馆少儿“一卡通”借阅服务,便极大地便利了读者的出行,为读者节省了大量的时间成本,得到了当地读者的好评。

2. 服务内容

虽然纸质载体依然是当下各地少儿图书馆文献提供的最为主要的阅读载体,但已经不再是唯一一种阅读载体。除了传统意义上的纸质文献外,还相继涌现了大量的多种形式的数字资源。其阅读形式也由最初的传统阅读,变化为现在的手持阅读终端(如iPad、电纸书等)、网络数字资源库(如乐儿、恩多、新领航等数据库)、缩微胶卷、平片、音像资源等。面对这些不断涌现的新载体,各地少儿图书馆也在不断调整各自的借阅服务政策,以适应信息时代的变化与需求。在条件允许的地区,许多少儿图书馆的借阅服务内容也随之更为丰富,除了常规的纸质文献外借外,还逐渐扩展多媒体资源的外借。如国家图书馆少儿馆、首都图书馆少儿馆等都纷纷针对儿童数字阅读开展了手持终端外借服务。在外借的阅读终端中,同时还配备了适合于少年儿童阅读的数字内容,并在馆区内提供相应的数据资料供读者馆区内自行下载。每一个手持终端就是一个小小的个性化图书馆,读者可以根据自己的需要来进行选择性文献下载。这些手持终端的外借,极大满足了读者对文献的需求,便于读者对文献的阅览与使用。同时由于内容的极大丰富与形式的多样性,较好地解决了少年儿童在阅读过程中求思求变的心理。

除此以外,各地少儿图书馆还纷纷加大对馆区文献的数字化,不断扩大少儿图书馆的数字资源的自建内容。这些数字资源的快速发展,也有利于缩短读者文献索取所需消耗的时间成本与经费成本。

3. 影响读者对借阅服务满意度的因素

从图书馆的实际运行效果来看,通过对读者行为的观察与读者采访,影响读者对图书馆借阅服务满意度的因素,按照重要程度依次可以划分为资源配置、馆员业务素质、借阅制度。

(1)资源配置。图书馆的可供资源是一个图书馆生存与发展的基础,是其他所有服务的前提保障。少儿图书馆的馆藏文献品质直接决定了一个馆的综合实力与服务质量。如何为小读者提供高品质、多层次、多形式的阅读内容是每一个儿童图书馆的必修课。馆区内可供调配的儿童资源品种是否丰富、形式是否多样、是否可以满足各年龄段小读者的阅读需求,这些都直接决定了读者对该图书馆的使用满意度。2012 年,国家图书馆少年儿童馆推出了《全国少年儿童图书馆(室)基本藏书目录》,该书目较好地整理了国内童书出版中的优秀文献,可作为各地少儿馆文献采访参考标准之一。通过系统化的馆藏结构调整,有利于各地少儿馆的读者文献索取与使用。在数字资源的配置方面,应加大各馆区间的共建共享,避免重复性建设。

(2)馆员业务素质。图书馆员的业务素质可谓是一个图书馆生存与发展的软实力,通过对文献的深入挖掘与相关活动的策划组织,提升读者对图书馆的黏合度,培养忠实的图书馆使用人群。作为一名读者,在面对图书馆浩如烟海的资源时,如何快速地搜寻到自己所需要的资源信息,在与馆员进行信息沟通时,如何得到具有针对性的、准确的指导性意见,这些都是影响读者对图书馆满意度的重要因素之一。

作为儿童阅读推广的主要阵地，各地的少儿图书馆应加大对馆员的专业知识的辅导与培训，通过业界交流与专业培养，从根本上解决馆员综合实力不强的现状。

(3)借阅制度。读者在借阅过程中直接体验到的，除了馆藏资源的提供内容、馆员的服务质量之外，最为直接的便是馆区的借阅制度。就一个馆区而言，其借阅流程是否完备，借阅制度是否便捷、高效，是影响读者对图书馆的满意度的重要因素。作为面向儿童阅读体验的图书馆，应着力简化借阅流程，缩减制度中可能造成读者过多消耗时间与精力的环节，从人性化、个性化角度出发，为读者提供便捷化的一站式借阅服务。现在很多图书馆都已在尝试与各大电信机构合作，推出移动式外借服务管理，读者可以足不出户，便完成文献的预约、续借等流程的操作，这都极大便利了读者的借阅需求，有利于提升读者的借阅体验。另一方面，就一个地区而言，图书馆系统内的网络化分布有利于各图书馆间的文献相互补充，同时通借通还的借阅制度，有利于简化读者的借阅手续，节省读者时间，提高读者阅读体验满意度。

二、少儿图书馆的参考咨询服务

参考咨询服务作为图书馆的重要服务内容之一，同样适用于少儿图书馆。参考咨询，从本质上讲，依旧是以文献资源为基础，通过馆员对文献内容的整理，以及自身所具有的图书馆相关专业知识，对读者所提出的文献知识或检索手段等询问进行有针对性解答的一种服务方式。

1. 概念

对于少儿图书馆的参考咨询工作，其主要服务范围，通常意义上讲，主要包含两部分：业务咨询和书目研制。从内容上而言，这两项咨询服务工作的内容是相通的。一方面，读者的业务咨询工作需要专业化的解答与回复，需要利用到书目的研制成果；另一方面，书目研制的目的是为了使用，因此，书目在研制过程中，需要明确读者的特点与需求。业务咨询工作可以通过对读者所提出的需求或科研内容的特点及方向进行整理与总结,较好地对书目研制提出具有针对性的建议,使书目研制成果更加贴近读者需求,符合使用习惯,适应咨询工作的需要。

图书馆业务咨询工作的分类维度不一。从解答的形式来划分,主要可以分为口头咨询和书面咨询两种形式,通过口头或书面对读者所提出的问题进行回复,从而完成读者服务工作。从咨询工作的内容性质上划分,主要可以划分为知识性咨询和情报性咨询两类。从读者咨询内容的难易维度进行划分,可以分为一般性咨询和专门性咨询两种。

图书馆书目研制工作主要是根据图书馆相关领域的科研、课题,或根据读者需求而开展的对各种专题性书目、索引、文摘等内容的收集与编制,从而满足读者参考需要。

2. 服务方式

口头参考咨询,即以咨询馆员的知识积累为基础,针对用户提出的各种问题进行即时口头回复。口头参考咨询多属简单的事实性咨询,以口头形式予以解答。即使在信息技术迅猛发展的今天,口头参考咨询方式依然以其及时有效、针对性强等特点成为主要咨询方式之一。

代检代查服务。指图书馆员针对读者所需提供的专业化科研需求,利用丰富的馆藏资源和自身专业化的图书馆知识,将读者所需文献进行代为检索的一种服务形式。通过智能化的检索系统和检索手段,将读者所需信息从海量的书目索引、文摘、题录等内容中查检出来,并提供给读者的一种服务方式。该方式是一种可以有效帮助读者快速并准确定位所需信息的高效咨询服务。

3. 常用的服务模式

常规咨询服务模式。也就是通常意义上所讲的传统参考咨询,该服务主要依靠读者主动咨询,馆员通过协助读者检索和问题的回复实现参考咨询工作的完成。该服务形式具有互动性好、回复及时、目的明确和指示性强的特点,同时由于读者与馆员的实时互动,在咨询服务的同时,可以较好地满足读者的个性化需求,属于目前我国少儿图书馆所提供的最主要的参考咨询服务形式之一。

教育咨询模式。该模式非常重视在参考咨询过程中对少儿图书馆相关知识的普及与教育。简而言之,教育参考咨询模式最重要的,并不在于对读者问题的答案回复,而在于在咨询过程中,对对方所提出的问题而展开的教育,此种咨询模式更加重视过程阶段的知识与技能传递。教育参考咨询内容涵盖事实性知识、检索过程培训、严谨的思维训练等。

多层次咨询服务模式。伴随着社会的不断进步,读者的需求也日益呈现出多层次、多角度的特点。作为参考咨询服务的重要提供单位,少儿图书馆需要不断提升自身的参考咨询能力,开展多层次、多领域的全方位咨询检索服务。通常情况下,少儿图书馆的读者咨询服务可以分为两个层面:一般性咨询和深层次咨询。一般性咨询方式主要为少儿图书馆传统咨询服务,主要针对读者所提出的简单性咨询问题进行直接回复。该服务一般由馆区内接待读者的部门人员承担,也是各地少儿图书馆咨询量最高的一种服务方式。深层次咨询不仅仅局限于文献内容的简单提供,而是需要根据科研需求,对课题所需展开的深入性咨询内容进行资料搜集和整理。该项工作主要由专业从事咨询工作的资深馆员担任。

虚拟咨询服务模式。该咨询服务模式是近年来新兴的一种咨询服务方式。该服务在网络化普及的基础上,通过网络信息传递而实现参考咨询服务的完成。该服务模式打破了原有“一对一”的单线服务,逐渐转变为依靠计算机终端,通过信息的网络传递,从而实现“一对多”“多对多”的服务模式。通过网络技术,可以实现对特定信息的搜集、整理与加工,信息的实时在线传递和跨领域检索等。此类型服务模式,不仅可以打破地域的局限,为更多的读者提供专业化咨询服务,而且还可以实现国际参考咨询与交流合作,其服务对象也不再仅局限于本地区的读者,而是全世界任何角落的读者都可以成为此种服务模式的服务对象。

4. 服务流程

通常情况，少儿图书馆的咨询服务的工作程序一般分为接受咨询、调查分析、查询资料、查询复议和答复咨询5个阶段。

在接受咨询阶段，无论是以电话、口头咨询或邮件信函等任何方式提出的咨询问题，在操作过程中，图书馆工作人员都应认真调研咨询问题资料，分清问题的性质，注意把握读者对图书馆咨询的目的和希望得到的预期结果，尤其是对于少年儿童的阅读问题。对于比较简单的问题，可以直接通过书目、索引等方式进行在线解答。相对较为复杂的问题，则应首先进行记录，并进入后期的咨询受理环节，由专业的业务咨询人员进行规范严格的专业性答复。

在受理咨询之后，就可以对课题情况、读者情况和文件需求进行全面解决，课题受理阶段要进行详细细致的分析。在对读者提出的咨询问题有了大致了解之后，就要从实际出发，并组织对咨询课题进行更加深入的了解研究，确定解答咨询课题的初步方案。对于比较难的问题，可通过专家进行答疑。

5. 网络条件下的信息咨询服务

伴随着网络化的日益普及，少儿图书馆的常规咨询模式也在不断发生变化，以应对社会对图书馆咨询服务的要求。现阶段，图书馆咨询服务工作的开展除包含原有的传统意义上的咨询服务手段外，在服务对象与服务过程中，均更为广泛与主动，以适应网络化的咨询服务需求。

(1)服务对象广泛化。网络条件下的参考咨询服务，是一种借助于计算机和网络构建起的虚拟图书馆集合。世界各地的图书馆都将是一个信息集散地，成为一个信息网络的节点。每一个网络用户都可以无障碍使用所有网络系统中的任何一家图书馆，并提出相应的参考咨询服务。换而言之，网络条件下，世界各地的图书馆彻底打破了空间地域的限制，可以彻底实现资源融合，从而更加便捷地为单位或个人提供更为专业的咨询服务。从服务对象角度而言，在网络环境下，图书馆的服务对象不再仅仅局限于本地区的个体读者，而是该馆所在网络系统中,任何一个向图书馆提出需求的人。因此,网络条件下,图书馆的咨询服务对象更具广泛性。

(2)服务过程主动化。在网络环境下,读者自己可以通过网络在家里、办公室等进行图书馆资源检索,并利用电子设备向图书馆提出相应咨询。而作为图书馆重要组成部分之一的咨询馆员,在日常工作中则可以借助于网络,开展OPAC查询、数据库检索、文献推荐及传送等服务。借助于网络化的便捷与高效,向读者主动推送专题性文献资源或其他服务内容,充分体现出咨询服务的主动性和灵活性。

(3)服务方式及手段多样化。传统形式下,图书馆的咨询主要依靠本馆的馆藏资源对读者所提出的问题进行查询回复与检索指导。在网络环境下,参考咨询的信息来源则大为扩展,不再仅仅局限于本馆的纸质馆藏资源,而是在此基础上,扩展为更为广泛的数字资源。所提供的参考咨询结果也逐渐由原有的纸质文献内容扩展为与数字资源并存的综合信息结合体。这种数字资源不仅仅包含本馆自行制作的馆藏数字化资源,同时也包括外购的数据库和丰富的网络资源。通过对数字资源与纸质文献的有机整合,可以有效提升咨询内容的广度和深度,通过网络化的信息传递,改变了过去单一的服务手段,有利于进一步拓宽少儿图书馆的咨询服务方式。

三、少儿图书馆的阅读指导活动

未成年人的阅读伴随着年龄的变化呈现出明显的阶段性特征,而年龄越小,其阅读所带来的影响越为深远,这也正是英国会启动“阅读起跑线”活动,并广为推广的重要原因之一。在儿童阅读习惯形成期,如何使他们养成爱读书、读好书的阅读习惯,将是影响他们未来在社会中生存和发展,提升个人竞争力的重要因素。

在现有的条件下,最大限度地满足少年儿童阅读的需要。积极开展社会读书活动,是实现这一目标的改革措施。关注儿童阅读活动的设计与组织,积极突破传统的服务方式,变被动为主动,变封闭为开放,变知识宝库为知识喷泉。现阶段,少儿图书馆已逐渐打破了看摊守业、坐门等客的旧习惯,展现出勃勃生机。作为儿童阅读重要推广单位之一的少儿图书馆,有责任,有义务积极提升儿童阅读服务水平,并辅导儿童阅读,使之逐渐养成从小爱阅读的好习惯。

儿童阅读活动的组织,无论以何种形式呈现,首先需要明确的是读书活动的指导思想和目的。少儿图书馆是为了向广大少年儿童推荐、宣传图书,引导儿童多读书,读好书。通过读书来激发少年儿童的阅读兴趣。学会利用图书,通过阅读图书丰富知识,开阔视野。

阅读辅导作为少儿图书馆读者工作的重要内容,在改革的新形势下,随着少儿图书馆阅读辅导工作的不断深化和开拓,"社会读书活动"更加活跃起来。这种阅读方式,突破了狭小的馆舍局限,突破了传统封闭的服务方式,使少儿图书馆工作出现了新局面。然而,社会读书活动是否应该大力提倡?又应该如何开展?这是当前少儿图书馆普遍关心的问题。

在"全民阅读"的浪潮下,作为面向少年儿童提供阅读服务的专门机构,阅读指导工作成为当今我国少儿馆工作的重中之重。《全国五城市少年儿童阅读状况调查分析报告》数据显示,我国少年儿童在阅读兴趣的性别、年龄等方面有着明显的差异,报告同时也显示,图书馆是青少年的主要阅读来源。2008 年,中国出版科学研究所的调查显示,2005 年,全国国民阅读率为 51.7%,比 2000 年下降了 8.7%。我国国民总体阅读率呈下降趋势。提高国民阅读率已经成为我国一个迫切的任务。而培养全面阅读习惯、营造良好阅读氛围最适合的场所就是图书馆,培养少儿阅读习惯和阅读兴趣的最佳年龄就是少儿阶段。因此少儿图书馆在少儿阅读能力提升方面具有举足轻重的作用。

具体来说,阅读指导工作主要包括三方面的内容:一是指导儿童选书,即书目推荐工作;二是开展各类以阅读为主要内容的活动;三是注重少年儿童阅读兴趣的培养。

1. 选择好的少儿读物

指导少年儿童读者进行正确阅读是每一个少儿图书馆馆员的重要责任。环顾现实的读书状况,我们不难发现市面上的儿童读物良莠不齐。作为未成年的小读者，面对林林总总的海量出版物，如何选择，正确阅读，是提升我国儿童阅读能力的一个重要参考指标。少儿图书馆藏书丰富，是少儿读者汲取知识的宝库。少儿图书馆员有责任、有义务指导少年儿童正确选择适合自己的优秀读物，以增加少年儿童的阅读量，扩大他们的知识面，不断提高他们的综合素质，培养全面发展的人才。

从选择读物的标准上来讲，要指导儿童选择最有价值的读物。一本书对阅读者来说好与不好，是否适合自己阅读，可参照以下几条标准：

(1)关注儿童心理，理性选择。儿童在成长过程中，每个阶段都会有不同的心理阅读需求。作为成年人的图书馆员为儿童进行文本选择时，应基于对各年龄段儿童心理的准确把握与了解，甄别出适合的文本读物。关注儿童本体阅读需求，以儿童的视角来选择适合阅读的文本读物。如0—3岁的儿童正处于语言发育期，这一阶段的儿童语言的培养主要以重复为主，因此为其提供的读物应具有节奏性强、句型多重复等特点。而3—6岁的儿童则正处于语言高速发展期，在这一阶段，儿童的语言从最初的模仿开始逐渐形成独立意识的语言表达，因此在这一阶段，应为其提供语言流畅、画面清晰、色彩丰富、内容积极的绘本读物为宜，便于对其语言的培养。

(2)关注读物内容，合理选择。任何阶段的儿童读物，都应对其内容给予高度关注。在文本的选择过程中，应注意把握文本内容的积极向上和乐观开朗，为儿童性格的塑造提供潜在的模范与榜样。作为图书馆员应注意把控读本的品质选择，畅销书未必等同于好书。由于儿童存在的猎奇与寻求刺激的心理，一些商家为了商业目的，竞相出版了许多恐怖、阴森或内容过于成人化的读物。这些文本的表象看似是儿童读本，却并不适合未成年人阅读，因此，作为选书的成年人而言，应给予重点关注。当然，并不是所有的科幻读物都不适合儿童阅读，这就存在一个读本选择的问题。适合的科幻读物有利于儿童想象力的塑造和培养，对他们的创造力具有较好的推动作用。这就要求工作人员在选择读本的过程中具有较好的儿童读物基础。

(3)关注读物表象,科学选择。在满足儿童阅读心理和儿童读物内容的基础上,为儿童进行阅读指导时还应关注读物的表现形式。在选择文献的时候,需要针对不同年龄的读者提供符合其生理特征的读物。如为0—3岁儿童选择阅读文献时,由于其阅读具有不稳定性,喜欢吃书、动手翻书甚至撕书,在为其选择读物的过程中,就需要观察选择读本的大小是否合适、纸张质量是否得宜、装帧是否安全等。避免因读物的选择不当而造成对儿童在阅读过程中的伤害。

广大少年儿童由于学校的"减负",将会有更多的课外阅读时间,在有了更多的阅读时间的同时,少儿图书馆要注意根据以上标准,考虑到少儿读者的心理、生理和学习特点,有选择地为不同的少年儿童读者提供不同的儿童读物,开展不同的阅读指导活动。

2. 开展各类阅读指导活动

从阅读指导的组织活动上来讲,阅读指导活动必须围绕少年儿童的阅读特点进行,并要依据图书教育的功能,掌握不同少年儿童的生理、心理以及阅读特点,以培养儿童的阅读兴趣和阅读习惯为目标。儿童时期的可塑性是最大的,也是进行教育的最佳时期。但同时这个时期的儿童又比较特殊,他们好奇、好动、好问,兴趣不稳定。因此,发现培养他们的好奇心和阅读兴趣,在兴趣的基础上给予正确的引导,是从事少儿图书馆阅读指导工作的基本方法和态度。在此基础上开展形式多样的阅读指导活动,要依据少年儿童的阅读需求特点,结合他们的学习生活,推荐一些通俗易懂的少儿教育读物,使他们可以通过阅读解决实际生活中所存在的一些问题,帮忙他们真正把课外书籍当作自己学习生活的一个重要组成部分。

未成年人的另一个阅读特点是模仿。他们在阅读了喜爱的书籍后,希望马上模仿、表演、实验。所以,为他们开展阅读教育活动中应以"用口说""动手做""用脑想"的活动形式为主,以此来加强和巩固他们在阅读过程中所获得的知识,不断积累和充实,以此达到知识普及的目的。

3. 注重少儿阅读素养培养

一是注重培养儿童早期阅读的兴趣。少年儿童的阅读不同于成人,成年人的阅读,常常伴随着实用性强、自控性好的特点,而少年儿童的阅读则会高度关注阅读所带来的乐趣体验。只有当他们真正体验到阅读的快乐时,才会积极主动地进入阅读活动中来。因此,这就要求社会各界应加强对儿童早期阅读兴趣的关注与培养。作为少儿图书馆所开展的阅读活动或培训,不应仅仅局限于关注儿童自身,同时还应关注到儿童所在的家庭阅读意识的培养。对于儿童而言,其大部分的时间都是要在家庭中度过的,一个好的阅读环境对于儿童阅读行为习惯的养成具有至关重要的作用。从儿童阅读习惯培养角度而言,少儿图书馆应关注儿童各阶段的年龄特征,根据不同年龄、不同阶段的少儿行为习惯与心理,因势利导,策划并组织相应的馆区活动,使他们可以很好地感受到阅读带来的快乐。

只有儿童的阅读兴趣被较好地激发和培养,才可能有效地使这些少年儿童的眼界得以拓宽、技能得以拓展,知识得以提升,这些少年儿童才可能在进入学龄后,较好地适应学习需要,并对其一生产生深远的影响。

二是注重培养少年儿童自主阅读的习惯。阅读带给少年儿童的不应仅是知识传递,更重要的应该是使儿童在阅读中感受到阅读的乐趣,并愿意参与到阅读中来。少年儿童阅读能力的培养不是一个孤立的问题,而是需要少儿图书馆工作者、家长以及全社会都共同参与的一项任务。少年儿童的阅读常常伴有囫囵吞枣、不求甚解的特点,因此在少儿图书馆的工作开展过程中,应关注少年儿童自主阅读习惯的养成,努力培养少年儿童的良好阅读习惯。

三是注重培养少儿综合阅读的能力。一个民族的兴盛,一个国家的发展,其最终依靠的依旧是人才。作为未来社会竞争力的主力军,少年儿童的全方位发展与综合实力的提高具有举足轻重的作用。如果说教育是未来社会竞争的推动力,那么阅读便是教育的灵魂。关注儿童阅读,不仅仅应关注少儿教育内容,更应关注少儿综合阅读能力的提升,尤其是少儿自主阅读能力的提升。作为未来社会的承担者,少年儿童不仅仅需要认真学习课堂知识,更要扩大阅读量,多阅读报刊读物。提倡个性化、自由化的自主阅读以及网络环境下的有效阅读。尊重少年儿童的阅读选择倾向和阅读内容的多元化。

在实际工作开展过程中,少儿图书馆应关注少儿综合阅读能力的培养与提高,通过馆区环境的设计、文献提供的开放以及文献资源的多元化,积极培养少年儿童对文献的选择能力,并努力通过良好的阅读互动与活动设计,增强少年儿童在自主阅读中的快乐体验。

四是增强儿童文献信息素养的培养。由于少年儿童涉世未深,所掌握的信息资源的获取手段和获取方式有限。作为少儿综合素质培养的重要基地的少儿图书馆,应关注少儿信息意识教育的培养,通过多种展示形式、互动活动、教育培训等方式,不断加强少年儿童对图书馆的认识,并逐渐掌握图书馆的使用技能,培养自我学习意识与能力。

少儿图书馆员的新角色,就是在浩瀚的信息和各类不同少年儿童读者之间充当信息中介,承担起信息的管理者、鉴别者和传播者的职责,挑选适合少年儿童好奇、求知心理特征的电子信息,如电子图书、电子报刊、机读型检索工具以及网上教育信息。

四、少儿图书馆的个性化服务

少儿图书馆个性化服务既是一个传统的问题,又是一个崭新的课题。我国少儿图书馆开展个性化服务和富有特色的实践工作已有多年的历史,在实践中已取得了一些成功的经验,在理论上也有了突破性的进展。

1. 重视心理健康,积极开展良好道德和健康心理教育

一个人只有身体和心理都健康,才称得上是真正的健康。我国的少年儿童从小生活在比较优越的环境中,他们中的相当一部分人存在着这样或那样的心理疾病,个别人甚至还出现了道德偏差与行为失范。对少年儿童进行良好道德和健康心理教育已刻不容缓。为此,少儿图书馆应及时开辟富有特色的心理教育园地,如要求小读者保持开

架图书的整洁，爱护图书，遵守图书馆的规章制度等。少儿图书馆还可以通过组织集体活动和规范行为准则加强对少年儿童的责任心的培养。

2. 关注教育改革，主动参与研究性学习

所谓研究性学习，主要是指学生在导师的指导下，根据选择的课题和研究方向进行有针对性的研究。对于学生而言，在获取相应知识的同时，学习解决问题的办法同样重要。研究性学习课程的开设，对以中小学生为主要服务对象的少儿图书馆拓展个性化服务新领域提供了一个新天地。作为服务未成年人的少儿图书馆，应积极关注教育改革内容，了解学校教育动态，积极配合教育方向，并为其提供相应的参考资料或阅读指导。少儿图书馆拥有得天独厚的海量文献资源、适宜于研究学习的环境、丰富的网络信息资源，这些都为研究性学习提供了难能可贵的资源，从而保证各项研究项目的扎实推进。

3. 以人为本，实施个性化服务

少儿图书馆的服务工作除了具备常规图书馆所具有的服务特点外，还需符合儿童心理特征与行为习惯。少年儿童求知欲强、好奇心强，且兴趣广泛，同时，他们还具有判断能力弱和自我管理能力弱的特点，因此，在少儿图书馆所提供的服务中应尽可能分龄区分，因材施教，根据不同年龄段的儿童心理特点及行为习惯，开展相应的阅读指导和活动内容，满足不同个体用户的信息需求。

4. 关注并开展弱势群体阅读的服务

针对弱势儿童群体，作为知识普及的少儿图书馆，应根据不同年龄段的未成年人的阅读习惯，结合弱势儿童群体的特性，以提高阅读品质、提升阅读能力和生存能力等为目的，积极开展面对面的导读宣传工作。从外借图书的内容、深度、广度、趣味性等方面指导他们，使他们成为适应社会发展需要的人才，在特殊教育学校基础教育阶段，全面提升弱势儿童群体综合素质的同时，必须有意识地帮助他们打开眼界，拓宽知识面，为其阅读能力的提高添砖加瓦，让他们学会使用图书、从图书馆中汲取所需知识，并逐渐实现融入社会主流的目的。

第三节　少儿图书馆读者服务工作的拓展

现代社会,传统的少儿图书馆服务已经远远不能满足社会公众的阅读需求和使用需要,少儿图书馆的概念正在被不断延伸和拓展。

传统意义上少儿图书馆主要以提供到馆读者的阅览外借服务为主,其中辅以一些简单的参考咨询服务来完成图书馆读者服务工作。在文献储备上,由于服务形式较为固定,因此各地方图书馆长久以来都将目光投入到地方特色文献的保存保护上,从而形成了各具特色的地方少儿图书馆馆藏。

随着社会的不断进步与发展,原有的馆藏文献和常规化服务已经无法满足读者日益增长的文化服务需求,迫切需要图书馆做出相应的改变。拓展服务渠道是少年儿童图书馆深化读者服务工作的重要表现。各地少儿图书馆应努力拓宽服务领域,开拓服务新局面,把图书馆的触角延伸到社会的各个方面,扩大馆藏文献的覆盖面和流通量,形成少儿馆藏特色,通过开展各具特色的服务项目,更好地为读者服务。

一、少儿图书馆的流动服务

阵地服务虽然要求我们加强重视,但同时又不能仅仅局限在阵地服务上,必须要有长远目光,要面向社会,扩大少儿图书馆的积极作用。而且还要加强与学校、社区和家庭之间的联系,增加图书馆的服务空间,做到四位一体。

1. 集体外借服务

各中小学、幼儿园、社区可办理集体借书证,由专人管理,定期到少儿图书馆办理图书借阅手续,但这只适用位于市区路途比较近的读者。对于山区乡村等偏远地区,暂时没有条件提供给小读者到馆阅读,可采取送书的方法,即将图书分批提供给儿童阅读,并由学校签订集体外借协定作为保障。

2. 设立流动图书馆

目前我国的少儿图书馆分布情况仍存在着不合理的问题，有些地方数量少，不能及时满足读者的阅读需要，因此，为了更好地服务少儿，建议适当增加图书馆的数量作为分馆，定期派遣工作人员进行图书管理和做好情况调查。这种方法相对来说是比较科学合理的。

3. 设立少年儿童图书馆直属分馆

即由少儿图书馆在社区设立分馆。这类图书馆还是属于少儿图书馆，馆内的全部设施由总馆提供，因此相对来说服务还是比较完善的，也可以最大限度地实现资源共享。此类图书馆由于服务场所较大、馆藏图书丰富、管理机制完善等，服务效果也比较好。

4. 少儿图书馆与社区联办分馆

少儿图书馆与社区联合分馆，顾名思义，就是少儿图书馆与社区共同合作，或者通过少儿图书馆与社区图书馆共同合作，开办分馆，或者将社区图书馆纳入少儿图书馆网络，将其作为少儿图书馆地区分馆。通过少儿图书馆与社区图书馆的共同开发与合作，有利于资金的融合与集中使用，同时便于人员的统一安排与调配，有利于文献资源的统一调配。此种分馆的开办，在均衡各地区的少儿文献分部资源，便利读者的就近阅读，各地区文献的合作开发与保存保护方面具有积极的作用。

5. 实施少年儿童汽车图书馆

少儿汽车图书馆是近年来涌现的一种新型的文献流通服务方式。该服务依靠文献流通范围的扩大，使远离图书馆的读者可以同样获得图书馆的文献阅览服务。通过图书馆指定运输工具的传送，从而实现馆区文献的馆外流通。打破传统图书馆的固有服务模式，有效扩大馆区固有的服务范围，变被动服务为主动推送，真正使少儿图书馆开到各地区少年儿童身边。少年儿童汽车图书馆是近年来少儿图书馆功能与服务拓展和延伸的重要形式之一。由于该类型服务具有灵活机动的特点，一些有条件的少儿图书馆可以借此服务方式，开展面向偏远社区、农村学校的少年儿童和无独立借阅能力的低龄儿童的文献阅览服务。该项服务举措对推进全民阅读,实现学习型社会具有积极的推动作用。

6. 建立学校流通站的工作

如果对学校图书馆的现状听之任之,只按以前的方式去学校办流通站,对他们只提供一些藏书和业务上的指导,并不会增加多大的工作量。这显然不能达到提高少儿图书馆图书利用效果和使广大在校中小学生成为少年儿童图书馆读者的目的。策划建立流通站,抓住建立学校流通站有利条件,以服务吸引学校,在服务上有所创新。

二、少儿图书馆的讲座活动

图书馆作为第二教育课堂,在承担着文化传承作用的同时,还承担着社会教育的职能。近年来,各地的图书馆纷纷推出了各自的讲座服务,并已逐渐演变成各馆的服务亮点,受到社会各界的认可与好评。国家图书馆少儿馆的“文津少儿讲坛”、天津少儿馆的“成长讲坛”、深圳少儿馆的“名师讲堂”、厦门市少儿馆的“成长讲坛”等活动已逐渐成为各自重要服务内容之一。

少儿图书馆的讲座从内容或性质上与成年读者的讲座有天壤之别。成年读者已经逐渐形成了个性化的阅读习惯与阅读方向,在吸取外界传递的文化信息时,具有较强的选择性和倾向性,其信息的吸收常常伴以实用目的。对其开展的讲座内容必然会伴随着专业化的内容。而对于儿童而言,由于他们阅历浅,尚不具备完全的区分外界信息的能力,且抵御外界冲击的能力弱,他们的阅读习惯与方向尚处于发展阶段,其阅读品位有无限的发展潜力。这就要求各提供讲座的机构,能够为其提供高品质、高层次的讲座内容。讲座形式需要多样,讲座内容需要丰富,讲座范围需要具有较好的针对性。

1. 少儿图书馆讲座的特点

就目前国内各地少儿图书馆的讲座,综合而言,已经逐渐形成了多方合作、内容丰富、生动新颖特点。

(1)内容丰富,特点鲜明。目前各地少儿图书馆对本馆所举办的讲座均给予了高度重视与大力支持。其内容基本涵盖了儿童阅读领域的各方面,无论是正经文史、音乐戏曲,或是书法绘画、文博考古,抑或是儿童情感培养与教育,各馆在讲座设置中均有涉猎。其讲座授课的讲师,大多为某一领域的专家学者,或是社会上较具代表性的人物,如深受儿童喜爱的文学作家梅子涵、杨红樱,科普作家吴岩,儿童培养教育学者卢勤等。

(2)受众广泛,针对性强。从讲座的受众来看,各地少儿图书馆的讲座服务对象已经不再限于服务未成年人,还包括各年龄段儿童家长、儿童作品研究者、阅读推广人等群体。虽然一定程度上针对儿童阅读所开展的推广讲座仍为主要讲述对象,但面对不同年龄层的读者,同时还提供了不同内容与深度的讲座内容,以此来满足不同读者层的需求。如各地所开展的儿童心理讲座、绘本阅读推广、考前辅导等,这些讲座,一定程度上使少儿图书馆讲座服务群体得以外延,较好地拓展了少儿图书馆的服务范围。

(3)形式灵活,内容新颖。未成年人对外界知识的获取与探知具有较强的时效性,不似成年读者对信息的处理较为理智。其信息需求的保持度相对较短,如果信息反馈过慢,会严重影响未成年人的信息获取效果。因此,少儿图书馆所提供的讲座内容同样需要具备灵活与新颖的特点。这就要求各地少儿馆在讲座开设的过程中,时刻关注时下的热点,了解儿童心理,从而为其提供具有吸引力的讲座内容。国家图书馆少儿馆"文津少儿讲坛"便曾在2012年邀请中国航天英雄杨利伟开坛设讲,整个到场观众高达800余人,社会反响热烈。

2. 需要注意的几个问题

作为社会教育的重要阵地,少儿图书馆在未来讲座活动的设置中,应着力注重如下方面:

(1)遵循分层分级原则。少儿图书馆服务迥异于成人的最大特点便是分层分级。这个特点不仅仅体现在阅读文献的内容,同时还体现在少儿图书馆所开展的活动的方方面面。儿童的心理发展特征与成人相比较,具有更为复杂的多样性。每个年龄段的儿童都具有一定的心理特征与行为习惯。因此,少儿图书馆在开设讲座活动的设置阶段,需要针对听众进行准确定位。通常意义讲,儿童的心理发展被定义为6个阶段,即0—3岁、4—6岁、7—9岁、10—12岁、13—15岁和16—18岁。每个阶段的心理特征由最初的全盘接受,到逐渐的个性形成;从最初的崇拜盲从,到逐渐的叛逆与独立心理的建立。这些特征都是少儿图书馆在设置讲座内容过程中需要关注并予以遵循的。

(2)专业化,针对性强。鉴于少年儿童讲座服务具有明显分层特征,这就要求广大少儿图书馆在讲座策划阶段,应注重讲座内容的专业化,关注受众的特点,推出内容贴切、符合需求的讲座课程。即使是相同的内容在不同的地区也可能会产生不一样的效果,究其根源,依然是受众的接受心理不同而造成的。

(3)内容特点鲜明,魅力独具。各地少儿图书馆都在纷纷推出各自的讲座内容,如果千篇一律,则很难在读者中得到关注。鲁迅先生曾经说过"只有民族的,才是世界的",这句话便很好地解释了民族文化传承的必要性与重要性。同样,地方文化恰恰是民族文化的集中代表,这就要求各地的少儿图书馆应充分结合地方特色,打造属于本馆的讲座服务品牌,将地方文化在传承的过程中不断推广宣传,使广大未成年人从小了解民族文化并不断发展民族文化。

(4)加强讲座资源的共建共享。目前,各地图书馆的数字资源共建共享工作开展得如火如荼,2014年,国家图书馆数字图书馆推广工程正式将少儿数字资源作为其中一项重要的内容进行推动。借此,少儿图书馆应充分借助数字推广的东风,积极参与,充分利用。将各馆所开办的讲座资源进行有效整合,一方面有利于避免资源重复建设,同时也有利于相对偏远地区的资源共享。讲座资源的共建共享主要可以通过两种方式进行:一种是借助于互联网进行的讲座资源传播;另一种是现场远程直播服务。这些资源都有助于各地区的协同发展,满足各地区读者的阅读需求,同时也有利于少儿图书馆的全面发展与进步。

(5)强化讲座的宣传推广力度

信息时代对各机构的要求是既要能做事,也要会宣传。少儿图书馆的讲座内容再好,前期没有良好的宣传,后期没有持续的推广,也很难使该资源在海量信息中脱颖而出,为关注人群所获取。这就要求各地少儿馆在开办讲座的前期,加强与当地媒体的联系与合作,加大宣传与播报,扩大讲座信息的获取人群范围。后期应强化讲座衍生产品的开发与推广,如就讲座内容进行资料整理与出版,使无法到场的读者可以通过文献、光盘等其他载体获取所需信息。

三、少儿图书馆的展览活动

未成年人对外界信息的获取常常是伴随着求思求变的,单一的、固化的服务方式很难满足未成年人的阅读需求。由于展览具有时效性强、内容丰富、方式灵活、推广效果好等特点,很好地贴合了未成年人的信息获取需求。无论是美国的国会图书馆还是中国的国家图书馆,在其主页的醒目位置都可以找到醒目的展览预告或在线展览。

近年来,各地图书馆积极发展地域文化传播,注重馆区读者的信息获取与知识普及,纷纷推出了各自的展览服务,对各地区的民族文化传播提供了较好的推广平台,得到了广大读者的喜爱与好评。

(一)开展展览活动的原则

作为各地文化传播的重要代表之一,少儿馆在纷纷推出各自展览的同时,应注重对展览内容、形式等方面的研究与开拓,努力打造符合自身特性的公益品牌项目,避免陷入商业服务范畴。在展览的筹备与推广过程中,应遵循如下原则:

1. 深挖馆藏,特色鲜明

少儿图书馆的展览开办,需要贴合儿童心理特点,在展览的策划阶段,应加强对本馆资源的深入挖掘与开发利用。将文献内容进行整合和再加工,通过文献展示与展板展示相结合等形式,对公众开放。一些儿童文献中的特殊要素也可以成为展览的内容,予以关注与开发。一些地方的公共图书馆所开展的地方文献展,在充分展示地方特藏文献的同时,对本地文化的传承与宣传起到了积极作用,具有较好的推广作用。如:湖南图书馆举办的“小人书,大世界——湖南图书馆馆藏连环画精品展览”、山西省图书馆举办的“记忆中的太原——纪念太原建城2500年图片展”、国家图书馆少儿馆举办的“丰子恺图画书展”等,很好地发挥了图书馆的公共服务平台作用,在深入挖掘本馆文献资源的同时,对地方文化的宣传也起到了积极作用。

2. 内容多元,形式多样

少儿图书馆的展览在开办的过程中应努力将传统与现代的多种展示手段融为一体,在保证展示内容高品质的同时,努力提升观众的感官体验,使观众在参观展览的同时,可以通过多种渠道,多种形式,了解展览内容,强化展览内容的印象。

(1)注重虚实结合。目前各地少儿馆,尤其是地方的区县少儿馆,由于资金或设备所限,实体展板陈列依然是馆区开办展览最为普遍的一种方式。展板陈列具有直观、内容简要等特点,但也有展陈时间短、占据空间大、受益范围小、文献损毁严重等缺点。近年来,伴随着信息技术的迅速普及,网络展览日益成为各地少儿馆展览的宠儿。所谓网络展览就是将实地展陈的展板制作成网页的形式进行展出。这种展览形式具有时效性好、内容丰富、传播速度快和不受空间所限等优点。作为现在意义上的少儿馆,在开办展览的过程中,应充分发掘上述两种展览的优势,将其有机结合起来,使展览内容更为丰富,展览形式更为多样,以便使展览的效果得以最大化,扩大展览的受益读者群。

(2)注重资源共享。虽然近年来各地少儿馆得到了突飞猛进的发展,但是不可否认的是,少儿馆资源相对于大多数公共图书馆而言,一定程度上依然属于需要扶持的对象。作为各地少儿馆,应加强业界的交流与合作,强调资源共建共享。各地区的省级少儿馆在开办馆区展览的同时,还应加强对本地区儿童文化展览资源的共享工作。2014年,国家图书馆少儿馆便开展了题名为“照亮童年——绘本发展简史暨百本优秀绘本展”和“图画的魔法——凯迪克奖及获奖图画书展”的主题阅读展,这两个展览在面向馆区展陈外,同时还面向业界开展了免费巡展征集活动,为各省级少儿馆起到了较好的示范作用。在为期2个月的征集阶段,两次展览共计有33个省市的57家图书馆申请并承办了该展览的落地展。通过这种巡展的方式,使少儿展览资源得以流动并迅速普及,扩大了展览的受益读者群,使展览资源得以共享。同时,由于展览内容的可控,使各地少儿馆在面对社会公众提供信息服务的同时,保证了信息品质的一致性,一定程度上,对地方少儿馆的知识普及起到了较好的补充作用。

(3)注重形式融合。展览可以带给观众较好的视觉体验,具有较好的普适性;讲座则带有强烈的交互性与针对性,这两种资源形式看似毫无交集,实则特点互补,相得益彰。

在开办展览的同时,可以针对展览内容,同期开办相关的系列讲座,一方面可以使展览内容得以深化,弥补展览内容受版面所限,无法详尽阐述的遗憾,将展览内容背后的故事向读者展示并传递;另一方面,讲座内容的互动性和专业性特点,可以加深展览内容的深度,加强读者对展览内容的理解与吸收。展览与讲座的特性互补,可以使展览与讲座的收效事半功倍。

除此以外,光影艺术的结合也是近年来展览表现形式中颇受关注的一点。如香港中央图书馆曾举办过"艺术电影张国荣"展览,该展览通过电子屏幕,将张国荣生前的幕后花絮、采访纪实等内容进行播放,由于表现手法的新颖,使许多读者,甚至市民都纷纷前往该馆观展。国家图书馆现在正在进行的"数图体验"展,也是通过多种数字手段,集音像与实体文献于一体,使读者在感受文献阅读的同时,可以体验数字科技带来的阅读感受。这些展览的成功,一定程度上都是得益于展览形式的多样性,通过实体展陈内容与数字手段的有机结合,使展览获得了较好的社会反响。

3. 馆社合作,共同进步

目前结合国内各地图书馆所开办的展览形式来看,其最终集中的表现形式主要有馆区自办、馆社合办、社会自办和资源共享4种形式。对于依然处于上升期的少儿馆而言,在积极深挖馆藏资源的同时,还应着力关注馆社合作、资源共享的展览开办方式。

在展览开办的过程中，适时引入社会各方资源，有利于丰富展览内容与形式。社会资源的共同调动，使展览内容与范围更为丰富与扩大，如各地方博物馆、展览馆、出版社、名人名家等，这些资源一定程度上是对图书馆资源的有力推进，通过展览内容的陈列，同时配合馆区内的馆藏资源，不仅提高了馆区空间与馆藏文献的使用频率，同时也进一步推动了社会公众对馆藏资源的再认识，实现“以展促藏，以藏办展”的良性循环，同时也较好地实现了馆社资源的共建共享。

（二）需要注意的问题

面对外部资源的引入，各地少儿馆需要注意以下几点：

1. 严把质量关

无论是馆社合作，还是馆外机构承办，在展览筹备过程中，少儿馆有责任和义务对展览内容进行审核与把控，保证展览内容的高品质。儿童阅读特点中最为突出的便是甄别性偏弱，鉴于少儿馆的特殊服务群体，少儿馆在积极引入社会力量的同时，需要严把质量关。展览内容依然要与儿童阅读、文化传承等为主线。

2. 适龄适度原则

少儿馆的展览最重要的服务群体依然是未成年人。因此在引入外部资源的同时，需要注意展览内容的适龄适度原则。展陈的内容，无论是描述语言，还是展览内容，应与儿童息息相关，言语契合，避免发生因商而展的情况。

3. 关注舆论导向

展览活动由于常常受档期所限，其展陈的时间相对较短，许多展览，或是读者知晓时档期已过，或是展览期间观众寥寥无几。这就要求各地少儿馆积极利用各种宣传方式，推动展览的宣传力度。通过前期的宣传，使读者对展览内容饱含期待，并获悉展览的时间；通过专业展览内容和多样的表现手法，使读者对展览存有一而再，再而三光顾的兴趣与需求，并最终实现在展览结束后，对展览内容的持续关注。在展览宣传的过程中，应注重对舆论导向的把握，始终将公众利益放在首位，借用舆论导向，努力打造公益服务品牌，避免发生因商业利益而被借用宣传的可能。

四、少儿图书馆的培训活动

所谓培训主要是指一种有组织的信息传递活动。常规意义上讲，培训更多的是一种信息、技能、标准、信念的传递与管理训诫行为。图书馆作为公众终身教育的重要基地，在具备信息交流与读者需求满足的功能之外，同时还承担着公民的终身教育职能。由于图书馆具有得天独厚的信息与文献交互资源，对于社会各界的培训活动开展，具有良好的信息传递基础。

现阶段，国内各地的少儿馆纷纷开设了独具特色的培训活动，如国家图书馆少儿馆针对家长志愿者开展的“家长志愿者培训班”、针对少儿馆界开展的专业知识培训、针对儿童开办的摄影培训班、朗诵培训班等，大连少儿馆针对基层单位所开展的业务辅导与培训，深圳少儿馆与外部机构合作开展的“故事妈妈培训”课程，江苏省溧水县少儿馆针对未成年人定期开展的各种特色培训班等。这些培训工作，都是对传统意义上的图书馆服务工作的拓展与补充，较好地满足了不同读者群的个性化需求。

常规意义上的少儿馆培训从服务读者群角度主要可以划分为三部分：未成年人、家长以及相关领域的工作人员。由于3个服务群体的心理与文献需求的不同，要求开设培训课程的机构能够在海量信息中搜集其需要的相应信息，加以有机整合和提炼，并最终为之提供。因此，现阶段，各地少儿馆无论是在开展社会培训还是在开展馆员业务培训的过程中，应着重关注如下几点：

1. 服务群体的适切性

由于培训对象的差异性，培训活动在开展过程中的特点也各不相同。未成年人天性活泼，好奇心强，互动性好，同时也易为外界环境影响，因此在培训活动开展的过程中，活动的过程要求灵活、多变，培训内容要深浅得宜，避免与小读者间的信息不对称。关注培训信息传递的适度得体，避免台上与台下发生信息交流障碍，以取得如期的培训效果。培训内容应符合未成年人的兴趣与心理，使未成年人在培训过程中能够持续关注。

针对家长与相关领域的工作人员，则要求培训内容具有较好的针对性，避免大、空、全，培训内容应满足不同服务群体的心理需求，具有较好的实际操作性，这样才可能在未来的活动开展过程中取得较好的推广效果。

2. 培训内容深浅适宜

针对任何一个培训服务群体，培训内容的品质都是保证培训效果的不二法则。

(1)内容专业化。目前，社会各界对于未成年人的培训相对开办较多，许多机构、团体甚至个人都在开办各类儿童培训班，其内容也同样包罗万象，但培训机构的师资力量良莠不齐，不乏滥竽充数者。这就要求作为专业社会培训机构的图书馆所开展的培训，无论是师资或是培训手段，都需具有较好的专业化水平。

培训内容在设计过程中，应把握内容的连贯性，注重内容的流线型设计。针对儿童的培训内容，应注重师资力量的专业化，课程设计的科学化与系统化，真正使少年儿童通过少儿馆这一特殊培训平台得到系统化的专业培养。针对家长与相关领域的工作人员所开展的培训内容应具有明确的指向性。

(2)内容全面化。伴随着时代的不断进步，每个时间段对培训内容的需求也不尽相同，培训内容的设置需要保证与社会信息的无碍对接，确保提供内容的时效性与全面性。现阶段，数字阅读技术的日益成熟与完善，使得数字阅读成为一种传统阅读的重要补充而日益受到关注。各地少儿馆在纷纷开展原有传统的艺术技能培训内容外，还同时加强对数字信息时代儿童阅读心理与行为的研究，并依此为各地未成年人开设相应的数字资源使用专业培训课程，为各地相关从业者提供专业化的业务指导与服务。关注儿童心理发展，不断丰富少儿馆培训内容，设置艺术特长、儿童心理发展、儿童心理咨询、数字资源使用、数字阅读指导等适合于各阶段读者需求的培训内容。

3. 培训活动的策划与总结

培训活动想要取得好的效果,课程环节设计同样是不容忽视的重要一环。针对不同年龄层的未成年人培训群体,各培训活动在设计环节中需要给予相应的区分。如不同年龄层的未成年人关注持续时长各不相同,这就要求针对不同年龄的未成年人的课程设计要符合其心理发展特点。正常情况下,儿童注意力的稳定性与持久性通常为:5—6 岁,10—15 分钟;7—10 岁,15—20 分钟;10—12 岁,25—30 分钟;12 岁以上可以超过 30 分钟;0—4 岁儿童的关注持久力则更弱。但如果在游戏的条件下,2—3 岁的孩子注意力也可以达到 20 分钟,5—6 岁的孩子可以达到 90 分钟。这说明环境对于儿童的培训课程设计尤为重要。因此在针对未成年人培训课程策划过程中,应关注互动、游戏、趣味性环节的设计,以保证其注意力的集中。除此以外,还应把握时长的设计,注重培训者的声音、语调、语速等表达方式的设计,过于夸张或过重的延伸性活动内容都易冲淡培训的主旨内容,分散儿童对主旨内容的把握与理解。

面对家长与从业人员的培训,则应关注培训课程的内部结构设计,使培训内容更为系统化和专业化,在课程设计的过程中,关注不同群体间的需求化差异,通过电话、调查问卷等形式,做好前期的培训需求调研,保证培训内容的针对性。

针对任何群体的培训课程,除应关注培训内容的前期设计外,还应关注现场信息的搜集与整理。通过现场的互动、提问、咨询等环节进行信息搜集,以此了解受众群体的关注点与兴趣点。在培训课程后期应强化对培训活动的总结与经验整理,查询活动开展过程中的成绩与不足,为未来活动的顺利开展积累经验。通过对整个培训活动的前期设计、中期信息搜集、后期总结 3 个环节,保证各不同层次的培训内容更为系统化,活动开展流程更为专业化,使整个培训服务更为成熟与完善。

4. 培训活动的形式多样化

常见的培训活动的开展形式主要为课堂授课形式,由于此种授课形式更为直观、互动性好，长久以来成为各地少儿馆培训课程开展的主要方式。伴随着信息技术的不断发展，网络条件的日趋成熟，未来，各地少儿馆在开展社会或专业领域的培训时，可以考虑将传统形式与新技术相融合，既可以通过实地课程设计与讲授，也可以通过网络课堂的形式进行网络授课。通过虚实结合的授课形式，最大化培训群体，提升培训效果，同时也便于各地区师资力量的均衡与共享。

5. 培训活动的多渠道宣传

培训活动由于具有较强的针对性和时效性，因此在活动开展的前期要注重多渠道宣传，使更多的有需求群体得以了解培训内容，并积极参与其中。积极开展与各地教育机构的合作，争取得到当地教育部门的认可与配合，使整个活动对儿童的未来发展具有实际意义。

关注培训活动的后期宣传与推广，并辅以多种活动进行效果展示。如各种艺术培训班后的汇报演出、得奖作品展览、媒体宣传报道等，通过这些后续的多渠道宣传方式，使更多的社会群体关注到项培训。

除此以外，还应关注培训内容的共享，如提供相应的培训 PPT 或大纲的电子版，以便未能参加活动的潜在群体得以了解培训内容的梗概，为未来培训活动的开展培养成熟的读者群。

第四节　少儿图书馆的读者服务手段

伴随着信息技术的飞速发展与应用，少儿图书馆在读者服务手段上也逐渐呈现出更多的科技元素。越来越多的新技术手段被应用于图书馆服务，在提高服务水平和服务效率的同时，进一步提升了少儿图书馆的社会参与度和读者满意度。

1. 网络新服务

计算机与互联网的日益普及，拓宽了社会公众获取信息的途径，彻底打破了地域的限制，使越来越多的信息可以快捷获取。网络环境下,图书馆已经不再为唯一的信息获取渠道。鉴于此种情况,国内图书馆纷纷开始转变思路,搭载信息技术平台,推出符合各自特色的网络服务。

目前各地的少儿馆在采购外部数据库的同时,还着重关注打造具有本馆特色的馆藏数字资源,同时,积极开展基于互联网的文献信息传递,如国际互借、文献提供等。

网络交流工具逐渐进入图书馆服务视野范围,一些常用的网络交流工具,如QQ、飞信、BBS、微信、微博、博客等也纷纷成为新形势下的图书馆服务手段,它们普遍具有时效性好、传播速度快、互动性好等特点。如常规情况下,对某项活动的宣传需要在活动完成后进行文稿排版、印刷、发布,而微博、微信却可以实现现场直播,实时互动,大大提高了读者的参与度。除此以外,一些图书馆还开展了网络在线培训,通过对群内读者的主题培训和问答互动,打破了常规意义上的培训方式,使更多的读者可以不再因空间、场地所限而无法享受图书馆所提供的服务内容。

2. 移动终端新服务

移动终端是近年来在图书馆又一新型服务手段,该服务主要借助于手机、掌上电脑、电纸书等移动终端,通过无线方式而开展服务。目前许多图书馆所开展的掌上服务便是基于移动终端。

手机移动服务是目前图书馆普遍关注和采用最为广泛的一种新型服务方式。它借助于无线通信技术,将无线通信与数字图书馆相结合,通过无线网络的覆盖,读者可以手机获取馆藏信息、参考咨询、活动预告、借阅信息查询及续借等服务内容。在实现信息资源的实时传递与获取的同时,读者甚至可以通过设置偏好来订制适合自己的服务内容,实现个性化服务。

一些图书馆还推出了移动终端外借服务,如国家图书馆少儿馆、首都图书馆等开展了电纸书外借服务,该服务便是基于移动终端而开展的新型服务。所有电纸书在外借前,固定内装一些适合于儿童阅读的文献内容,在办理相应的外借手续后,读者便可以将其携带回家,随时随地阅读。由于具有内存量大、携带便捷等特点,读者外借的移动终端就好似随身携带了一个小型图书馆,可以随时将文献调出,就地阅读。

除此以外,基于移动终端,各地图书馆还纷纷开展了手机续借、检索咨询、电子资源、活动播报、服务介绍等服务,将移动终端作为一种新型的服务手段而推广开来。

总而言之,开放的数字环境下,传统方式的少儿馆服务手段已经不能满足读者的阅读需求,各地少儿馆都在条件允许的前提下,积极开发适合于自身的服务类型。从读者角度出发,努力实现信息传递的无缝对接,以读者需求为导向,不断丰富自身的服务手段与方式,进一步促进信息环境下读者对图书馆的信息需求服务。

第五章　少儿图书馆的活动策划与组织

第一节　少儿图书馆活动策划与组织概述

少儿图书馆作为未成年人阅读推广的重要基地之一,从服务对象到服务手段,再到服务形式,与成人图书馆都有着明显的区别。作为服务未成年人的图书馆,最大特点之一便是儿童活动的策划与组织。对于少儿图书馆而言,活动的策划与组织不再仅仅作为一项图书馆的辅助性业务,而是与其他的常规性服务项目一起,共同组成了少儿图书馆运营与发展的服务基础。

所谓活动的策划与组织是指:在一个共同的目标下,通过对人财物的有序分配和活动开展,进而达到活动实施目的的团队行为。简而言之,活动的策划与组织就是对一个目标的实现过程。在这一活动的实现过程中,需要具备目标因素、预设因素和执行因素。

所谓目标因素是指对于活动整体的目标预设,即通过活动的开展,预计所要达到的效果。通常情况下就是人们常说的活动目的。

预设因素主要是指针对预设目标所进行的前期活动,执行预设内容,包括人员、财力、物力等方面的综合预计,并通过对活动内容的预计,设计出相应的活动开展方案和紧急预案,以此保证活动的顺利开展。

执行因素则主要是指通过对活动目标和活动预设各环节的理解,对人财物进行综合调配,进行方案执行与实施。

无论是何种形式的儿童阅读活动,各地少儿馆在活动策划与组织的过程中均应普遍遵循图书馆特色原则、社会公益原则、活动创新原则以及广泛参与原则。

1. 坚持图书馆特色原则

少儿图书馆的活动策划与组织，既不同于社会上其他的团体机构，也不同于成人馆。从活动策划的内容而言，少儿图书馆的活动应紧贴图书馆阅读服务群体，体现图书馆的主旨思想与服务意识，具备图书馆特色。所开展的活动应具有明确的少儿馆特色，如目前国家图书馆少儿馆开展的“温暖寒冬悦读会”“周末故事会”“儿童读物与影展”，陕西图书馆少儿部所开展的诗歌朗诵、亲子共读、征文比赛等。

各地少儿馆的活动策划与组织应紧贴图书馆相关知识与技能，使读者可以通过参与少儿馆的活动，进一步了解图书馆，获取使用图书馆的相关技能。努力通过活动的开展，使更多的读者逐渐爱上图书馆，爱上阅读，为图书馆培养未来成熟的使用者。

2. 坚持社会公益性原则

所谓图书馆的公益性是指它所提供的知识产品或信息服务可以为他人共同享有。少儿馆作为社会公益性组织机构，承担着当地儿童阅读推广的社会职能，其提供的信息与服务同样需要符合社会公益性原则。在活动的开展过程中，应保证公开、公平、无差别对待活动参与者。在经费上，应努力争取政府经费支持，尽量保证免费或少收费，使孩子可以最大化地参与到图书馆活动中来，并从活动中获取阅读的快乐体验。在活动的设计上，以最大限度满足读者阅读需求为活动设计目标，努力打造适合于大众读者的活动内容，避免私设门槛，区别对待读者。

3. 坚持活动创新性原则

活动内容应具有创新性，避免落于俗套。在活动策划与组织过程中，应注重因地制宜，结合本地的民族文化与特色，在综合调研活动服务对象需求的基础上，充分发挥各馆优势，努力打造符合儿童心理特征的活动内容。如湖南沅江市图书馆在第 19 个图书馆服务宣传周到来之际，一反常规的展览、宣传、讲座等传统活动手段，采取了“图书馆大游行”的活动方式，通过版面方阵、腰鼓方阵、工作人员方阵等队伍的游行宣传，比较之前所举办的历年常规活动，无论是在视觉还是在信息的传递上都具有极强的冲击性,取得了良好的社会效益。

4. 坚持广泛参与性原则

作为儿童阅读推广的活动组织者,少儿图书馆应充分利用并积极发动社会各界的力量,共同为我国的儿童阅读事业发挥作用。应积极争取当地的文化组织、教育机构的支持与合作,就当地的儿童阅读推广形成合力,从上至下,贯彻实施。

与此同时,近年来各地的民间图书馆、绘本馆、阅读推广机构的发展也不容小觑,他们正在逐渐成为我国公共图书馆体系外的另一支有生力量,成为公共图书馆的有力补充。

各地少儿馆在活动策划与开展过程中,应积极发挥他们的力量,使之参与到儿童阅读推广的队伍中来,并就儿童活动共同进行策划与组织。

从参与活动的群体来看,少儿图书馆活动的服务群体应包括广大的未成年人外,还应包括除未成年人以外的阅读推广人、家长等社会公众。应扩大少儿馆服务外延,增强少儿馆未来发展的潜在推动力量。应力求使参与群体广泛化,关注当地弱势儿童如聋哑儿童、留守儿童、服刑人员子女等的活动策划与组织,在有条件的情况下,应为其特别设计与组织相应活动。

第二节　少儿图书馆活动的策划与组织

文化部原副部长周和平在2007年发表的《大力推进图书馆延伸服务》报告中提到“2005年我国公共图书馆为读者举办讲座、培训等各类活动24.6万次,参加人数为2557万人次,比较2000年增长5倍和42%”。这些数字说明,伴随着时代的不断进步,国内各地少儿馆进入了飞速发展的新时期,各地少儿图书馆无论是在建制还是在读者流量,抑或是活动组织开展方面都取得了极大的进步,在丰富当地儿童文化生活,保障儿童基本文化权益方面做出了突出贡献。活动内容和服务手段上应努力关注活动的策划与流程的组织安排，努力打造本地的品牌儿童活动项目，长效推进本地儿童阅读服务进程。

一、少儿图书馆的活动策划与组织流程

根据少儿图书馆活动策划与组织实施的顺序，活动策划与组织一般主要包含活动调研、活动策划、活动执行、活动控制及活动总结5个阶段。

活动调研。指对一项所要开展的活动的前期调研。该阶段主要目的在于通过对所欲开展项目的可行性进行综合论证，并就该活动开展所需支出与收益的综合评估，最终确定是否将该项目进行立项和策划推进。在此阶段，最重要的工作在于活动预设目标的确定和执行可行性调研，也是通常意义上所提到的“想要做什么”的阶段。调研过程中，信息搜集来源于内外两部分：对外，需要明确相关活动开展的政策、法规、同行信息以及读者需求；对内，需对活动开展所需的空间、场地、费用支出等进行综合测算。

活动策划。指在确定活动项目正式立项后，对该活动的目标、方案、宣传以及相关支出等进行的测算、方案设计和阶段性成果预设。该环节是保证项目有效实施的预设环节。在此环节中，需要对已经立项的活动进行环节上的细化。策划方案中应包括活动名称、主办机构、协办单位、承办单位、活动时间、地点、主题、内容、工作要求等基本要素。此阶段也就是我们通常所说的“如何做”阶段。

活动执行。指根据所确立的活动目标和活动策划，综合调动和协调活动实施过程中所需要的各项资源，根据方案的设计流程所进行的活动方案实施。执行方案要在策划方案的基础上进一步细化，具体到整个活动中某个分项活动的具体操作细节，如某一项活动的时间、地点、参加人员、环节衔接、宣传安排、礼仪服务、灯光音响等。在此阶段，活动执行的重点在于对各个环节细节的把握。无论是活动中的音响设备，还是活动中的礼仪导引、嘉宾接送、车辆调度，各项环节应目标明确，责任到人，确保各项工作能够统一服从于活动目标这一“指挥

棒”,同时使各环节责任人明确了解个人所需负责的工作内容,确保活动的有序开展。

活动控制。在完成了活动调研、策划后,进入执行阶段。在活动执行过程中,为确保活动的有效进展,需要对项目推进进行实时监控与阶段性评估,根据监控与评估结果,对项目进度和项目执行阶段性成果进行必要的控制。通过对活动项目的阶段性评估和控制,排除执行过程中遇到的各项突发性事件与可能对项目效果产生影响的各种因素,并最终保证活动目标的实现。该环节对组织单位的相关负责人的临场应变能力要求较高,需要现场责任人能够根据情况,对活动中出现的问题快速处理,查缺补漏,使活动能够有序开展。

活动总结是指在活动目标实现后,对该项目支出与收益的综合评价,并针对活动执行过程中所出现的各种因素进行综合分析和总结,积累经验,最终实现活动策划实施的规范化。在该阶段,可以通过外界的媒体报道、读者反馈等获取信息,通过内部的领导点评、自我总结等进行效果反馈,由此确定活动开展过程中的执行效果。通过不断的积累活动经验,为下次活动的策划与实施提供借鉴。

活动策划设计流程的五阶段相辅相成,缺一不可,是确保活动成功有序开展的必要条件。

二、少儿图书馆的活动类型及特点

1. 活动类型

广泛意义上的少儿图书馆的活动类型,除了常规意义上面向读者所开展的各种服务活动,同时还包含面向社会大众及业界所开展的各种活动,如各种研讨会、峰会论坛等均属于广泛意义上的少儿图书馆活动类型。

从目前国内少儿图书馆所开展的活动来看,活动类型可从不同的维度区分,如活动服务对象维度、活动性质维度、活动形式维度、活动内容维度等。本书仅就少儿图书馆活动最主要的两种表现形式即活动表现形式和活动内容两个维度进行类型划分。

(1)按表现形式划分类型

从活动表现形式来看,少儿图书馆的主要活动可以划分为馆区实体活动与网络虚拟活动两种。

馆区实体活动:该活动类型是目前国内少儿图书馆活动开展最为普遍的一种,具有直观性好、互动性强的特点,故事会、小小志愿者、各种培训、讲座、展览等都属于此种类型。该类型活动能够较好地调动到馆读者的积极性,并通过相关活动的开展,有效提升读者的活动参与体验感,对地区的文化普及和阅读推广具有较好的推动作用。从活动开展的实际收效来看,此种类型的活动依然是最主要的活动类型,但因受空间、时间、人力、财力等所限,常常伴有活动人数参与受限、活动持续时间相对较短等特点。

网络虚拟活动:该类型活动主要是指各地少儿图书馆依靠网络技术平台,充分利用互联网特点所开展的各类网络活动,如网络知识竞赛、网络展览、网络公开课等。该类型活动因不受空间、场地、时间的限制,读者可以依据自身情况,灵活选择时间和场地参与,活动后期读者还可以在相当长的一段时间内对活动成果进行回顾,提升读者的活动参与体验感。

由于虚拟活动主要依靠网络进行推广,因此,可以实现全国范围内的同步进行,并最大限度地扩大读者参与范围,满足各地区读者的活动参与需求。同时,对于各地区因空间、场地、经济不平衡等因素造成的阅读推广差异具有较好的均衡性作用。

但此类型活动对开展活动的单位网络化技术和活动组织的时效性要求相对较高,一些经济欠发达和网络普及相对较弱的地区,此类型活动的普及与推广相对受限。

(2)按活动内容划分类型

从少儿图书馆活动开展的内容来看,针对馆区读者所开展的活动依服务对象年龄的大小,基本可以分为兴趣感召型、教育辅助型、知识普及型、宣传推广型和业务研讨型 5 种。

兴趣感召型:此类活动主要以服务到馆相对低龄的小读者为主,

其活动内容主要以故事会、手工活动、绘本讲读与演绎、小小志愿者等为主。其活动目的在于通过小读者的参与，提高其对图书馆的认识与理解，增强小读者的图书馆意识，并通过活动内容的参与，使之对图书馆产生进一步了解和使用的欲望，逐渐对图书馆活动产生信任和依赖，养成使用图书馆的良好习惯。由于此类活动参与读者的年龄相对较小，因此更加注重趣味性和互动性，强调活动策划与组织中的参与性环节设计。此类活动对专业性要求相对较低，更关注活动中的活动体验和图书馆兴趣培养，因此，此类活动会有相对较多的机会与当地的小学、幼儿园进行合作。

教育辅助型：此类活动主要以服务学龄儿童为主，主要服务对象为6—15岁未成年人，其活动开展的目的在积极推动广大未成年人的综合能力的培养。活动开展也主要以配合学校教育为主，活动形式多见各种类型的竞赛、考前辅导等，如各地区少儿馆举办的征文比赛、绘画比赛、演讲比赛、作文辅导班、考前辅导班等。此类活动的策划与实施目标明确，针对性较强，且具有明显的分层服务特征，因此在策划组织阶段需要针对参与群体进行科学分龄和活动内容区分。

知识普及型：该类型活动主要是指以知识传播为主要目的，活动的服务范围相对较为宽泛，从学前低龄小读者到初高中读者，甚至更为广泛的社会大众均为适用。其活动内容针对性强，内容相对专业，服务对象分层特征明显，活动开展的方式主要以讲授式为主。目前，各地公共图书馆及少儿馆主要开展的各种培训、讲座、主题内容展览等均属于该活动类型，其活动内容也不仅仅局限于图书馆相关知识普及，而是涵盖了文化、教育、生活等各个方面。由于该类型活动能够针对活动参与群体提供较为集中的知识技能提升，因此在各地少儿馆的活动推广过程中，已逐渐成为各馆区服务的重要活动之一，受到广大读者的普遍关注和参与，拥有一批相对固定的读者参与群体。

宣传推广型：此类活动主要作为各地少儿馆的拓展服务而存在，其服务的目的在于通过与阅读相关的推广活动开展，提升社会对儿童阅读的重视与关注，并积极对儿童阅读内容进行宣传与指导。此类活动多与社会其他机构合作，联合开展。活动形式也多以各种发布会、启动仪式、读书日、图书漂流、新书推荐等为主。如少儿馆与出版社联合举办的新书发布会、与阅读推广机构共同开展的阅读书目发布会或推荐、与当地传媒机构共同开展的系列阅读活动的启动仪式、与当地相关公益机构合作开展的图书漂流活动等均属于此类活动。由于此类活动多见社会合作，因此此类活动对少儿馆的活动策划与组织的要求相对较高，需要较好的活动策划能力、执行能力以及活动控制能力。同时，此类活动在开展过程中，需要定位明确，确保活动开展过程中，图书馆作为公益性机构的公益性和中立性，避免活动合作中的商业性和营利性行为。

业务研讨型：此类活动的服务人员主要为儿童图书馆的延伸服务群体，即该活动的服务对象主要为服务儿童阅读的特殊群体，他们可以是阅读推广人，可以是图书馆的特聘读者，也可以是出版界的相关专业人士，活动内容也主要以少儿馆的进一步科学发展为主，如各地少儿馆举办的各种针对服务与发展的读者交流座谈会等。此类活动在策划与组织过程中，对活动组织者的执行力和控制力要求相对较高，需要对活动组织过程中的各环节进行控制和后期及时的信息反馈，以此保证活动的可持续开展。

上述活动，无论是从活动表现形式进行划分，还是从活动内容进行划分，均有交叉，很难从某一个角度进行完全意义上的切分。如同前文中所提到的，目前国内一些地区的少儿馆在开展馆区活动同时，也同样关注到了网络传播的特点，通过采取虚实结合的活动开展方式，对少儿馆活动进行最大效益的宣传与推广。针对讲座、展览等内容，通过远程登录或网络点播等形式，对馆区活动进行在线传输，保证活动开展范围的最大化。同时，更多的图书馆已经关注到活动开展的必要性和良好收益，因此在活动开展过程中，在部分活动的策划阶段便会着力加入其他类别的活动类型，如一些少儿馆在活动讲读过程中的手工活动穿插，以及展览过程中的现场讲座与展示都是一种综合型的活动组织形式。

2. 少儿图书馆活动策划与组织的特点

少儿图书馆在活动不断丰富的同时,活动形式也已趋多样化。通过对目前国内少儿馆活动开展情况的调研,发现各地少儿馆活动的策划与组织主要具有如下特点:

(1)针对性强,分层服务明显。各地少儿馆所开展的读者活动中,普遍关注到活动服务对象的年龄分层,并根据读者的年龄进行活动内容的设计与区分。如故事讲读、各种竞赛中就会明确规定参加活动的读者年龄范围,保证活动开展的科学合理。在活动的内容方面,能够针对专门读者群进行内容设计,不再以大、空、全的内容来期望获得读者参与的最大化,相比较而言,现代少儿馆更加追求个性化、人性化服务,在读者活动开展过程中,更多地关注采取具有针对性的内容和活动形式来最大限度获得参与群体的满意度。

(2)重视公益,关注阅读推广。国内少儿馆开展的各项活动,普遍对阅读推广给予了高度重视,定位较好,重视社会效应,公益性突出。在活动开展过程中,注重同当地政府与文化教育机构的合作,面向公众,努力提升阅读推广力度,唤起社会各界对儿童阅读的关注与重视。活动开展过程中,立场分明,能够以阅读推广为目的,避免合作过程中的营利行为,获得了各地读者的普遍关注与好评。如各馆开展的各种讲座、图书讲读与推广、竞赛等均属公益性活动,这也是图书馆区别于社会其他阅读机构最根本的一个表现特点。

(3)形式多样,活动内容丰富。各地少儿馆所开展的儿童活动,形式日趋多样,内容也较之从前更为丰富,从低幼儿童的手工活动、绘本讲读到学龄儿童的全年阅读计划、故事达人,以及高阶学龄读者的优秀图书推荐、文献讨论、各类专题讲座等,活动内容涵盖了思想道德教育、才艺辅导与培养、生活常识等。

三、少儿图书馆的活动服务缺憾

1. 儿童活动的内容相对单一

虽然少儿馆的活动近年来取得了较大的发展与进步,但是不可否认由于思想观念的相对固化、资金不足或策划调研不足等，活动形式和活动内容依然相对单一，活力不足。各地少儿馆活动依然主要集中在讲座、培训、比赛征文、故事会、座谈会几类，活动内容相对单一。读者活动与社会关注热点存在时间脱节，致使未成年人的关注度与参与度呈现不同程度的弱化。同时，由于活动形式的相对固定，活动内容的相对僵化，很难在读者群中产生更高的关注与参与，很难激发读者对活动的兴奋点，活动互动性欠佳、参与度普遍不高是图书馆活动开展普遍存在的问题。

一方面是读者对图书馆活动的关注力度逐渐减弱，而与之相对应的却是日益纷繁复杂的社会其他团体的活动策划与组织。曾经一度风靡大江南北的“超男”“超女”，各种光怪陆离的文艺性选拔活动，都在不断冲击并吸引着未成年人的关注和参与，致使图书馆活动的开展居于明显的弱势地位。

2. 儿童活动的宣传力度欠佳

虽然目前各少儿馆对于活动的宣传较之从前有了较大的认识上的提升，但活动宣传尚未成为活动的重要组成部分，依然存在重活动组织、轻活动宣传的情况。活动宣传依然主要以报纸宣传、馆区网站宣传甚至板报的形式出现，宣传手段相对滞后。参与活动的人群主要以未成年人为主，也同样是这群人，对新技术手段存在极高的敏锐度，通过传统宣传手段对活动进行宣传，很难在未成年人中产生大的影响。

长久以来，图书馆的发展观念相对较为保守，对于社会新技术手段的认识与采用相对滞后，这也是导致图书馆活动宣传力度不足的一个很重要的原因。当今信息技术飞速发展的时代，从博客到微博，从最初的 QQ 到现在的微信，这些新技术平台的涌现，在逐渐改变社会大众的生活交流的习惯的同时，对未成年人的阅读习惯也在产生着潜移默化的影响。如今，一些绘本馆、阅读研究所等机构，已经关注到此种信息手段的宣传时效。作为阅读推广的重要基地的少儿图书馆，应迅速转变观念，积极利用信息技术手段，加大各馆活动开展前的宣传与活动后的成果展示力度。

3. 儿童活动的覆盖存在盲区

各地少儿馆活动组织与参与的读者相对比较集中，由于当地少儿馆的普及度和建制不足，致使当地少儿馆的服务辐射面不足。在活动参与读者群层面依然停留在来馆读者、在校学生等，甚至依然存在“以点代面”的情况，新群体和特殊群体很难成为少儿馆的活动参与人群。同时，一些针对特殊人群的活动存在明显的时效性，如同三月春风来，四月春风走，只在特殊节日，关注到一些盲区读者群，且活动也只局限于图书流动，很少开展真正具有针对性的活动。

鉴于一些地区的图书馆机构建制不足，一些有条件的地区图书馆应积极发展总分馆制，扩大馆区的服务辐射范围，针对一些特殊儿童读者群，加大服务力度与内容，策划一些有针对性的活动，扩大各地区的儿童服务范围。

4. 儿童活动的策划调研不足

由于少儿图书馆的活动相对单一，因此在活动策划阶段，一些图书馆会依靠习惯性的经验进行活动策划与组织，社会关注度不够，致使活动的策划与实施与社会发展脱节。由于活动在策划阶段以经验代替了前期调研，执行方案设计与活动组织开展与读者需求产生偏差，这也是导致少儿馆活动开展不畅的一个重要因素。

未成年人作为少儿馆的重要服务对象，也存在着心理需求多元化的特征，对不断涌现的新鲜事物具有先天的关注需求，作为活动组织单位的图书馆，只是一味地提供固有的阅读活动模式很难吸引他们的关注。

四、少儿图书馆活动策划与组织的建议

1. 注重活动内容的多样化

综合我国各少儿馆开展的活动内容，对比国外的儿童阅读活动，不难发现，我国各地未成年人活动开展中，普遍关注了馆区活动在读者中所产生的阅读影响，因此，各少儿馆的活动开展中，普遍存在故事

会、图书讲读、讲座、培训等服务形式。但整体而言,活动开展形式相对固定,儿童阅读活动的策划与开展依然有较大的潜力可挖。可以适当增加对学龄前儿童阅读活动的开展与策划,开展具有针对性的儿童活动内容,如儿歌童谣、儿童影展与文献、读书俱乐部等。

信息技术的不断发展,对图书馆的阅读推广提供了便捷的服务手段的同时,也对少儿服务形式与内容提出了更高的要求。数字环境下,如何更好地开展儿童阅读活动,更为灵活地利用信息技术为阅读推广服务是各少儿馆普遍关注与亟待解决的问题。各少儿馆在儿童活动策划过程中,应在现有活动中适当增加数字资源的儿童活动内容。

地处经济相对发达地区的少儿阅读服务机构应积极发展新技术手段条件的儿童活动服务创新,加大网络服务内容及宣传力度,增强并不断丰富儿童阅读活动内容,使更多的小读者可以实现足不出户,也可知天下事。通过丰富多彩的网络知识活动,使更多的小读者对图书馆这一社会机构逐渐产生兴趣,并乐于使用,参与其中。加大地区范围内的数字资源共建共享力度,更为广泛地开展儿童数字阅读服务方式与内容,为小读者提供人性化、便捷化的服务模式。

经济不够发达或落后地区的少儿图书馆或公共图书馆,应着力丰富地方馆区的活动内容,积极参与外部机构的合作与活动内容,积极参与阅读推广的整体队伍。利用外界提供的各种免费阅读推广资源,丰富自身活动服务方式及内容,如国家图书馆少儿馆开展的面向全国免费推出的儿童阅读相关知识巡展,全国数字阅读推广服务工程中的少年儿童数字资源的推广等。这些资源在推动本地儿童阅读,丰富阅读内容,提升阅读质量方面具有极大的推动作用,应积极参与并以此基础推出适合本馆的儿童阅读服务项目。

2. 注重活动策划的规范化

通过国外较为成功的案例可以看出,活动策划规范,活动组织流程周密,活动内容广泛是活动成功的基础。项目活动在策划组织阶段目标明确,活动的组织者会根据目标进行相应活动内容分工。如美国的“国家图书节”活动，活动的董事会主席由国会图书馆馆长担任，活动的项目经理由国会图书馆新闻处的人员担任；活动的筹办由国会图书馆图书中心承担，该中心长期负责各项具体工作的执行，如筹划活动内容、起草文件、邀请作家、宣传材料、安排活动等；活动经费的筹措由国会图书馆的对外业务部负责。通过对项目活动的合理规划和有序分工，保证了整个活动的强效推进。我国图书馆在未来儿童活动策划与实施过程中，应格外关注前期策划的分工、中期项目的实施以及后期的宣传与总结，使整个活动的组织规范而系统，最大限度地避免临场突发事件的出现，减少可能对活动成果产生影响的人为因素。

活动策划阶段，应尽可能将各个活动流程中每一个阶段进行分工并细化，大到活动开展的实施阶段，小到环节的对接，甚至场上人员的组织安排、入场就座、灯光调适、茶水服务……事无巨细进行罗列，并根据实际情况进行人员分工。保证活动在策划阶段已经使所有的参与者明确各自的分工定位和场上角色，保证活动的有序开展。

3. 注重活动宣传的多样化

活动策划与组织中的宣传工作已经不是一项可有可无的辅助性工作，而是项目重要的组成部分。儿童活动的举办能否成功，除了要保证活动内容的品质外，活动的前期宣传和后期推广同样是不容忽视的一部分。

综合图书馆现有的宣传服务手段，不外有三：电视、广播、纸媒，部分地区还关注到了网络宣传。这些活动宣传手段，具有较好的普适性，并且人群相对固定。少儿图书馆是主要服务于未成年人的活动组织单位，其最重要的服务对象是未成年人，这个年龄层的读者，具有对新鲜事物的超强好奇心和关注度。因此，作为活动组织单位的图书馆，应对未成年人这一特点加以关注，合理利用。

关注新技术、新媒体的应用与推广，借助新技术手段的应用与儿童求异心理，采取适合儿童接受的宣传方式，如博客、微博、手机微信等，这些新平台普遍具有互动性好、时效性高、宣传手段多样、宣传内容丰富的特点。读者可以通过这些互动平台，在第一时间获悉活动的相关信息，参与互动，予以关注。

加大对手机用户、平板电脑用户等人群的关注，扩大图书馆的宣传力度和服务手段，使更多潜在的活动群体得以了解图书馆，了解阅读活动。

4. 注重社会合作的广泛化

图书馆作为社会公益机构，活动开展需要有普适性，要最大限度地扩大受益人群。因此各少儿馆在活动开展的过程中，应注重与当地政府及教育部门的合作。最大限度地争取政府的政策倾斜和经济支持。

国外经验证明，政府的政策性支持和经济投入是活动良性运转的有力保障。无论是英国、日本的国家阅读年活动，还是美国的“不让一个孩子落后”项目，都是政府作为有力推动者参与其中。通过国家政策与法规的颁布，使阅读活动得以在全国性范围内推广。

儿童阅读推广活动过程中，应注重与社会各界力量的联合，借助于社会各界的公益力量，共同就儿童阅读活动进行策划和推进。目前，各地少儿馆已经普遍认识到出版社在儿童阅读领域的力量，并与之密切合作。作为儿童阅读推广的中立机构，图书馆应时刻保持清醒的头脑，在公益、中立的基础上，合理利用出版社力量，将那些确实适合于儿童阅读的文献推到大众面前。

未来的儿童活动策划与组织中，各地服务儿童阅读的图书馆（室）都应加大与其他公益机构及团体组织的合作力度与范围。充分发挥社会阅读力量，如妇联、残联、共青团、各阅读推广机构、学校等，不断扩大社会合作的范围，保证儿童阅读活动开展的群众基础，扩大阅读活动的服务范围。

5. 注重活动服务人员的培养

儿童活动的策划与组织，说到底，考验的是服务人员的综合素质与能力。从儿童阅读活动开展较好的国家和地区来看，成功的儿童活动策划与组织，业务人员的素质是首要条件。业务人员的信息准确、经验丰富、业务精湛，才可能策划出符合儿童需求的活动。无论是美国、英国，还是日本，普遍关注对儿童服务人员的业务素质培养。

作为儿童阅读活动的重要组织单位，各少儿馆在关注儿童活动不断创新的基础上，更要关注从业人员的信息技能的培养，不断扩充从业人员在儿童服务领域中的相关知识，如儿童心理特征、先进经验交流、童书相关理论及动向等。通过业务技能的培养，逐渐培养出一批具有理论经验和实践基础的从业人员，通过他们专业化的设计与实施，实现儿童阅读活动的专业化。

第三节　我国少儿图书馆特色活动案例分析

随着近年来政府及社会对儿童阅读的日益关注，我国少儿图书馆的服务手段及服务形式也日趋多样化，涌现出一批具有代表性和推广意义的实践活动。

一、广州图书馆："由绘本爱上阅读——公共图书馆少年儿童阅读推广实践研究"项目

绘本作为儿童阅读的一种重要载体形式，在儿童阅读推广过程中发挥的作用正在日益受到社会各界的高度重视与广泛关注。苏霍姆林斯基在《给教师的建议》中曾指出，儿童的思维是用形象、色彩和声音来完成的。绘本在儿童心理发育过程中是一个不容错过的重要阅读媒介。正是由于绘本的独有特点，涌现出了一批绘本制作团体、绘本阅读推广机构、阅读推广人。

广州图书馆近年来针对绘本开展了一系列的理论研究与活动设计，并逐渐摸索出一条适合本地区儿童阅读推广的活动体系。

该图书馆自 2009 年 9 月至 2010 年 3 月，在对广州市 20 余所单位开展的有关绘本阅读现状调研结果基础上，开展了主题为"由绘本爱上阅读——公共图书馆少年儿童阅读推广实践研究"项目。目的在于通过对绘本阅读推广基本理论架构和实践模式的搭建，对绘本这一领

域进行相应的研究和活动开展,并最终实现阅读推广和活动参考的目的。通过“亲子读书会”、绘本制作、宣传与培训、原创绘本数字一体等方式,将现代服务手段融入传统的阅读推广活动中,使绘本制作与绘本阅读有机结合,形成了较为成熟的活动模式。

广州图书馆绘本阅读推广服务主要通过如下方式进行:

1.“亲子阅读会”

该活动是广州图书馆绘本阅读推广实践项目重要的形式之一。由图书馆发起,讲读人包括图书馆员、故事妈妈、出版社编辑、教师、志愿者、外籍热心人士等。活动频率固定,每周1—2次,每次时长约2小时,参加人数限制为20个家庭,同时,每场活动还会留有15—30分钟的时间开展亲子共读活动。

每期活动前,主持人都会根据当天所要讲读的绘本内容设计不同的讲读环节,并就故事情节和人物性格与参加活动的家长和孩子共同讨论。同时在讲读后,适当加入表演、绘画、音乐、视频等多种延伸服务内容,加深小读者对绘本内容的理解与掌握。

关注家长的角色力量,定期针对家长开展相应的阅读策略讨论活动,通过对绘本相关知识及讲读与艺术的学习与交流,使家长加深绘本的认识,讲读技巧得到逐步提高,从而达到绘本阅读推广的目的。

2.“让阅读动起来”

该活动内容是将传统阅读方式与现代信息技术相结合,强调阅读中的乐趣体验。活动形式主要包括绘本的制作、收藏以及数字化等。将原本固定在纸面上的绘本,活灵活现地展现在读者面前,增强读者在绘本阅读推广过程中的体验感与趣味性。

(1)绘本制作。绘本制作主要是在对绘本理解的基础上,进行自行创作与设计,使参与者体验绘本创作过程中的设计理念与创作过程,将绘本理论立体化。通过前期图书馆对相关人员绘本制作知识的普及与培训,使参与者对绘本的结构与制作过程得以了解和熟悉,并将其融入绘本制作中去。2010至2011年,广州图书馆组织的广州市首届青少年绘本制作大赛中,共有上万件参赛作品。这些参赛作品充分体现了青少年读者对绘本的理解，在制作上也体现了高水准的艺术表现形式。这些参赛作品普遍具有故事情节完整、表现手法多样等特征。同时在作品内容的选择上，具有明显的地域特色。

(2)"你创作我收藏"。这是广州图书馆针对儿童绘本活动所开展的又一项创新性延伸服务。该活动在基于上述绘本制作的基础上，获得参赛作者的授权，将优秀的原创手工绘本进行收藏与样品展示。同时馆区内还建立了相应的手工绘本专藏与主题绘本馆，使参赛的小读者在获得荣誉的同时，进一步感受到绘本阅读所带来的乐趣，可以使更多的小读者关注到此项活动并参与其中。通过活动的策划与组织，后期的宣传与推广，结合馆区的持续性激励，达到推广阅读的目的。同时也更加密切了读者与图书馆的关系。

(3)绘本数字化及服务。应用信息技术，广州图书馆对优秀的读者原创绘本进行数字化，并结合绘本内容开展相应的服务工作。除此以外，馆区内甚至还提供了相应的设备供读者在馆区内制作自己的绘本，并利用网络3D技术，建立网络3D绘本馆，使读者可以快速便捷地体验绘本阅读与制作的乐趣。

建立馆内专门的数据库，对优秀特色作品进行后期编辑，增加相应的音乐、动态效果等，强化绘本视频的观赏性。同时，积极发挥数字化绘本的"声、像、图、文"四位一体的特点，借助手机、数字电视平台、电脑移动终端等全媒体表现形式，对绘本阅读进行宣传与推广。随着这些优秀绘本资源的不断数字化，馆内的相关数据库资源逐渐丰富和完善，形成了独具特色的馆区数字资源。

在项目推进的过程中，广州图书馆还注重与当地的幼儿园、学校、社区等合作，积极开展相应的绘本阅读推广活动。与南方分级阅读研究中心合作建立了"悦读馆"；与中山大学博雅班合作开展"绘本·慧心·绘世界"为主题的绘本阅读推广项目；与幼儿园、学校合作，对幼儿园及学校的教师进行培训，将绘本理论引入校园等。通过为读者提供多种形式的阅读体验，共同就各种主题开展阅读、交流、讲座、培训和宣传等，逐渐形成了颇具特色的社会服务品牌。

经验小结：回顾广州图书馆的绘本阅读推广实践项目的成功，其可供参考的经验，最重要可以归纳为两点：①理论联系实际。在此项目开展前期的策划环节，目的明确，层次清晰。通过有针对性地服务对象调研，在现实的基础上对活动进行策划与设计，活动开展过程中，注重理论联系实际，将理论运用于实践活动中，关注服务群体的需要与参与，对活动内容进行策划与设计。通过亲子阅读、绘本制作、社会培训等内容的有机结合，使整个绘本阅读推广项目形成了一套完整的策略推广体系，具有很好的示范作用与可复制性。②注重多方合作。无论是与大众媒体的联合，或者是与教育机构的合作，甚至是与相关研究中心的合作，都在一定程度上保证了活动的辐射范围以及开展的深度，同时兼顾了社会舆论导向的作用，使整个项目的开展具备了强大的后盾力量，确保社会资源的共享。

二、扬州市少儿图书馆："少儿图书交换节"

儿童活动的策划与组织，需要建立在读者需求调研基础上。只有为读者提供具有针对性的，切合需求的服务，才会使该活动的组织开展更具参与性，提升读者的满意度。

"少儿图书交换节"是扬州市少儿图书馆自2000年启动的一项针对儿童的阅读组织活动。经过十余年的发展与运作，在获得当地读者普遍关注与参与的同时，对本地区的儿童阅读活动的策划与组织开展也起到了很好的示范作用，具有较好的可复制性。

该项目在策划之初，扬州市少儿馆便对家庭儿童闲置藏书现状与读者的需求进行了前期调研。经过对项目可行性的合理科学分析，结合国外图书馆的先进服务经验，制定出"少儿图书交换节"这一符合读者需求的活动项目。

该活动策划目的明确，活动时间固定，活动内容组织清晰，具有很好的实施性。项目每年固定在8月1日至3日，由扬州市少儿馆提供图书交换场地，参与活动的小读者将各自闲置家中的儿童读物带到指定地点，通过个人的交流与沟通，实现图书交换。一些参加活动的小读者还会将没有交换出去的图书直接捐赠给图书馆的爱心书箱，用于图书馆的弱势儿童捐赠使用。该活动注重儿童读者的参与体验，通过平台的提供，使更多的参与者在实现文献交换、勤俭节约目的的同时，还在活动开展过程中锻炼了儿童的语言表达、人际沟通、销售技巧等能力。

为更好地宣传该项活动，扬州市少儿图书馆积极与当地的各大媒体合作，组织宣传，通过当地《扬州日报》《扬州晚报》和扬州电视台等媒体的宣传报道，以及馆内的展示架、宣传栏、馆区官方网站等的宣传，使更多的读者知晓此活动。在活动当天，图书馆会对图书交换现场提前进行音响、条幅、宣传材料等布置，保证活动的正常开展。

截至 2014 年，该项目已经持续举办了 16 届，每年参加活动的小读者都可以达到 2000 人次，交换成功的图书数量达到 3000—4000 册，参加活动的小读者则累计达到了 3 万余人次，交换图书累计达到近 6 万册。

由于该活动贴合群众需求，活动策划组织合理，同时，在活动的组织开展过程中注重社会舆论宣传，使该项目成为扬州市少儿馆的品牌项目。

经验小结：扬州市少儿图书馆的“图书交换节”能够成功举办 16 届，并逐渐成为该馆的品牌活动项目，活动的成功策划是关键。①活动新颖，另辟蹊径。国内少儿馆活动的组织，普遍存在相对僵化、内容固定的不足。活动内容与形式相对单一。“图书交换节”活动的形式则一定程度上打破了原有活动组织常规，在馆区内的广场上，读者通过语言交流与自我营销而实现活动的开展，这在常规意义的图书服务上是比较少见的。对于参与活动的小读者而言，活动的非常规正好符合了儿童求变心理。②满足多方心理，符合读者需求。作为家长而言，该项活动符合家长对儿童素质培养的心理需求，使家长对此项活动较为关注，愿意支持孩子参与此项活动。对于小读者而言，通过参与此项活动，不仅可以将家中闲置的图书变废为宝，获得自己愿意获取的读物，同时还可以通过图书交换，结识新朋友，增强自身交际能力。对于图书馆而言,通过活动参与,实现了读者需求的满足,使广大读者加深了对图书馆的认识与理解,并进一步扩大图书馆的影响,提升小读者对图书馆活动的期望值,为未来的儿童活动打下良好的群众基础。

第六章　少儿图书馆的阅读推广与社会合作

第一节　少儿阅读推广概述

一、少儿阅读推广的概念及意义

(一)儿童阅读的概念

1. 阅读的概念

阅读对于每个人的心灵成长具有不可替代的作用,阿尔维托·曼谷埃尔在其《阅读史》中说:“我们每个人都阅读自身及周边的世界,俾以稍得了解自身与所处。我们阅读以求了解或是开窍。我们不得不阅读。阅读,几乎就如呼吸一般,是我们的基本功能。”[1]

但是对于阅读的概念却没有一个统一的定义。根据维基百科的解释,阅读是指获取他人已预备好的符号并加以(符号的)辨认、(行文的)理解、(内容的)分析之过程。根据《中国大百科全书·教育卷》的解释,阅读是一种从书面语言中获得意义的心理过程。阅读也是一种基本的智力技能,这种技能是取得学业成功的先决条件,它是由一系列的过程和行为构成的总和[2]。

在学界,很多学者对阅读也都有自己的理解。王余光教授认为阅读应包含几个方面的内涵:首先阅读是人类的一种认知过程;其次是一种普遍的文化现象;三是阅读是知识的传承和文化的延续;四是阅读是人生的一部分[3]。他与徐雁教授编写的《中国读书大辞典》将阅读定义为:阅读是一种从书面语言和其他书面符号中获得意义的社会行为。阅读首先是作为一种特殊的交际方式而存在的社会现象,具有行为的社会性。它是以书面材料作为社会交际的中介[4]。

上述定义或解释虽然具体表述不同,但都体现了阅读主体在阅读过程和阅读结果之间相互结合的本质关系。阅读的实质就是阅读过程向阅读结果转化的一个过程。而且这个过程与阅读质量的好坏,与读者的能力、需求、兴趣、意志、情绪及个性有关,阅读本身即是一种复杂的心理过程[5]。从心理学上解释,“阅读是从书面材料中获取信息并影响读者的非智力因素的过程”[6]。简单来说,阅读是一种能够获取知识,增长见识,陶冶情操的、复杂的思维运动。

2. 儿童阅读的概念

儿童阅读的概念可以理解为:儿童作为阅读的主体,通过引导或者由于其自身对读物产生兴趣,并且能够对读物产生基本的认知,能够理解读物的中心内容并且吸收其精神实质,通过分析、判断、推理、想象等心理过程来加深对读物的理解和应用的一种复杂的心理过程。儿童阅读与成人阅读一样,在阅读过程中也会表现出明显的个体的特征或倾向,包括阅读能力、阅读动机、阅读兴趣、阅读性格等多个方面[7]。儿童阅读与成人不同的是,儿童年龄尚幼,对于儿童读物的选择需要经过家长、图书馆以及其他机构、个体来推荐和指导。儿童阅读对于每个孩子意义重大,少年儿童通过阅读不仅可以获取知识,更重要的是思想上的启迪,能够促进少年儿童的心灵沟通,帮助少年儿童开阔视野,提升人文和科学素养,提升少年儿童的人格品质。

(二)儿童阅读推广的概念

同阅读一样,国内外对于阅读推广也没有统一明确的定义,通俗来讲,阅读推广是指阅读推广项目的主体,为了更好地促进阅读,激发他人的阅读兴趣,或者旨在推广个人的阅读经验和体会,采取形式多样的方式和手段,有针对性地进行包括读物推广、阅读素养推广、阅读理念推广在内的扩大阅读范围的活动。

儿童阅读推广是将儿童作为阅读推广对象进行的阅读推广活动,它的核心理念是“鼓励儿童阅读经典作品,同时尊重儿童自主选择读物的权利,通过各种方式引导儿童进入书本的世界,并将儿童阅读指导融入日常生活”[8]。儿童作为一个特殊的受众群体,直接影响读物的选择和阅读推广方式的应用。在儿童读物的选择方面,要注意以儿童为本，关注儿童的阅读倾向，通过激发儿童的阅读兴趣来引导儿童热爱阅读。在儿童阅读推广中，成人有着不可推卸的责任和义务，家长、学校、图书馆等机构都要负起对儿童阅读指导的责任。儿童阅读推广一般以故事会、读书会、亲子共读、书目推荐等方式进行。儿童阅读推广的最终目标是激发儿童的阅读兴趣，培养儿童的阅读习惯，享受阅读的快乐，并且从阅读中丰富人生体验，学会与人交流，增强独立思考能力。

二、国外儿童阅读推广机构及其活动

（一）国外儿童阅读推广机构

1. 国际组织

从事阅读推广的国际组织主要有联合国教科文组织、国际图书馆联合会、国际阅读协会以及国际儿童读物联盟等。

（1）联合国教科文组织

联合国教科文组织（United Nations Educational，Scientific and Cultural Organization，简称 UNESCO）成立伊始便根据自身宗旨开展了多项以促进教育为目的的工作，但真正意义上的阅读推广活动是“自 20 世纪 70 年代联合国教科文组织以‘国际图书馆十年’为名义所进行的一系列研究开始”[9]。“国际图书馆十年（1970—1980：International Book Decade）”和国际图书馆年（International Book Year，1972）促进了“books for all”项目的实施，联合国教科文组织通过捐赠图书、发展图书馆、组织读书俱乐部、举办阅读相关讲座、借助媒体宣传阅读理念等多种形式推广阅读。

1982 年 7 月联合国教科文组织推出的“走向阅读社会——八十年代的目标（towards a reading society：targets for the 1980s）”项目可以视为其阅读推广活动组织的第二个阶段。

1995 年，联合国教科文组织将每年的 4 月 23 日定为“世界图书馆与版权日（world book and copyright day）”（在我国也习惯称为“世界读书日”）。“世界读书日”目前已成为世界各国宣传图书和阅读活动的重要时机。

1997 年 3 月 5 日,联合国教科文组织发起了国际“全民阅读(reading for all)”项目,同年 7 月第一届国际“全民阅读”专门委员会召开,显示了国际社会在联合国教科文组织的倡导下继续开展阅读推广活动的信心。在这之后,全民阅读的理念得到了广泛认可和支持。各国纷纷采用多种形式推广阅读。

(2)国际图书馆联合会

国际图书馆联合会(International Federation of Library Associations and Institutions,简称 IFLA)是图书馆最具权威和影响力的非政府性质的专业性国际组织。成立伊始便致力于民众阅读素养的提高。为指导世界各国公共图书馆为青少年提供更好的服务,2008 年国际图联专门制定了《青少年图书馆服务指南》,以加强对青少年阅读服务的指导。

(3)国际阅读协会

国际阅读协会(International Reading Association,简称 IRA)创始于 1956 年,最初设立的宗旨和目标便是通过研究阅读过程及教学方法提升全民阅读质量,使每个人都拥有阅读的能力,并鼓励终身阅读。

国际阅读协会专门出版《青少年及成人读写期刊》(Journal of Adolescent & Adult Literacy),主要面对群体即为包括青少年在内的读者群体;《今日阅读》(Reading Today)是国际阅读协会出版的最重要的报纸,有儿童和青少年文学这一主题。另外,国际阅读组织为不同年龄阶段的青少年制订开设了课程计划,为他们推荐好的读物并且为孩子们的父母提供关于阅读的指导性意见和书目。

(4)国际儿童读物联盟

1953 年,国际儿童读物联盟(The International Board on Books for Young People,简称 IBBY)在瑞士苏黎世成立,并在世界 69 个国家成立了分会。它是与联合国教科文组织、联合国儿童基金会有正式咨商关系的国际非营利政府组织,其宗旨是通过儿童图书促进国际了解,使世界各地儿童都有机会接触到具有高文学水准的图书,鼓励并支持各国，尤其是发展中国家的高品质图书的出版和发行，对那些致力于儿童和儿童文学事业的人提供援助和培训，激励儿童文学领域的研究和学术事业[10]。

2. 各国政府

各国政府都非常重视儿童的阅读推广工作。在美国，儿童阅读是一项重要的国家工程，政府积极推动阅读立法，将儿童阅读能力提升、培养等工作逐步法律化，成立了国际阅读协会（IRA）以及全美阅读小组等专业机构从事儿童阅读促进工作[11]。1998 年，美国“阅读峰会”成立，之后每年 9 月的“阅读峰会”举办月，美国教育部都会专门邀请各类专家研究少年儿童的阅读问题。2002 年美国政府还制定了《不让一个孩子掉队法（No Child Left Behind Act of 2001）》，倡导阅读优先政策等，大力倡导，有效组织，几乎每一任总统上任之后都会提倡一场声势浩大的阅读活动。例如克林顿总统发起的“美国阅读挑战”运动，布什总统发起的“阅读优先”方案，包括现任总统奥巴马，他在上任后不久就和妻子来到一所小学为孩子们朗诵儿童读物的片段，还给孩子们送上图书，同时他还不时在各种媒体中展示自己为孩子们选择的儿童读物。

英国政府 1992 年首次启动了一个国家性以儿童为捐赠对象的赠书计划——“图书起跑线计划”。在以政府为主导的阅读年活动中，政府会专门拨款，与学校、企业、媒体等合作，共同推广儿童阅读工作。

日本政府是儿童阅读推广的最大倡导者和支持者，从 20 世纪 90 年代开始就积极开展儿童阅读推广活动。1997 年，日本修订了《学校图书馆法》，明确了学校图书馆的地位。为鼓励儿童阅读，培养儿童的阅读习惯，日本政府确定了 2000 年为儿童阅读年。2001 年，日本政府还公布和实施了《儿童阅读推进法》，提出国家有责任全面制定、实施与推进儿童阅读的有关政策，同时也规定了地方公共团体、企业家、父母及其他保护者对于培养儿童阅读等方面的职责。规定每年的 4 月 23 日为日本儿童阅读日[12]，每年的 4 月 23 日至 5 月 12 日为“儿童读书周”。各地在“儿童读书周”都会举办大规模的与儿童阅读有关的活动,而政府更会积极宣传和推出相关政策,支持儿童阅读,鼓励家长在家庭教育中重视阅读。2007 年日本政府又制定了《新学校图书馆配备五年计划》,2008 年日本国会将 2010 年确定为“国民阅读年”。

3. 图书馆

图书馆尤其是公共图书馆是推广儿童阅读的重要基地。美国的公共图书馆是青少年阅读推广活动的重要践行者,美国国会图书馆作为美国文化和民主的重要标志,在 1989 年提出的“青少年阅读年(the Year of Young Reader)”活动就是专门针对青少年开展的全国性的阅读活动,它使全社会都关注青少年阅读,使更多的人加入到青少年阅读推广中去。

加拿大的图书馆数量众多,公共图书馆是青少年阅读推广的重要机构。加拿大的公共图书馆会定期举办针对婴幼儿的读书会,通过听故事、念儿歌,让孩子们喜欢上阅读,另外图书馆还会免费提供一些指导性的资料,鼓励并引导、教育家长关注孩子的阅读。

俄罗斯的伊尔库茨克地区图书馆针对儿童举办了“与图书一起成长”的青少年阅读推广活动,不仅根据不同的年龄群体提供有针对性的读物,进行有目的性的活动,并且采用多元化的阅读推广方法,确保儿童阅读推广的效果。

韩国国立青少年图书馆作为韩国的国家少儿馆,积极推进儿童阅读推广工作,策划了“与图书馆一起读书”“多文化家庭共享读书”“13—18 岁书虫的图书馆冒险”“阅读培训班”“图书馆员继续教育课程”等多项国家项目,支持儿童阅读项目的开展。

新加坡国家图书馆管理局推出“儿童启蒙阅读计划”,培养和支持儿童,尤其是家境贫困的儿童进行阅读,养成他们的阅读习惯。这个项目也得到了新加坡教育部的大力支持,越来越多的社会各界人士都加入到志愿者队伍中来。

4. 中小学校

学校作为少年儿童最常见的教育场所,理所应当成为各国青少年阅读推广的重要实践基地。在国外,几乎所有的儿童阅读推广项目都会与学校联合，通过举办读书会、开设阅读课、举办读书节、读书讨论班等形式提高少年儿童的阅读能力。韩国于2008年推出的“中小学图书馆振兴项目”，在规章制度、资金投入、人员配备以及网络建设等方面，强化了学校图书馆的地位和作用。2009年韩国教育科技部制定了《提高阅读教育和中小学图书馆的综合规划》，强化阅读活动的深入开展。

5. 社会组织

参与青少年阅读推广的社会组织主要是学会、协会等行业组织，行业组织因其独立和专业性，在青少年阅读推广中起到了越来越重要的作用。美国图书馆协会（American Library Association，简称ALA）一直致力于青少年的阅读活动，ALA专门下设青少年成人图书馆服务协会（Young Adult Library Service Association，简称YALSA），并于1998年策划组织了“青少年阅读周（Teen Read Week）”活动；美国教育协会（National Education Association，简称NEA）1998年开展的“读遍美国（Read Across America）”活动是美国影响力最大的青少年阅读推广活动。在加拿大，也有一些专门从事儿童阅读推广的公益性社会机构，以“加拿大儿童图书中心”（CCBC）为例，该中心自1976年成立以来，一直致力于鼓励、支持和提高加拿大儿童文学读物的质量。并且在1977年开办了儿童图书节，促进青少年阅读相关能力的提高。除此之外，加拿大政府也通过设立各种儿童图书奖项对优秀的儿童及青少年图书进行资助和奖励。

6. 出版机构、媒体及其他

出版机构作为少儿读物的提供者，在青少年阅读推广中的地位毋庸置疑。世界各国的出版业都积极参与和推进青少年的阅读活动，成为青少年阅读推广的主力军。日本的新闻出版界早在20世纪的早期就开始了阅读推广活动，1959年成立了以出版机构为主的“读书推进协会”，组成的机构包括日本书籍出版协会、日本杂志协会、教科书协会、日本出版经销协会、日本书店商业组合联合会、日本图书馆协会、学校图书馆协会等。美国出版商协会是阅读推广的重要力量，从2004

年开始，每年春季都组织“儿童读书周”活动，邀请作家以及绘本画家到图书馆和学校举办各种阅读活动[13]。

媒体一般是以青少年阅读推广活动的赞助者和支持者形象出现，但很多时候，媒体也会以参与者和组织者的身份加入到青少年阅读推广工作中。例如1978年美国的国会图书馆与CBS电视台合作推出“多读一读关于它的书(Read More About It)”的宣传短片，成为以电视作为推广媒介的先锋。另外，利用多媒体进行阅读推广活动也成为向少年儿童推广阅读的重要手段，以美国的“阅读火箭”计划为例，在这个项目下专设“启动小读者(Launching Young Readers)”栏目，在充分利用电视媒体继续宣传之外，项目的策划者还利用网站、手机等多种媒介宣传阅读，发布研究文章以及为家长提供一些阅读方面的建议。

(二)国外儿童阅读推广的主要特点

1. 政府主导，政策和法规的制定为儿童和青少年阅读推广工作得以顺利开展提供了政策的保障和法律支持

上面已多处提到，政府对儿童和青少年阅读的重视和推广使儿童和青少年阅读推广成为名副其实的政府工程。尤其是国家领导人亲自推动，提高了儿童阅读推广活动的社会影响力和社会认知度，对于创造良好的儿童阅读环境提供了有力的政策保障以及必需的经费支持。例如德国的“阅读促进基金会”历来都是由德国的总统担任名誉主席，这对于项目的开展起着举足轻重的作用。2006年6月，英国女王官方生日的主要活动就是促进儿童阅读，它的主题就是“让孩子们重拾经典”[14]。

2. 社会各界力量积极参与

社会力量的积极和广泛参与是国外儿童和青少年阅读推广工作取得显著效果的重要保证。尤其是非营利性公益组织、出版机构等的介入和推进，使儿童和青少年阅读推广工作在运行模式上更加灵活，活动经费得到保证，规模也有了扩大和发展的可能性，并且由于其宣传的社会责任，使之成为不可或缺的中坚力量。以韩国的“奇迹图书

馆”工程为例,该工程就是由韩国的非政府组织“阅读文化基金会”联合韩国公共广播公司、地方政府以及私人企业共同创设的,目前已成为韩国重要的儿童阅读基地。

3. 年龄分层清晰,重视特殊群体的阅读推广

各国不仅对不同年龄段青少年儿童开展有针对性的推广活动,其中特殊群体儿童更是受到各国阅读推广机构的重点关注。

2011 年加拿大设立的 Uprise Books Project,就是一项旨在鼓励贫困家庭的孩子阅读,为他们提供有挑战性的图书,激发他们的动力的阅读推广项目[15]。澳大利亚在 2012 年阅读年,由教育学院、地方政府、公共图书馆、学校图书馆和社区共同启动儿童阅读周活动,在情人节当日,邀请爱尔兰作家约恩 · 科佛到皇家儿童医院,与孩童们探讨他的畅销作品《阿特密斯奇幻历险》(Artemis Fowl)系列中让人感动的情节。活动的主办方还倡议父母和看护人员每天为孩子至少阅读 10 分钟。英国也有公司开展向盲童免费发放图书,开展面对有诵读障碍、视觉障碍和不爱读书的孩子的一系列阅读推广活动,例如成立阅读小组,制作特别的阅读资料,图书馆员与儿童一起阅读,克服阅读障碍。

4. 阅读推广的手段和方式不断创新

由于儿童阅读推广的对象是青少年和儿童,为了适应少年儿童的生理心理特点,各国在青少年阅读推广中通常会采用多种方式立体推进,满足儿童的好奇心,引发他们的创造力。例如在一个项目中综合运用讲故事、读书会、阅读书目推荐、专家讲座、与作家面对面交流等多种方式保证推广的效果。同时,由于青少年和儿童的天性,各国多采用灵活创新的阅读推广手段,比如:运用卡通动画人物、游戏人物来吸引少年儿童;充分利用新技术,广泛运用互联网、电视、广播、手机等多种媒介的宣传手段,利用微博、博客等交互工具进行交流和互动;通过让少年儿童制作一个小视频来介绍自己喜爱的图书的方式,使儿童将对技术的兴趣爱好同时扩展到对书的热爱,达到提高青少年儿童阅读兴趣的目的。

5. 重视儿童阅读的理论研究，并将研究成果运用到实践中

美国每年大约会产生超过 1200 份研究报告是以阅读为主题的[16]。美国在 1983 年成立了“阅读委员会”，专门负责研究并找出解决阅读危机的办法，并在 1985 年发布了《成为阅读大国》(Becoming a Nation of Readers)的研究报告，向全美推进朗读引领儿童阅读的方法[17]；全美阅读研究小组在 2000 年发布了《教孩子们阅读》(Teaching Children to Read)，这份报告成为布什政府儿童阅读政策的理论基础[18]。另外，美国还出版发行了《朗读手册》等在世界范围内产生重大影响的经典理论著述。

三、中国儿童阅读推广机构及其活动

我国的儿童阅读推广工作始于 20 世纪初期，随着社会各界对儿童阅读的关注，同时受港澳台地区儿童阅读推广活动的影响，越来越多的机构和个人开始关注儿童阅读推广工作，“儿童阅读推广人”、儿童阅读推广机构不断出现，我国的儿童阅读推广慢慢从民间起步发展到社会各界广泛参与，直到今天的规模化和专业化的“儿童阅读推广运动”。

(一)中国儿童阅读推广机构

1. 政府机构

我国政府对于阅读推广工作历来非常重视，早在 1997 年就提出实施“倡导全民读书，建设阅读社会”的知识工程。这是以倡导读书、传播知识、推动社会文明与进步为目的的一项社会文化系统工程。2000 年，全国知识工程领导小组将每年的 12 月确定为“全民读书月”。2009 年，为了推动全民阅读运动的开展，中宣部、新闻出版局又联合印发了《关于进一步推动做好全面阅读活动的通知》。党的十七大报告明确提出建设学习型社会，党的十八大报告第一次把“倡导全民阅读”写进了 2014 年的政府工作报告。在社会各界的共同努力下，作为全民阅读关键的一部分，少儿阅读推广工作也如火如荼地开展起来。2011 年，国务院颁布《中国儿童发展纲要(2011—2020 年)》，提

出“为儿童阅读图书创造条件。推广面向儿童的图书分级制，为不同年龄儿童提供适合其年龄特点的图书，为儿童家长选择图书提供建议和指导。增加社区图书馆和农村流动图书馆数量，公共图书馆设儿童阅览室或图书角，有条件的县（市、区）建儿童图书馆。‘农家书屋’配备一定数量的儿童图书。广泛开展图书阅读活动，鼓励和引导儿童主动读书”等具体要求[19]。中国新闻出版总局在每年“大众喜爱的50种图书”推荐活动中，都将少儿读物的推荐列为重点，并且连续举办了11届“向全国青少年推荐百种优秀图书活动”，向全国的少年儿童推荐了上千种“内容健康、题材丰富、形式多样、制作精良”的优秀少儿读物。2014年，新闻出版总局还启动了“百社千校书香童年”活动，100家出版单位共举办各类读书活动3000多场次。邀请专家、作者、教师讲座1000多人次，捐赠图书200万册，码洋4600万元，覆盖全国31个省（市、区）的3700多所学校350多万名学生[20]。同时，我国政府正积极制定《全民阅读促进条例》等法律法规，评选并奖励“书香之家”“书香之乡”，推动并实施“书香·童年”学龄前儿童基础阅读工程等。各级政府也将儿童阅读活动纳入重要的议事日程，例如北京市朝阳区政府于2007年设立“中国儿童阅读日”，鼓励学校为孩子们创造更加开放的阅读环境，鼓励教师为孩子们提供更加有效的阅读指导，鼓励家长给孩子们更多的时间。

2. 民间阅读推广机构和阅读推广人

“总得有人去擦亮星星，它们看起来灰蒙蒙”，这句美国艺术家谢尔·希尔弗斯坦的诗句为我国民间儿童阅读推广人所喜爱，并自称“擦星族”。民间的阅读推广机构和推广人是我国儿童阅读推广的重要生力军。

（1）民间儿童阅读推广机构

针对儿童和青少年的民间阅读推广机构按其是否以营利为目的可以划分为公益性和营利性两种。

据统计，与儿童阅读推广相关的民间公益组织有114家，其中专门从事面向儿童的阅读推广组织约有27家：爱心传递慈善基金会、北京桂馨基金会、北京天下溪教育咨询中心、快乐小陶子教育公益工作室、立人乡村图书馆、麦田计划、明德图书馆基金会、启明书社、陕西纯山教育基金会、微笑图书室、乡村教育促进会、心平公益基金会、一公斤捐书网、中国滋根乡村教育与发展促进会、三叶草阅读文化发展中心、满天星青少年公益发展中心、公益小书房、春晖青年公益发展中心、新教育基金会、快乐童年公益阅读坊、阳光365图书馆、守望春天图书室、北京捐书助学网、北京西部阳光农村发展基金会、梦想行动、青树教育基金会、我们的自由天空[21]。这些儿童阅读推广机构具有规模不大、经费有限、针对特定人群等特点,但在促进儿童阅读,尤其是贫困和边远地区儿童阅读,保证社会公平等方面发挥了巨大的作用。这些民间公益儿童阅读推广机构主要采用开办传统图书馆的方式,例如蒲公英乡村图书馆、立人图书馆、快乐小陶子流动儿童图书馆等就是这类型模式的主要代表;民间儿童阅读推广机构还通过举办读书会、网络推介等新媒体形式推广阅读。另外,注重教育发展也是很多民间公益组织采用的重要推广模式,通过语文、数学等基础学科的教育,促进儿童知识和能力的提高,而阅读是作为教育的一部分而存在。民间公益性儿童阅读推广组织虽然在组织管理、经费筹措、人员管理等多方面都存在众多的现实问题,但在我国儿童教育的普及、促进儿童阅读公平、维护社会和谐等诸多方面贡献良多。

营利性的儿童阅读推广机构主要是以营利为目的的,目前以两种方式存在:一种是民间童书出版机构,以蒲蒲兰、启发童书、耕林童书、高飞童书、和英、暖房子、爱心树、心喜阅童书、麦克米伦世纪童书、双螺旋童书、信谊、蒲公英、步印、尚童、毛毛虫童书馆、青豆书坊为代表,他们通过举办各种儿童读物推荐活动、举办书友会等阅读推广形式,促进童书销售。这些营利性的童书出版机构对于童书出版业的发展起到了极大的促进作用。以启发童书为例,它是“以对童书的尊重和对童书的专业,引进出版国外大师或获大奖的经典童书,并致力于华文原创发展。分享绘本世界的奥秘和亲子共读的喜悦”,其引进出版的安东尼·布朗的《我爸爸》已成为家喻户晓的儿童绘本经典之作。

另一种是民间绘本馆,这类绘本馆多以收取会员费的形式提供儿童阅读服务。以北京地区为例,代表性的就有悠贝亲子图书馆、咕噜熊故事屋、皮卡书屋、蒲蒲兰绘本馆、北京墨盒子绘本馆、小书房华清家园公益书房、好朋友童书乐园、妈妈心儿童绘本馆、小海豚儿童绘本馆、快乐原版英文图书馆、安妮英文图书馆、书飞儿童书屋、乐悦绘本馆等十余家民间绘本馆。这些民间绘本馆一般规模较小,经费来源于会员缴纳的会费,辐射的范围一般以社区周边居民为主,通过开展图画书借阅、低幼亲子活动、家长志愿者队伍讲读等方式为家长和孩子们提供相关阅读服务。

(2)民间儿童阅读推广人

民间儿童阅读推广人主要包括儿童文学作家、插画家、翻译人、出版人、图书馆员、儿童读物评论家、教师、家长、学生、媒体人等在内的关注儿童阅读的社会各界人士。目前活跃在儿童阅读推广领域的阅读推广人主要有阿甲、彭懿、梅子涵、王林、李庆峰等。

我国的民间儿童阅读推广活动大致可概括为三大领域:一是阿甲创设的“红泥巴读书俱乐部”这样的大众层面的阅读推广,以推荐介绍儿童读物、讨论介绍阅读方法为主,同时推出相应的儿童阅读指导手册,以阿甲的《帮助孩子爱上阅读——儿童阅读推广手册》《阅读点亮童年:0—8 岁选书父母必读》、彭懿的《图画书:阅读与经典》等为主要代表;一种也是基于大众层面的阅读推广,但是比较侧重于儿童文学理论、儿童图画书研究领域,例如上海师范大学的梅子涵教授在儿童文学研究领域、浙江师范大学的方卫平教授侧重于儿童文学的阅读和阅读方法推广。二是在教育界语文教学改革中儿童阅读课程的推广,例如“亲近母语”课题(代表人物是徐冬梅)、苏州“毛虫和蝴蝶”项目等,致力于儿童阅读的课程标准化,在原有的课程体系中加入阅读课程和配套的阅读教材,并配以各种阅读活动,努力营造少年儿童在学校的阅读氛围。另外北京师范大学的陈晖、青岛海洋大学的朱自强等提出的“语文教材的儿童文学化”成为儿童阅读推广理论先行的代表。第三个领域就是以“妈妈群体”为代表的图画书的阅读推广,以“蓝袋鼠亲子阅读网”等为典型代表[22]。

3. 行业组织

作为我国图书馆事业的行业领导机构，为推动全民阅读，培养青少年的阅读习惯和阅读能力，中国图书馆学会非常重视青少年阅读推广活动，将2009年定为“儿童阅读年”，2010年定为“亲子阅读年”。2009年12月24日，中国图书馆学会青少年阅读推广委员会成立，在培养青少年阅读意识、阅读习惯、开展阅读研究、推动阅读工作等方面做了大量的工作。中国图书馆学会青少年阅读推广委员会的成立，将使我国少年儿童阅读推广工作得以深入和广泛开展[23]。

我国自1986年参加“国际儿童读物联盟”，1990年正式成立了国际儿童读物联盟中国分会（CBBY）（中国儿童读物促进会），30多家专业少儿出版社是联盟的积极参与者。CBBY将每年的4月2日定为“中国儿童阅读日”，鼓励儿童多读书读好书，促进我国少儿读物出版界与国外的交流合作，支持优秀童书的出版发行。

4. 中小学校

国外的儿童阅读推广很多都借力于中小学校，通过对学校教育的改革，重视学校图书馆建设，重视对教师和学校图书馆馆员的培训和教育。我国在中小学阅读推广方面也做了很多有益的尝试。以2014年启动的“百社千校书香童年”活动为例，该活动联合出版单位举办各类读书活动，开办讲座，捐赠图书，整个活动覆盖了全国31个省（区、市）的3700多所学校的350万名学生。中小学校作为阅读推广的主体，具有覆盖面广、受众群体集中的巨大优势，弥补了其他机构阅读推广活动时间、场地、区域范围的限制，根据2013年全国大中城市少年儿童阅读调查报告，目前我国中小学校普遍设立了学校图书馆，并且开展形式多样的读书活动，使校园读书活动更加活跃，激发了学生的阅读热情，书香校园已经成为书香中国的重要组成部分。

5. 公共图书馆

公共图书馆作为青少年儿童重要的课外阅读机构，具有完善的设备设施、丰富的馆藏资源、专业的阅读指导人员，是青少年儿童终身教育的课堂，在阅读推广活动中显现出越来越显著的优势。我国的公共图书馆，尤其是少年儿童图书馆，普遍开展的阅读活动包括图书俱乐部、好书共享、讲座、交流等多种方式。北京市西城区举办的“亲子空间俱乐部”“民间艺术家走进少儿馆”“童心伴夕阳尊老敬老故事比赛”，上海市浦东区少儿馆开展的“我最喜爱的一本书评选”活动、“红色经典故事讲演比赛”等，各地少儿馆举办的阅读推广活动举不胜举。以国家图书馆少儿馆为例，2013 年、2014 年连续两年，国家图书馆少儿馆联合中国图书馆学会、中国图书馆学会未成年人专业委员会分别策划了以“科普阅读，开启智慧人生”“图画童年，开启幸福人生”为主题的全国少年儿童主题阅读年活动，全国各地的公共图书馆、少儿馆、中小学图书馆纷纷按照主题要求，结合自身实际，举办了征文比赛、摄影比赛、数字资源阅读推广、亲子阅读等活动，活动规模大，组织规范，整合了全国青少年儿童的阅读推广力量，取得了明显的成效，为今后公共图书馆开展阅读推广提供了比较规范的操作模式。

6. 媒体、出版社及其他机构

在儿童阅读推广运动中，媒体起到了很好的宣传造势的作用。《中国教育报》就是较早关注儿童阅读的媒体之一，每年会评选出“推动读书年度十大人物”；另外一些以报纸为媒介的平面媒体，包括《中华读书报》《中国图书评论》《图书馆报》等都开辟了读书栏目。随着电视在孩子们成长中越来越重要，以电视、广播为媒介的媒体也纷纷发挥其特有的优势，关注儿童阅读。如中央电视台的“对话”栏目就曾推出“少儿阅读总动员”的节目，通过邀请作者、嘉宾走进演播室与青少年交流对话的方式，增加阅读的趣味性和生动性；央视 7 套少儿栏目“东方儿童”推出了少儿读书节目——“东方书城”；央视的少儿节目“奇思妙想”也开创了电视阅读自然科学的新途径，该节目每期都有一个科技制作的小专题，利用阅读所获取的知识进行发明创造[24]。

出版社作为儿童阅读推广工作的上游环节，在儿童阅读推广中的作用不言而喻。现在很多的出版社都重视与包括图书馆在内的社会各界的交流，并且抓住一切时机推广图书，例如在每年的图书订货会上开设少儿图书专场，增加研讨和交流互动的功能，强调全民参与。另一种是设立专门的论坛。以“二十一世纪中国儿童阅读推广人论坛”（简称二十一世纪论坛）为例，这是一个松散的组织机构，是我国儿童阅读推广的一个开放型的品牌论坛。该组织在二十一世纪出版社设立常设机构。论坛于2007年10月举办了首届活动，至今已持续了8年。论坛邀请儿童教育界、心理学界、文学界、阅读界的专家和学者参加，并且面向各界开放。这是一个为儿童阅读推广人搭建的沟通和交流的平台，通过定期发布优秀童书推荐书目、评选年度儿童阅读推广人和年度儿童阅读推广组织，为儿童阅读推广工作的深入发展起到推进作用。

“新教育研究所”创设于2010年8月，“希望通过研究和推广阅读，促进学校、家庭和社会关注阅读；通过倡导阅读的核心价值观，推广新阅读理念和阅读方法，促进人们阅读能力和阅读水平的提高；通过阅读研究项目和公益活动，营造全民阅读之风，使阅读成为人们的一种生活方式”[25]。目前新教育研究所已经相继推出《幼儿基础阅读书目》《小学生基础阅读书目》《初中生基础阅读书目》和《高中生基础阅读书目》等，并且2013、2014连续两年推出中国童书榜，是目前较为活跃的、具有一定社会影响力的公益性阅读研究机构。

此外，网络的兴起使儿童阅读推广的手段进一步扩展，萤火虫读书会、红泥巴、蓝袋鼠亲子文化网、小书房、海豚传媒[26]等就是以儿童阅读为主题的青少年推荐网站。微信的广泛应用也使儿童阅读推广工作更加方便和快捷，各出版机构、儿童绘本馆等接连申请微信公众服务，“外研社少儿阅读季”“当当网童书频道”“新阅读读书会”等都是有特色、有内容的广受欢迎的公众服务号。

（二）我国儿童阅读推广的特点

随着对儿童的关注、对儿童阅读的重视，全国政协委员朱永新提出“关于设立国家阅读基金的建议”，以借鉴国外儿童阅读方面的先进经验，获取政府政策或经费的支持。我国的儿童阅读推广活动也吸引了社会各界的广泛参与，学校、图书馆、行业组织、各民间机构和个人等都在儿童阅读推广上付出了艰辛的努力,对于儿童尤其是贫困和边远地区儿童的阅读起了非常大的推动作用,促进了社会的和谐和公平,使儿童阅读推广逐步得到社会的认识,但仍存在着一些不足:

1. 社会认知度不高,政府行政支持力度不够

我国的儿童阅读推广目前仍基本处于自发阶段,主要依靠民间阅读推广人和阅读推广机构的热情,因此其架构不尽完善。另外由于儿童阅读推广的意义和价值被理解得过于狭隘,还不能全方位地获得政府行政部门的支持,顶层设计缺乏,未能真正上升到社会更高层面。

2. 推广模式单一,推广效果参差不齐

我国的儿童阅读推广模式较为单一,活动项目局限在书目推荐、故事会等基本形式,"红泥巴"创始人阿甲就曾说过,"当一个新的区域准备做阅读推广的时候,又完全依赖某个个人的能力,很难提供一套可以信服和复制的理论和实践"。另外,由于儿童阅读推广的理论体系尚未建立,实践活动处于无序和纷杂状态。以 2014 年的推荐童书书目为例,就有"中国童书榜 · 十佳童书""中国童书榜 · 优秀童书""信宜图书奖""桂冠童书榜""深圳读书月年度十大童书""父母必读 · 红泥巴年度十大童书""新京报年度儿童书""中国教育报年度教师推荐十大童书""腾讯 · 商报年度十大华文好书之童书""当当年度童书榜""开卷 2014 年度十大童书""陈伯吹国际儿童文学奖年度绘本奖""陈伯吹国际儿童文学奖年度文字奖""陈伯吹国际儿童文学奖单奖篇""三叶草故事家族年度童书妈妈榜""三叶草故事家族年度童书宝宝榜"等十余种奖项,各种奖项良莠不齐。

3. 地区、城乡分布不均,差异显著

在我国现阶段,由于地区经济发展的差异,贫困边远地区的儿童更多还在温饱水平,导致文化教育,包括儿童的阅读环境和阅读质量差异显著。东部、南部以及东南沿海等经济发达的地区和城市,儿童阅读推广如火如荼,少儿图书馆、民间阅读推广机构数量众多,专业人员集中,少儿拥有读物的数量也较乡村地区的儿童更加充裕。而中西部不发达地区,尤其是乡村,普遍存在着图书馆、图书室、民间推广机

构明显不足，儿童拥有读物的数量较少，缺乏专业人员的培训和指导等诸多问题。

4. 专业队伍素质有待提高

著名的儿童阅读推广人、上海师范大学教授梅子涵曾经表示，“阅读推广人的素质已经成为制约阅读推广运动往下走好的最大的因素”。作为一个优秀的儿童阅读推广人，其知识储备、儿童文学素养、儿童读物鉴赏、儿童讨论沟通技巧等整体素质对于儿童阅读推广的效果至关重要。而目前我国民间从事儿童阅读推广的人越来越多，由于入门门槛低，出现从事阅读推广的目的千差万别、水平参差不齐的诸多弊病，专业队伍素质亟待提高。

第二节　少儿图书馆的阅读推广活动与社会合作

联合国教科文组织发布的《公共图书馆宣言》“公共图书馆的使命”中明确提出“养成并强化儿童早期的阅读习惯”，《公共图书馆发展指南》进一步明确“公共图书馆负有特殊的责任支持儿童学习阅读，鼓励儿童使用图书和其他载体的资料”。可以说，少儿图书馆的社会教育职能及其定位决定了其开展阅读推广活动的必要性。

一、少儿图书馆开展阅读推广活动的优势

少儿图书馆作为重要的社会文化教育机构，在倡导和推进儿童阅读方面具有环境、资源和人力等得天独厚的优势，应成为开展少儿阅读推广活动最主要的倡导者、组织者和实施者，理应成为推进我国儿童阅读的最重要的力量。联合国教科文组织认为“图书馆是公众得到图书最可靠的‘媒介’”。而根据我国 2013 年全国大中城市少年儿童阅读调查报告，从阅读习惯上来讲，64. 52% 的少年儿童有从图书馆借书的习惯，有 30. 99% 的少年儿童的阅读地点选择了图书馆。由于儿童阅读推广活动是一项长期、复杂的系统工程，需要全社会的共同努

力才能更好地发展,因此,作为一个地区文化教育的主要阵地,少儿图书馆应当承担起儿童阅读推广的社会责任,以保证全体少年儿童平等享受图书馆的各项资源和服务。

1. 优美舒适的环境

少儿图书馆相对于家庭、书店以及其他公共场所而言,其优美安静的环境,优良的设施,不被打扰的阅读学习空间,充满童趣的装修装饰,自由宽松的阅读环境,浓郁愉悦的文化氛围等,更能够激发少年儿童的阅读兴趣,使少年儿童能够很自然地产生遨游书海、沉浸书乡的诉求和美好愿望。少年儿童需要这样的阅读环境和良好的读书天地。少儿图书馆的阅览场所可以说是儿童阅读推广活动的硬件基础。

2. 藏量丰富的文献资源

少儿图书馆作为文献信息中心,能够为开展儿童阅读推广活动提供丰富优质的文献信息资源,这是儿童阅读推广活动能够顺利开展并且能够取得良好效果的物质保障。随着少儿出版行业的迅猛发展,无论是家长还是少年儿童对信息的需求都会越来越迫切,但经常会受到个人的支付能力的限制,而少儿图书馆却由于其文献信息的丰富、持久和准确以及对文献信息管理的系统和专业性,文献信息的多元化,足以承担起儿童阅读推广的重任。

3. 专业的阅读指导

随着少儿图书馆事业的不断发展,各地少儿图书馆的人员层次和人员结构得到了进一步的改善和优化,开始拥有一批不同学科背景及丰富经验的专业人员。他们熟悉儿童读物,深谙儿童心理,懂得儿童教育,并且掌握相当的儿童阅读指导的方法,使少儿图书馆的文献导读咨询、专题讲座、书目推荐、展览展示等形式多样的阅读推广活动能够有针对性地开展。以国家图书馆少儿馆为例,书馆其22 名员工中,正高级职称 1 人,副高级职称 3 人,2 名博士,11 名硕士,其余全部为本科以上学历,并且拥有心理学、教育学、图书馆学、艺术研究等多种学科教育背景,促进了少儿阅读推广活动的专业化,品牌效应明显。

4. 先进的技术手段

信息技术的进步为少儿图书馆在资源管理、共建共享等方面创造了条件。尤其是数字资源建设的不断深入,为少儿阅读推广提供了更为快捷和广泛的电子资源,网络平台的开发和建设,为文献资源的整合和利用提供了更为全面的技术保障。少儿阅读推广能够充分利用网络优势更广泛和有效地宣传及开展。以 2003 年上海市开始建设的"少儿图书馆文献协作网"为例,该协作网就是基于各成员馆的特色信息资源而建的上海地区少儿图书馆资源网络[27]。该协作网的建立是适应少儿阅读习惯、加强资源共建共享的创新性服务模式。

综上所述,与其他阅读推广机构相比,少儿图书馆不仅具有不可比拟的优势,而且,在政府强有力的支持下,馆舍面积、硬件条件、馆藏资源、专业人才队伍建设等诸多方面都有了迅猛的发展。截至 2013 年年底,我国拥有独立建制的少儿图书馆 105 家,独立建制的少年儿童图书馆从业人员达到 2170 人,总藏量 3165.01 万册,电子图书 775.73 万册,组织讲座 2622 次,举办展览 488 个,举办培训班 1719 个,拥有读者座席 26 642 个,并且延伸服务进一步拓展,普遍开展流动服务,流动分馆数量达到 699 个[28]。已经初步建成覆盖省、市、区县等多级的文化服务体系,为少儿图书馆开展阅读推广活动提供了强大的保障。

二、少儿图书馆的阅读推广活动

(一)少儿阅读推广的主要方式

少儿图书馆的阅读推广方式很多,包括讲座、书目推荐、故事会、儿童读物展览、图书流动站等。可以说,在少儿馆举办的几乎所有活动都是为了促进儿童阅读,提高儿童对阅读的兴趣。

1. 讲座

讲座是少儿图书馆普遍开展的一种阅读推广形式,按照服务对象可以分为针对不同年龄段的少年儿童的各类知识讲座,针对家长的教育、绘本讲读、亲子共读等培训性质讲座。可以采取邀请文学界、教育界、出版界、儿童阅读推广人等专家学者的方式，面对面交流互动；可以邀请在社会上引起反响、弘扬正能量的先进人物等；可以与其他机构进行合作，共享资源和成果。例如，2010 年，国家图书馆少儿馆开设了“文津少儿讲坛”，5 年来，举办各类讲座 52 场，曹文轩、杨红樱、杨利伟、卢勤等都来到讲坛，为孩子们讲授图书以及阅读相关的小故事，分享阅读的快乐。2011 年新成立的福建省少年儿童图书馆，开馆之初便与省文化厅、共青团、省少工委等单位联合设立了“红领巾讲坛”，为引导少年儿童多读书、读好书创造条件。

2. 书目推荐

书目推荐是按一定的时间周期将挑选出的好书制成书目（书单），通过馆内宣传栏粘贴、制作宣传册发放、网络、微博、微信等新媒体方式进行对外发布，或者在馆区内设置推荐文献专架，是少儿图书馆利用文献资源优势经常采用的一种阅读推广方式。另外，少儿图书馆还可以针对不同的年龄段、针对不同的主题进行书目推荐。

国家图书馆少儿馆的《全国少年儿童图书馆（室）基本藏书目录》为少儿图书馆的馆藏建设提供了可靠的依据，目前已成为少儿图书馆评估定级的指标之一；为面向四川省雅安市芦山县地震灾区近 4 万名儿童开展面向儿童（特别是受灾儿童）的阅读指导和服务工作，同时为四川灾区儿童心理辅导提供阅读方面的支持和参考，增加孩子的安全感，滋养儿童的心灵，国家图书馆少儿馆编制了《温暖童心绘本书目》[29]；为配合 2014 年“全国少年儿童绘本阅读年”活动，研制了《绘本 100——2014 全国少年儿童绘本阅读年指导书目》。另外，为了让全国少年儿童和阅读指导人员了解无字图画书这类特殊的图画书作品，提升少年儿童的图画阅读能力，国家图书馆少儿馆还完成了“无字图画书”书目的研制工作等。

3. 故事会

故事会就是通过馆员或者志愿者以讲故事的方式，运用生动形象的语言、丰富的肢体动作来讲述图书中的故事，达到帮助儿童在分享故事和图画的过程中增强理解能力、扩大想象力、发展词汇、感受阅读乐趣、享受爱的氛围的目标。故事会一般针对比较年幼的儿童，时间一般控制在30分钟左右。在故事开始之前，少儿馆一般会通过播放轻柔或欢快的背景音乐，制作故事情节的背板或PPT，来吸引儿童的参与和融入；让小朋友围坐在馆员或志愿者身边，增加孩子们的亲近感；讲故事声情并茂，以符合孩子们的心理特点，并且设置提问环节来引导儿童集中注意力，展开思考和想象，增强互动性；在故事讲完之后，一般还会加入小朋友复述、针对故事内容竞猜等环节，鼓励他们的参与热情。婴幼儿在身体发育、行为认知、动作协调、智力发展等有很大的差别，故事会会分年龄段进行，以充分考虑不同年龄段婴幼儿的差异。例如国家图书馆少儿馆就专门针对3—6岁的幼儿开设了“低幼故事会”，首都图书馆少儿部举办的“红红姐姐讲故事”、福建少年儿童图书馆的“丁当故事会”等都是有一定社会影响力的。目前多数少儿馆的故事会会通过培训家长志愿者、小志愿者、社会志愿者等方式联合进行，以鼓励社会参与儿童阅读推广工作。

（二）典型案例解析

国家图书馆少儿馆自2010年5月31日成立以来，在青少年儿童的阅读推广工作中做了很多有益的尝试，为国内少年儿童图书馆的阅读推广起到了很好的引领和示范作用。

1. 阅读推广进校园

为进一步推进青少年儿童的社会教育资源均等化，让更多的青少年在校园里就能够享受到优质的文化资源，国家图书馆少儿馆自2011年起便积极开展“阅读推广进校园”系列活动。在这项活动中，既有赠书，又有接待中小学生来馆参观，也有来自各不同领域的阅读推广人、编辑、作家包括少儿馆的馆员走入校园，进行主题多样、内容丰富的各类讲座，还有为孩子们量身定做的、以提升青少年儿童信息素养为目的的标准课件制作，包括《书的历史》《走进图书馆》《走进少年儿童图书馆》《走进少儿数字图书馆》，并根据授课时间整合成《有趣的图书馆》。活动开展4年来，走入北京市十余所中小学校，受益的少年儿童近千人。

2. 展览

展览是为了配合一定的主题而开设的，通常通过网络展览、阵地展览、各地巡展等形式进行。为配合“2014 全国少年儿童绘本阅读年”活动的开展，使社会各界了解绘本发展的历史，国家图书馆少儿馆发挥自身的人员及文献资源优势，成功策划并举办了“照亮童年——绘本发展简史暨中外优秀绘本展”，对绘本基础理论知识和发展史进行了系统概括与梳理，并采用展板和实物结合的展陈方式，同时展出了《绘本 100》中收录的 100 种引进版和 60 种原版绘本。在阵地展览的同时，国家图书馆少儿馆还将展览在国家图书馆网站上做了在线展示，并面向国内图书馆推出了全国图书馆绘本巡展活动，来自北京、重庆、福建、湖南、贵州、吉林、广东、内蒙古等 19 个省市的 37 家公共图书馆、少儿图书馆参与了巡展活动，并结合本次展览内容举办了一系列暑期阅读活动，在全国图书馆暑期活动中掀起“绘本阅读风潮”，得到了读者、出版人以及阅读推广人的广泛认可与欢迎。在此之后，“图画的魔法——凯迪克奖及获奖图画书展”展览在北京国际饭店年会中如期展出，并在展会之后开始全国巡展。这种形式目前已经成为国家图书馆少儿馆发挥业界引领作用的一种较好的方式。

3. 志愿者培训

国家图书馆少儿馆的志愿者培训工作在志愿者的招募、培训和激励等诸多方面都做了积极的探索和实践，运行 4 年来，志愿者队伍管理规范，保持了长期性和持续性。培训主要包括针对少年儿童的“少年馆员养成计划”以及针对家长的“家长志愿者培训”。寒暑假招募小志愿者的活动是国家图书馆少儿馆的品牌活动，目前已经成为北京地区少年儿童重要的社会实践基地之一。小志愿者通过课程培训、小馆员讲故事、分级阅读实验、岗位实践等环节，由专业的馆员对小志愿者进行指导，通过馆员的考核和学员实习心得对每一位小志愿者的培训及实习进行评估，评选优秀小志愿者并颁发证书。“少年馆员培养计划”得到了小读者和家长的积极响应。以 2014 年为例，整个活动收到报名信息 225 份，最终通过提交的材料筛选出 95 名期待成为小馆员的同学,并为未录取的其他报名者提供了短期体验。小馆员接受了系统的图书馆知识以及读者服务方面的培训,集体分组呈现了37个精彩的图画书故事,并在实习结束时提交了实习心得和对国家图书馆少儿馆工作的建议。

家长志愿者培训是以提升社会公众阅读水平和阅读指导成效为目的的活动,主要是通过创建国家图书馆少儿馆“家长志愿者QQ群”进行家长志愿者的招募活动,发挥了家长志愿者对于儿童阅读的参与热情,并且通过家长讲读培训班,提升了家长志愿者的讲读能力。活动得到了广大家长的普遍关注与参与,反响热烈。

4.“弱势儿童知识援助计划”

“弱势儿童知识援助计划”是国家图书馆少儿馆保障少年儿童基本公共文化服务权益的一项基础服务,自2011年启动至今已持续了4年的时间。项目通过接待弱势儿童阅读推广相关人员来访、查询搜索信息和参与慈善沙龙的形式对我国弱势儿童的阅读服务现状以及推动弱势儿童阅读的社会力量和机构进行了详细的调研。本着“促进社会知识公平”的原则完成了16家受赠单位的赠书工作、授课以及弱势儿童的接待、参观工作;以电话回访的方式向受赠单位了解文献的使用情况,机构的运营和服务情况等;与立人乡村图书馆等多家单位进行了详细的座谈交流,完成国内外51家进行弱势儿童阅读援助的基金、机构、网站、图书馆等的调研。“弱势儿童知识援助计划”是国家图书馆少儿馆促进弱势儿童平等享有公共服务资源的重大举措,得到了社会的广泛关注和好评。2012年的“中华大家园”活动就是该计划的重要一部分。

5.“全国少年儿童阅读推广服务平台”

“全国少年儿童阅读推广服务平台”项目是国家图书馆少儿馆联合天津、湖南两省(市)少年儿童图书馆合作立项完成的、利用现代信息技术和数字图书馆技术构建的全国少儿阅读推广服务平台,项目已于2014年1月通过文化部的验收。儿童和家长可以通过平台了解知名的儿童作家及其作品、著名的少儿图书馆以及少儿读物出版社,浏览全国各地图书馆、出版社及阅读推广机构组织的线上和线下活动，可以查看推荐的优秀少儿图书书目，查询全国少年儿童图书馆基本藏书目录等。平台适用于图书馆、青少年宫、妇女儿童活动中心、中小学校等多种文化服务机构，为少年儿童推荐阅读资源、交流阅读经验、打造少年儿童社会教育社区、满足公共文化服务体系建设的需求、建立全国少年儿童阅读服务体系起到了很好的支撑作用。

第三节 加强社会合作，促进少儿图书馆儿童阅读推广

儿童阅读推广是一项系统工程，作为这个体系中的一个重要组成部分，少儿图书馆应该在其中充分发挥自身的优势，寻求与社会各界的合作，促进儿童阅读推广工作向更深更广发展。

1. 注重发挥自身优势，融入儿童阅读推广的浪潮中，并在儿童阅读推广中占据主导地位

儿童阅读推广工作具有重要的社会意义，对于儿童进而对于整个社会的发展进步都起着至关重要的作用。作为社会公共文化体系的重要组成部分，作为保证公民享有公平阅读权利的社会教育机构，少儿图书馆理所应当在儿童阅读推广中占据主导地位。现阶段，人们普遍对于少儿图书馆在儿童阅读推广中的地位和作用认识不足，而少儿图书馆本身也还未真正意识到少儿图书馆“阅读指导中心”的定位和自身价值。因此，少儿图书馆不能做旁观者或浅层的参与者，应该迅速调整定位，发挥空间场所、文献资源、专业导读、理论研究等方面的独特优势，借鉴国内外先进的理论和实践经验，融入儿童阅读推广的浪潮中。要积极推动有关部门研究并开展“亲子阅读”“家庭阅读”“分级阅读”[30]，要利用文献资源和人力资源的优势，推进各种优秀儿童读物的推荐活动和捐赠活动，在全社会营造热爱读书、关注儿童阅读的使命感和责任感。积极与学校合作，利用各自的优势，在学校组织开展讲座、朗诵比赛、演讲比赛、征文比赛等丰富多彩的活动，促进

少年儿童阅读能力的提高。

2. 加强与社会各界的交流与合作,促进儿童阅读推广

随着儿童阅读推广的深入发展,少儿阅读已经成为“作者—出版发行业—学校图书馆—读者共同完成的一个系统工程”[31],由于少儿图图书馆仍存在宣传力度不够、资金、技术、方法缺乏等一定程度的缺陷,因此相对于整个儿童阅读推广活动来说,社会合作必不可少。从上述各例都可以看出,要想在儿童阅读推广中取得好的效果,就必须整合优质的社会资源,加强社会各界的交流和合作,促进儿童阅读推广的常态化。2011 年 9 月在新加坡国家图书馆管理局 CVPL 机构举办的“图书馆儿童阅读推广研讨会”,就是以新加坡图书馆管理局为主举办、各界机构参与的大型研讨会。2010 年 5 月 31 日,中央政治局委员、国务院副总理刘延东在国家图书馆少儿馆成立时讲到“要为全国少年儿童营造良好的读书环境,少儿出版与少儿图书馆殊途同归,没有理由不开展合作,没有理由不实行共赢”,同样说明了图书馆与社会合作的重要性。2010 年《图书馆报》与中国图书馆学会、中国出版协会少儿读物委员会共同举办了“全国少儿阅读峰会”,其中第三届的主题就是“馆社合作,推动阅读”。以上处处显示了少儿图书馆已经开始并逐步在儿童阅读推广领域崭露头角。

以 2013 年新落成的河南省少年儿童图书馆为例,其与传统纸媒合作,共创了《约绘季亲子周刊》;与省博物院合作,共建了“历史教室”;与校图书馆联动,建立了“书香进校园”的总分馆制;还与河南艺术中心合作,举办了“阅读之星”颁奖典礼等[32]。通过与社会其他公共资源开展交流与合作,少儿图书馆不仅逐步被社会所认识和认可,并且充分发挥了少儿图书馆应有的社会教育功能,儿童的阅读推广工作取得了显著的成效。

3. 以人为本,关注阅读困难儿童的阅读公平

阅读困难儿童的阅读问题是关系到社会公平的不容忽视的问题,少儿图书馆的儿童阅读推广工作应该重视和了解阅读困难儿童这一特殊群体的阅读需求,要在农村、社区、打工子弟学校等基层开展读书

活动,以维护和保障阅读困难儿童,包括留守儿童、外来务工子女、残障儿童等特殊群体的基本文化权益。努力营造良好的阅读环境和关爱氛围,策划和组织适合他们的阅读推广活动,帮助他们克服阅读困难,使他们同样享受阅读的乐趣,促进他们的健康成长和发展。国外成熟的儿童阅读推广活动都有专门针对阅读困难儿童的项目推出。例如英国的“夏季阅读挑战”项目就是面向全国4—13岁的少年儿童。为了保证视力有障碍的儿童也能够参加这项活动,在项目设计时专门增加了面向弱视儿童的部分。美国的“触手可读”项目也推出了面向视觉障碍儿童、听觉障碍儿童、自闭症儿童、智力低下儿童等不同儿童的阅读指导指南,包括给父母的建议和阅读书目[33]。

目前在我国,我们所说的阅读困难群体包括外来务工子女、边远贫困地区少年儿童、残障儿童、有阅读障碍的儿童等。全社会已经开始注意到阅读障碍儿童,2014年11月,“越碍悦读——2014深圳书香家庭牵手阅读障碍儿童诵读会”在深圳举行,在会上发出“给予理解、提供帮助、共同呼吁”的倡议,倡议社会关注、支持与帮助阅读障碍儿童,让他们在阅读前行的道路上越走越顺。“读写困难(dyslexia)”简单说就是“阅读有困难”,是阅读障碍的一种,有读写困难的儿童智力正常或者超常,但是在阅读和书写能力方面落后于同龄人。这个群体也已经得到社会的关注,并且针对他们的阅读推广和研究工作也已经起步。华南师范大学束曼与各少儿图书馆进行合作,专门针对“读写困难”儿童进行实践研究,帮助他们克服阅读障碍,享受阅读快乐。

4. 充分考虑少年儿童的身心特点,将新媒体技术运用到阅读推广中

儿童具有好奇心强、活泼好动、接受新事物快的特点,而信息技术的发展及其特有的优势使数字阅读迅速成为一种崭新的阅读方式,对儿童的阅读推广产生了积极的影响。网络具有方便快捷、开放、互动等特点,能够使更多的人及时了解到儿童阅读推广活动的时间、地点、活动内容等相关信息,而不受时间和空间的限制,信息的传递更加及时,受众群体更加广泛。网络同时具有的共享和互动功能也使儿童阅

读推广活动更具人性化特点，在共享和交流的过程中，儿童阅读推广的策划、组织者能够通过与参与者的互动，了解他们的需求以及活动的效果、存在的问题等，也就是说，网络技术为阅读推广活动的交流、互动提供了技术的支持。同时由于新媒体技术的进步，多种方式的传播手段也使儿童阅读推广活动的效果更加显著，声音、图像、动画等传播手段的综合运用，卡通漫画形象、广受儿童喜爱的游戏元素能够快速引起儿童的注意，充分调动儿童的好奇心，一方面符合儿童的身心特点，激发儿童的阅读兴趣，根据第十一次全国国民调查报告显示，数字化阅读已经成为年轻人的主要阅读方式；而多媒体的传播方式更能加速儿童阅读推广的范围，为儿童阅读推广活动的开展提供了更多的选择，推广效果较单一的方式明显改善，效果也更为明显。

5. 注重儿童阅读推广模式、评价标准等理论体系的建立和研究

目前少儿馆阅读推广的方式不尽相同，推广模式较为单一，并且相对处于被动的地位，高人气的同时阅读效果不得而知。在少儿图书馆，阅读推广活动一般都是以参加人数、举办场次等定量指标作为衡量活动是否成功的标准，但这样的活动对于儿童的阅读究竟提供了多少帮助，对于儿童阅读兴趣和阅读习惯的培养和建立究竟发挥了多少作用，是否对儿童的阅读技巧、阅读能力提高、理解和运用儿童读物的能力以及人文素养的提升起到了促进作用等，目前没有确切的指标去衡量，需要少儿图书馆在开展阅读推广活动的同时，注重符合儿童身心特点、适合少儿图书馆的儿童阅读推广模式的研究，注重推广模式的多元化、立体化，注重儿童阅读兴趣、儿童阅读心理的研究，注重儿童阅读推广体系的搭建，注重阅读推广效果、评价指标等理论的研究。

应该说，随着儿童阅读推广活动的逐步深入，我们有理由相信，儿童阅读推广活动正在文化层面而非经验层面进行着，它将带给青少年儿童越来越多的阅读机会和阅读空间。

参考文献

1. 阿尔维托·曼谷埃尔著；吴昌杰译. 阅读史[M]. 北京：商务印书馆，2002

2. 中国大百科全书总编辑委员会. 中国大百科全书(教育卷)[M]. 北京:中国大百科全书出版社,2004

3. 王余光,汪琴. 关于阅读文化研究的几个问题[J]. 图书情报知识,2004(5)

4. 王余光,沈雁. 中国读书大辞典[M]. 南京:南京大学出版社,1993

5. 蓝芬芬. 让和谐走进儿童的导读[J]. 图书馆论坛,2008(2)

6. 张必隐. 阅读心理学[M]. 北京:北京师范大学出版社,1992

7. 宋颖. 新世纪国内儿童阅读推广的研究[D]. 北京:北京师范大学,2007

8. 陈蔚. 基于绘本的公共图书馆儿童阅读推广研究[D]. 江苏:南京大学,2013

9. 刘亮. 联合国教科文组织的阅读推广活动与图书馆[J]. 图书与情报,2011(5)

10. 王泉根. 国际儿童文学澳门论剑——中国澳门 2006 国际儿童读物联盟 IBBY 第 30 届世界大会综述[J]. 湖南科技学院学报,2007,28(2)

11. 杨卫东. 少儿图书馆在儿童阅读推广中的使命与担当[J]. 新世纪图书馆,2010(4)

12. 吴玲芳. "日本儿童阅读推进法"简介[J]. 中小学图书情报世界,2004(10)

13. 看欧美如何做阅读推广[EB/OL]. [2013 - 08 - 15]. http://bjcb.100xuexi.com/view/otdetail/20130815/f374939b-edb1-4bd4-b0af-c093cd7b8983.html

14. 程亚男. 关于阅读推广的几个问题[J]. 图书馆研究与工作,2009(4)

15. 海外阅读推广注重趣味性及参与度[EB/OL]. [2013 - 08 - 01]. http://www.ylthbooks.com/news_detail.php? id = 3827&nowmenuid = 36;

16. [美]吉姆·崔利斯著;沙永玲等译. 朗读手册[M]. 天津:天津教育出版社,2006

17. 谢倩,杨红玲. 国外关于亲子分享阅读及其影响因素的研究综述[J]. 学前教育研究,2007(3)

18. 朱淑华. 儿童阅读推广研究[J]. 新世纪图书馆,2012(3)

19. 授权发布:中国儿童发展纲要(2011—2020 年)[EB/OL]. [2011 - 08 - 08]. http://news.xinhuanet.com/edu/2011 - 08/08/c_121830087.htm

20. 吴尚之. 在全国少儿出版工作会议上的情况通报[Z],2014

21. 周田田. 面向儿童的民间公益阅读推广组织研究[D]. 保定:河北大学,2013

22. 他们是中国儿童阅读推广人[EB/OL].[2008－01－26].http://culture.people.com.cn/GB/6825870.html

23. 张婕.公共图书馆与社会合作开展少儿阅读推广研究[J].河南图书馆学刊,2013(1)

24. 陈力.浅论少年儿童不同年龄期的阅读倾向及阅读的作用[J].图书馆工作与研究,2006(4)

25. 新阅读研究所简介[EB/OL].[2012－08－14].http://bbs.eduol.cn/article-8199-1.html

26. 阮海红.推广、推荐、推送——引领多元媒体时代的少儿阅读[J].图书馆建设,2009(5)

27. 洪文梅.网络环境与少儿图书馆[J].图书馆论坛,2004(5)

28. 中国图书馆学会.中国图书馆年鉴 2014[M].北京:国家图书馆出版社,2015

29. 国图少儿馆编制发布《温暖童心绘本书目》[EB/OL].[2013－07－26].http://www.chinanews.com/cul/2013/07－26/5089170.shtml

30. 邬书林.总结经验　认清使命　努力提高我国少儿出版水平[J].出版发行研究,2011(8)

31. 吕梅.馆社合作　共促阅读——图书馆与社会合作推动青少年阅读推广[J].图书与情报,2011(1)

32. 崔喜梅.公共图书馆与社会公共资源合作初探[J].美与时代,2014(8)

33. 赵俊玲,郭腊梅,杨绍志.阅读推广:理念方法案例[M].北京:国家图书馆出版社,2013

第七章　少儿图书馆的行政管理

第一节　少儿图书馆的建筑及家具管理

现代图书馆最重要的服务理念是:图书馆应提供能够体现人文精神的人性化服务。而对于图书馆建筑而言,人性化则体现在清新优美的环境、良好的业务运转模式和能够满足多层次服务需求的空间设计等多个方面。一个好的图书馆建筑能够使人感受到温馨和自如,能够在细微之处显示出对读者的人文关怀,使读者在利用文献以及交流活动中处处感受到便利和舒适。因此图书馆建设过程中"人性化"的设计理念越来越重要。陈思源在《杭州图书馆新馆设计中的若干思考》中提出,"站在人性的角度对图书馆的功能的深入挖掘,并通过对人的行为习惯过程的细节思考,来表现建筑的空间品质,同时,归属性、舒适性、文化性、适用性、生态性也是设计中应表现的重要理念"[1]。他以杭州图书馆新馆建设为例,说明了"归属性""舒适性""文化性""适用性""生态性"5 个在图书馆建设中应满足的原则和要求。这 5 个原则同样适用于少儿图书馆的建设[1]。

少儿图书馆的建筑从选址、造型到馆内设计、装修、装饰、采光、家具设备购置等,都要让少年儿童有归属感。特别是为少年儿童服务的区域一定要适合少年儿童的年龄特点,要按照少年儿童的实际需要来建造和布置,满足"适用性"的要求。特别重要的是,应满足装修及家具的生态和环保的特性,以保证少年儿童的身心健康成长。

建设部、文化部和教育部 1999 年 10 月 1 日颁布实施的《图书馆建筑设计规范》(JGJ 38—1999)[2]对建筑设计,包括藏书空间、阅览空间、目录检索、出纳空间、公共活动及辅助服务空间、行政办公等都提出了具体的要求，但仅在其中部分条款中对少儿馆略有涉及，例如 3.2.3 规定“设有少年儿童阅览区的图书馆，该区应有单独的出入口，室外应有设施较完善的儿童活动场地”。在 4.3.15 再次提出“少年儿童阅览室应与成人阅览区分隔，单独设出入口，并应设儿童活动场地”。由建设部和国家发改委批准实施的《公共图书馆建设标准》(建标 108—2008)[3]第二十二条指出“少年儿童图书馆的建筑面积指标包括在各级公共图书馆总建筑面积指标之内，可以独立建设，也可以合并建设。独立建设的少年儿童图书馆，其建筑面积应依据服务的少年儿童人口数量按照《公共图书馆总建筑面积以及相应的总藏书量、总阅览座席数量控制指标》的规定执行；合并建设的公共图书馆，专门用于少年儿童的藏书与借阅区面积之和应控制在藏书和借阅区总面积的 10%—20%”，第二十五条规定“公共图书馆总平面布置必须分区明确，布局合理，流线通畅，朝向和通风良好。少儿阅览区应与成人阅览区分开，并宜设置单独的出入口，有条件的，可设室外少年儿童活动场地”。

相比较而言，近些年国外发达国家图书馆研究的兴趣点之一便是图书馆的建筑设计，他们对于少儿图书馆的建筑设计、格局规划等都有着非常清晰的理念。2011 年，德国出版了《儿童图书馆的空间设计》[4]一书，这本书汇集了 2009 年国际图联大会中演讲者的文章，包括从 20 世纪少儿图书馆发展的历史沿革，到孩子们如何使用新媒体，未来的图书馆和世界上儿童图书馆的创新设计项目。另外，《图书馆和公共场所儿童和青少年设计空间》[5]一书围绕儿童和青少年空间设计的关键问题提供了一些建议和指导原则，包括设计儿童和青少年空间时选择一个建筑师的重要性，如何选择建筑或设计专业人员，如何站在儿童和青少年的视角来利用空间，20 个儿童和青少年空间利用实例，以帮助读者设计出令儿童和青少年流连忘返的空间。

一、少儿图书馆的建筑管理

（一）少儿图书馆的选址

《图书馆建筑设计规范》（JGJ38—1999）对图书馆选址做出了原则性的要求，包括位置适中、交通便利、环境安静等，对于设有少儿阅览区的图书馆，更是提出了“该区应设有单独的出入口，室外应有设施较完善的儿童活动场所”“少年儿童阅览室应与成人阅览区分隔”等具体要求。我国大中城市的公共图书馆，包括少儿图书馆，很多都设在城市的中心区域，例如深圳市少年儿童图书馆、上海市少年儿童图书馆、重庆市少年儿童图书馆、天津市少年儿童图书馆、河南省少年儿童图书馆等，所处位置交通都非常便利，并且有独立且良好的服务空间，闹中取静，为少年儿童来馆阅读提供了良好的阅读环境和安全的阅览空间。越来越多的公共图书馆在新馆扩建改建之后，都扩大了少儿阅览区的空间面积，显示了政府对图书馆事业的重视，同时也显示了少儿服务在公共图书馆服务中的重要地位。2014 年新开馆的广州市图书馆专门将 3 个楼层约 5000 平米的空间提供给少儿读者，市政府还将广州市图书馆的原馆址调拨给广州市少年儿童图书馆，使其在为少儿服务的基础设施方面又上升了一大步。

具体来说，我国少儿图书馆在开馆建设、选址时应重点考虑下面几个因素：

一是选址要尽量考虑少年儿童来馆的便利性，尤其要照顾到低幼儿童。对于公共图书馆附设的儿童阅览室，则应该与成人阅览区相对分开，并且设置独立的出入口，考虑到儿童的活泼好动，阅览室应设在一层的位置，以保证儿童的安全。

二是要考虑适当的扩建余地。少儿图书馆和成人图书馆都要考虑到馆藏数量的增加、未来业务范围的拓展以及现代化服务手段的应用等。因此，在可能的条件下应留有扩建的余地。在公共图书馆附设少儿阅览室，由于空间有限，在阅读的功能分区和年龄分层等方面很难具备满意的条件，在充分考虑各年龄层少年儿童的阅读需求和阅读习惯的基础上，应尽量满足动静分离的基本要求，分层设计，分层服务。

三是注意选择环境优美、空气清新的位置。好的建筑能够让读者感到轻松和平和。环境嘈杂的闹区，不仅影响儿童读者的阅读活动，而且会影响他们的大脑发育。由于儿童好奇心强，自制力差，在大城市的繁华闹市区，商店、影院及各种饮食店鳞次栉比，对他们有很大的诱惑力，因此选址应尽可能避开这一类地方。

(二)少儿图书馆的建筑造型

少儿图书馆的建筑风格和外观造型既美观又科学不仅仅满足少年儿童的心理特点，更应该具有比较强的文化气息，营造活泼、积极向上的氛围，吸引少年儿童的视线。少年儿童的好奇心强，美观大方且造型新颖别致的建筑可以吸引更多的少年儿童来馆阅读；建筑物本身还应具有比较强的艺术特征，既体现美感，在潜移默化中影响少年儿童的审美情趣，同时也可以美化所在的城市，将少儿图书馆的建筑和城市建设融为一体，成为一个城市美的代表。当然，少儿图书馆的建筑设计不可千篇一律，要有多种多样的造型，有条件的地区和城市，在主建筑之外还可添加一些辅助建筑，例如各种形式的室外阅读场所、娱乐活动场所、家长休息场所等，让所有来馆的少年儿童和家长都能自由、舒适地享受阅读的乐趣。

(三)少儿图书馆的馆内设计和装饰

环境的美可以影响甚至塑造一个人。少儿图书馆由于其特有的社会教育功能，馆舍布局、装修装饰也同样可以影响少年儿童的身心发展，对少年儿童的智力开发以及人格品质的形成和完善起着重要作用。好的馆内设计和装饰能够帮助少年儿童提高阅读兴趣和学习情绪，甚至在美学的培养方面也能发挥一定的作用。因此，少儿图书馆不仅仅要满足基本的藏书、借书、阅览等功能，其馆内设计和装饰装修更应该体现“以儿童为本”的首要原则，满足少年儿童爱美的天性，使其真正成为少年儿童的学习教育、交流培训和文化娱乐中心。

从阅读心理分析，少年儿童在阅读过程中受外界的影响较大，容易随环境的变化而变化，尤其通过视觉、听觉和触觉感受外界刺激会更加敏感，因此在设计少儿馆时，应该充分利用空间的形态、色彩等满足少年儿童的探索和求知心理，增强少年儿童在阅读方面所受的非智力因素的正面影响。

遵循上述原则，少儿图书馆内的设计和装修装饰，包括馆内各种功能用途的区域划分，楼梯或出入口的位置，门窗的规格大小，地板、隔断材质的选择等，都要本着适合少年儿童的特点和需要来安排和布置，要尽量避免产生拥挤、呆板或者压抑的感觉，既要保证各种功能分区的实现，也要保证整体、通透的视觉效应。从安全角度考虑，设计时尽量不要留有安全死角，在馆区内安放摄像头是目前少儿馆普遍采取的安全防范措施。另外也可以通过特殊设计，减少安全事故的发生，如：像窗台及房间、走道的拐角处等最好不要见棱见角，以免儿童在跑动时造成危险；楼梯应设计成两边扶手，并且坡度不能过大，在楼梯上应铺设防滑的地毯或地砖。从儿童的身体发育方面来说，还要考虑到门窗的规格与儿童视力发展的关系，窗户太小会影响采光，甚至窗的高矮、阳光照射到房间的时间、面积都应有一定的根据。

1. 空间功能划分

首先，由于儿童正在长身体时期，向阳的区域应作为少儿阅览室或活动室，并且从安全角度考虑，楼层越低越适合年幼的儿童，随着年龄的增加逐步上升，由动到静。其次，在空间允许的条件下，尽量考虑按照儿童的年龄来区分，设置亲子活动区、低幼活动区、主题活动区、青少年阅览区、多媒体空间等不同功能的区域，确保为不同需求的儿童提供满意的服务空间。比如，低幼儿童活泼好动，活动区的面积应该相对大一些，并配备其喜闻乐见的各类玩具。尤其是低幼阅览区的设计，不规则的空间形态、动植物的形状、色彩鲜艳的装饰更适合幼儿活泼好动的特征。深圳市少年儿童图书馆的低幼阅览区就采用仿真的大树作为阅览区的主要造型，孩子们可以围绕在大树周围阅读和游戏。第三，在保证不同功能分区的前提下，也应注意格局的相对完整和机动灵活，可以使用一些软性隔断，如花箱、可伸缩玻璃门、可拼接的书架等，既可以使不同的空间保持相对独立性，方便不同阅读需求的儿童互不干扰，也可以保证整体空间布局的层次感及多样性，为孩子们提供一个富有层次感的体验。

2. 馆内装修装饰

少儿图书馆的馆内装修装饰应遵循美观、简洁、大方、温馨和环保的原则，力求为小读者创造一个祥和安静的空间。内部设计应注重情感化，阅览室内可以摆放各种鲜花和绿植，墙上可以挂名人名言或者孩子们自己的绘画作品，使设计与功能完美结合。除此之外，地面的装饰也同样重要，例如可以通过不同的卡通图像、地图等进行引导或者分区，广东省立中山图书馆的中学生阅览区就是通过在地面上设计的、以蓝色为主基调的世界地图、中国地图来缓冲整个阅览区视觉感应，给略显单调的空间增添了一些亮色。

3. 室内标示设计

应做到标识的明确醒目。在图书馆的每个关键位置都有温馨提示，语言适合孩子理解和接受，一目了然，方向明确，能让人尽快熟悉各个馆藏地点和设施，节省小读者的时间。在标示指引方面，我国很多少儿图书馆都有很好的经验，他们非常注重以颜色进行区域区分，同时多以卡通形象或简练风趣的语言进行提醒。广州市少年儿童图书馆的安全提示语“看清标示，找准路线，低姿扶墙，迎风逃生”就是以形象生动的语言告诉少年儿童在遇到火灾等危险情况时应如何处理，该馆的入口处的提示也采用“为了孩子的安全，请您进馆刷卡，谢谢配合与支持”等平实诚恳的语言，易于读者的接受和配合。

4. 阅览室外部设计

少儿阅览室外部设计应主要考虑远距离视野对孩子们视力和精神的影响，需要设计一些室外绿化景观，以帮助少年儿童缓解、消除紧张的精神状态，调节阅读心理，提高学习效率。

（四）充分利用声、光等作用满足使用功能和心理需求

1. 光

《公共图书馆建设标准》第三十四条提出“公共图书馆的主要阅览室特别是少儿和老龄阅览室应有良好的日照，并应充分利用自然通风和天然采光”，国内外阅览室光的设计也主要采用采纳自然光的方法，降低能源消耗的同时也能使阅览室内自然和谐，有效帮助、改善压抑情绪，激发读者的精神愉悦。目前利用自然光照同样是少儿图书馆阅览室设计的首选。但因为自然光不可能覆盖到少儿图书馆的每个角落，因此人工照明也变得同样重要。人工照明一般是将直接照明和间接照明结合起来，按照读者个人的意愿调节光的亮度，营造个人理想的阅读光照环境，而且不影响其他读者。总之，为减少少年儿童的视觉疲劳，保护少年儿童的视力，少儿阅览室应充分利用自然光的作用，同时辅以人工光源，既要求光线充足，也要求光照均匀。

2. 色彩

色彩的协调是现代图书馆装饰美的重要元素。通过色彩搭配使少儿图书馆的环境变美、变亮、变雅、变新、变活泼灵动，对少年儿童产生向心力、凝聚力和吸引力，满足他们的心理需求[6]。因此在少儿图书馆的装饰中，一是应根据儿童活泼好动的天性，在设计时增加色彩的应用，通过色彩吸引少年儿童，尤其是婴幼儿的注意力。心理学家早已发现，色彩能够在孩子的心中引起主观的心理反应，具有一定的情感诱导作用，就像红色象征着热情和开放，青色、紫色、蓝色象征着理性，橙色、黄色代表着温暖等。将色彩恰当地运用到少儿图书馆或

者少儿阅览室的设计中,使少年儿童看到一种色彩便会产生某种直观的联想,从而达到营造良好阅读氛围、促进养成良好阅读习惯的目的。二是在色彩运用时应该注意饱和度和对比度,因为过于强烈的色彩也容易引起儿童的烦躁,需要通过增加一些白色或者其他浅色来调节视觉反应,保证整体色彩既生动鲜明,又和谐舒适。三是可以通过色彩来区分不同的功能区域,这也是目前少儿图书馆或者少儿阅览室比较常见的做法,既省时省力又能够取得比较明显的分区效果。美国西雅图图书馆一层的儿童学习中心就用粉色和黄色将 6 岁以下低幼儿童和 6 岁以上学前儿童区分开来。

3. 声的设计

让孩子们在少儿图书馆拥有相对安静的阅读环境是十分重要的,尤其年龄稍大的青少年,更希望有一个独立且安静的空间,而低幼儿童的阅览区、儿童活动区等容易产生较大声响,所以少儿馆在设计时,相对嘈杂的门禁、咨询台和问题讨论区都应该相对集中,要有意识地避开高大空旷的空间,应该设在门厅或套间里,与阅览区相对分开,那里的噪声可以较多地被顶棚和墙面吸收,同时尽量通过使用一些特定的装修材料来减少噪音对阅览室的影响。

二、少儿图书馆的家具选择

少儿图书馆的家具包括桌、椅、书架、目录柜等。少儿图书馆的家具设备同样要符合少年儿童的特点及科学性,要使各种设备充分发挥它的作用,真正起到为少年儿童阅读服务的作用。2012 年 8 月 1 日,我国开始实施《儿童家具通用技术条件》(GB 28007—2011)[7]。这是由国家质检总局、国家标准化委员管理会联合专家经过"严密的资料搜集和反复的测量实验而得出的""《儿童家具通用技术条件》是家具行业标准中为数不多的强制性国家标准之一,填补了国内儿童家具市场国家标准要求的空白,这一标准的实施可以确保儿童家具产品的安全性和儿童家具市场发展的规范性。儿童家具从设计到生产和销售过程都有规范可依"[8]。这个标准根据我国儿童的成长状况和相关标准的衔接,对儿童家具的年龄段进行了明确的规定,即 3—14 岁,并且主要针对儿童家具的实用性、安全性等方面进行了具体的规范。

参考此项行业标准，少年儿童由于身高不同，家具也应适合不同年龄阶段的少年儿童身高，这是最基本的“以儿童为本”的原则和要求。除此之外，儿童图书馆的家具选择主要应该满足安全性、实用性的要求，以及可游戏性、趣味性、可成长性、益智性等辅助要求。

1. 安全性

安全性是少儿图书馆选择儿童家具问题时最核心、最关键的要求。一是儿童好奇且活泼好动，因此家具一定要坚固耐用，不能有棱角、锐利处或者突出物等，以免碰伤幼儿。需要使用“倒圆”或者“倒角”处理，或者在线条的处理上采用圆滑的曲线，表面设计尽量细腻，避免儿童伤害事故的发生。二是在儿童家具所用材料的安全性上，应严格按照《儿童家具通用技术条件》“产品的有害物质限量应符合相关产品标准的要求”，例如金属和玻璃这两种材料，由于本身的特质很容易被利用到家具的设计中，但是金属有坚硬锋利的边缘，玻璃易碎，这两种材质都很容易对孩子造成危害。因此要注意“除在离地面高度或儿童站立面高度 1600 毫米以上的区域外，产品不应使用玻璃部件”[9]。三是儿童家具应该提前考虑并防止一些意外事故的发生。例如管状部件的外露端口应该封闭，因为管状部件的切口非常锋利，如果外露，很容易刮伤儿童。而且儿童的好奇心非常重，喜欢将手或者其他物品塞进管状部件中。另外，一些稳定性不好的高体家具容易侧翻，应该采用与建筑物固定的方式[10]。

2. 实用性

所谓实用性是指儿童家具所具有的能够满足少年儿童对家具使用所需要的具有实用效用的一种功能。每个产品都有特定的功能，它是一个产品存在的直接原因。少儿图书馆所选用的儿童家具也要注意满足实用的需要，这也是儿童家具最重要、最基本的设计原则。实用性要求儿童家具的设计结构不要过于复杂，尽量避免“繁琐的穿插、推拉、旋转”等[11]。要使儿童操作方便、实用舒适，避免华而不实。少儿图书馆的家具通常部分具有装饰、隔断、摆放、游戏等多种功效，强调其实用性功能尤为重要。

3. 趣味性

除了安全性和实用性外，少儿图书馆选择的家具还要满足造型新颖、美观、趣味、游戏性等辅助功能，以吸引少年儿童读者。例如阅览室的桌椅形式要多种多样；阅览桌的规格除常用的矩形外，还可以采用圆形、方形、多角形、梯形等多种形式，还可以增加一些趣味性的元素，比如抽象化的动物、植物等，激发孩子的创造力和想象力；存包柜、目录柜、展示柜等其他相关家具也可以设计成各种各样的，如一般目录柜形式、活动目录盒形式以及玩具式目录柜形式等。

另外，儿童使用家具时往往带有游戏的成分，因此一方面要考虑到家具色调的鲜艳、多变、和谐，使儿童感觉快乐、清新、自然和活力；另一方面要满足儿童热爱大自然、亲近大自然的天性，在家具的设计和选择中注意采用儿童喜闻乐见的形态，比如花草树木、天空海洋等，给孩子们留下想象的空间。

目前一些研究者在儿童家具的可成长性问题上也提出了新的思路和方法。王晓瑜在《可成长性的儿童家具设计研究》[12]中列举了不同年龄阶段孩子对儿童家具的基本要求，比如3—5岁“年龄阶段的儿童智力发展还不完善”，对于家具的要求“只要满足丰富的颜色和适当的趣味性即可”“视觉体验要丰富”等。同时他也对可成长性儿童家具的设计提出了“安全性”“平等和尊重”以及“益智”等原则，确保儿童家具的设计符合儿童身心发展的需要。这些原则也是少儿图书馆选择儿童家具可以参考和注意的地方。

第二节　少儿图书馆的人员管理

一、少儿图书馆员应具备的素质

现代理念的少儿图书馆是教育人、培养人的信息化、网络化的图书馆，它对于图书馆员的素质要求也越来越具体和严格，既要求少儿馆馆员具有较高的思想道德素质和心理素质，也强调他们具备良好的信息素养和相关专业知识和技能。良好的职业道德是做好少儿图书馆一切工作的基础,较好的心理素质和平和的心态是保证工作顺利开展的必不可少的条件,较高的信息素养则是提升服务水平、提高服务质量、有效满足少年儿童需求的重要保障。2002 年中国图书馆学会发布的《图书馆员职业道德准则》对馆员素质提出了 10 条具体要求:①确立职业观念,履行社会职责;②适应时代需求,勇于开拓创新;③真诚服务读者,文明热情便捷;④维护读者权益,保守读者秘密;⑤尊重知识产权,促进信息传播;⑥爱护文献资源,规范职业行为;⑦努力钻研业务,提高专业素养;⑧发扬团队精神,树立职业形象;⑨实践馆际合作,推进资源共享;⑩拓展社会协作,共建社会文明。这些要求同样适用于少儿馆馆员。

美国《美国公共图书馆儿童服务馆员资格》中对公共图书馆儿童服务馆员的专业资格提出了七项条件,包括:①顾客群的相关知识;②行政及管理技能;③沟通技巧;④资料与馆藏发展;⑤策划及学习活动能力;⑥建立公共关系的技能;⑦专业素养与发展潜能。这是迄今最为完整和规范的儿童服务馆员资格标准。

同时,2007 年 IFLA 下属的青少年图书馆服务专业组专门制定的《婴幼儿图书馆服务指南》及《儿童图书馆服务发展指南》对于少儿图书馆馆员也提出了明确的要求:在性格方面要活泼热情;具有很强的沟通、写作、团队工作能力和解决问题的能力;具有交往和合作的能力;能够积极主动、灵活并乐于接受建议的能力;在知识要求方面,要比较学识渊博,应该对儿童心理学、阅读发展和推广的理论、艺术和文化、儿童图书和相关媒体的知识予以了解和掌握等[13]。由此确实可以看出,多学科背景的知识结构,多元和全面的知识储备是现实对少儿图书馆员提出的更高要求。

我国的少儿图书馆事业相对来说起步较晚,发展也还不尽完善,以目前状况来说,我国的少儿馆馆员应该具体满足以下几个方面的素质和能力要求:

一是要有爱心、耐心和热情。少年儿童活泼好动,自制力差,经常会有大声喧哗、乱跑乱叫、不守秩序等行为发生；另外由于年龄较小，没有图书馆利用的常识和技能，需要馆员来帮助他们找到所需的资料。需要馆员具有爱心、耐心和热情，要有平和的心态，要从内心真正热爱孩子、热爱少儿馆的工作，否则很难胜任。

二是要具备图书馆专业知识。图书馆学的专业知识和技能包括采访、分类、编目、阅览、活动策划与组织等是开展少儿图书馆工作最基本的工具和最起码的知识要求。

三是要有完整的知识结构。由于少儿图书馆服务对象的特殊性，需求的多样化，要求少儿馆馆员具备更完整的知识结构，除了图书馆专业知识外，对儿童心理学、美学、教育学、儿童文学、青少年文学等领域都应有所了解或掌握。只有这样才能满足广大少年儿童的求知欲，提供更有针对性的服务，开展能够吸引少年儿童的活动。比如要了解少儿文学的各种体裁，了解其中的内涵和特色，了解少儿文学发展的基本历程，包括重要的代表人物、事件、儿童文学奖项、不同时代的儿童文学所表现出来的特征；要加深对少儿读物的理解，罗曼·罗兰曾经说过："要撒播阳光到别人心中，总得自己心中有阳光。"对于少儿读物的出版状况、少儿在每个年龄阶段不同的生理和心理特征以及相对应的符合他们身心发展的儿童读物的阅读指导等，少儿图书馆员都应该有所了解并基本具备灵活运用的能力。

四是要具备良好的活动策划组织以及阅读指导的能力。少儿图书馆与成人图书馆最大的不同就是必须通过举办各类型的活动来吸引少儿来馆，增加他们的阅读体验，激发他们的阅读兴趣以最终达到利用图书馆和养成良好阅读习惯的目的。这就要求少儿馆馆员有意识地培养自己活动策划的能力，根据各年龄阶段少年儿童身心发展的特点来策划符合需求的活动。活动形式主要包括组织故事会、阅读和演讲比赛、研讨会、绘本设计大赛、读书交流会等。当然，在活动的组织和策划过程中，对外合作和交流必不可少，因此，具备或者自觉去培养沟通协调以及对外交流的能力成为少儿馆馆员迫切需要解决的件大事。

二、少儿图书馆的馆员教育

少儿图书馆在我国公共图书馆体系建设中较为落后，其馆员队伍普遍存在人员结构不合理、知识背景和专业素养不足问题。虽然近年有所改善，但与其他类型的公共图书馆相比仍处于较低水平。国家图书馆少儿馆曾在2010年对我国公共图书馆未成年人服务状况进行了详细调查，以独立建制的少儿图书馆为例，在总共1133名在编人员中，研究生学历人员仅为2.7%，本科学历者占到近六成(58.0%)。副高级以上职称人员占13%，中级职称与初级职称者分别占38%和33%[14]。根据《中国图书馆年鉴(2014)》统计，我国截至2013年年底共有独立建制的少儿馆105个；从业人员2124人，其中专业技术人员1578人，正高级职称人员35人，副高级职称人员219人，中级职称704人[15]。而在现实中，少儿图书馆员很多没有专业知识，是从其他行业改行的，从整体情况看，少儿图书馆的人力资源现状亟待改善。从少儿图书馆的整体法律规范层面来看，在我国图书馆立法尚未完善之时，少儿图书馆的法律和法规以及相关服务规范也没有建立，少儿图书馆在整个图书馆行业的地位不高，并没有引起足够重视。从少儿图书馆馆员的自我意识看，曾有调查显示，大部分少儿馆馆员认为对于服务群体的认识相对滞后，认为儿童开始阅读的时间应该在2—5岁，而欧美等发达国家普遍倡导儿童阅读从出生就开始。少儿馆馆员在沟通技巧方面仅意识到避免与青少年儿童包括他们的家长发生冲突，阻止矛盾的发生，或者是如果矛盾发生了该如何有效地化解等较浅层次问题上。在活动的策划和组织方面，调查也显示有不少少儿馆馆员从未参与过任何形式的活动组织和策划工作[16]。从少儿馆馆员的职业资格看，少儿馆馆员的学历教育欠缺。2003年召开的“图书馆学专业本科核心课程建设”为主题的会议确定了图书馆学专业的7门核心课程：“图书馆学基础”“信息组织”“信息描述”“信息资源建设与服务”“信息检索”“数字图书馆”“目录学概论”[17]，另根据《中国大学及学科专业评价报告》，通过对2014年2751所(2013年2742所)中国高等院校(含重点大学、一般大学、民办学校、独立学院)全面系统、客观公正的科学统计,我国共有42所院校设置了图书馆学、情报学课程,其中包括30所本科院校、42所研究生院校。但目前还没有专门开设的儿童图书馆服务专业,也没有专门的儿童图书馆课程。另外,在少儿图书馆馆员继续教育或者在职教育方面的进展也不尽如人意。中国图书馆学会是我国唯一具有馆员继续教育资格认证的机构,但针对少儿馆馆员的专业培训也并不多见,近年来多局限在公共图书馆未成年人服务政策环境及对策分析、图书馆未成年人服务的理论与实践、国外图书馆的未成年人服务状况等外围或理论层面,对于其他提升少儿图书馆馆员基本素质的专业业务培训则尚显单薄。少儿图书馆馆员的培养和教育问题已经成为制约我国少年儿童图书馆事业发展的重要影响因素之一,解决此问题迫在眉睫。

1. 建立完善的儿童图书馆学教育制度

美国有着比较完善的少儿图书馆馆员的专业教育机制,美国图书馆协会于1925年7月颁布了《图书馆学院最低教育标准》,对美国图书馆学开设的课程、教学内容及要求等做出了详细的规定[18]。美国的图书馆员包括儿童图书馆员都是图书馆专业的毕业生。在不少高校还开设了儿童图书馆教育专业,儿童图书馆专业在全美排名第一的伊利诺斯大学香槟分校的重点研究领域就包括“青少年文献与服务研究”,它的图书情报硕士专业专门有“青少年文献与服务”课程,课程设计包括:

403 Lit and resources children 儿童文献资源

404 Lit and resources young adults 青少年文献资源

409 Storytelling 讲故事

506 Youth services librarianship 青少年图书馆服务

514 History of children's lit 儿童文学的历史

590IF Intellectual freedom & library services for youth 知识自由与青少年图书馆服务

590LR Literacy, reading & readers 文献,阅读与读者

590ML Media literacy and youth 媒体素养与青少年

590NF Information Books and Resources for Youth 青少年的信息资源

590SC Critical studies in children's lit 儿童文学中的评论研究

590SM School library media centers 学校图书馆媒介中心

除了上述课程之外,学校也专有远程网络课程可供选择。

2. 建立职业资格准入制度

英国的图书馆职业资格准入制度历史悠久,目前包括 3 种机制:大学教育认可、注册专业人员和国家资格体系[19];美国对于各类馆员都有不同的认证要求,分为大型图书馆员、公共图书馆员、中小学图书馆员、图书馆管理者等几类,对于不同类别的图书馆员,又分不同的认证等级。例如中小学图书馆员必须获得中小学老师的职业资格认证(分州立的和全国通用的两种类型)[20]。许多州还要求学校图书馆员须有另一个学科的教师资格认证才能获得图书馆员的认证等[21]。在韩国,只有具备准图书馆馆员资格的人才能在图书馆工作,而准图书馆员的标准为:专科大学文献信息学或图书馆学毕业生[22];具有专科大学或同等学力,在指定教育机构修完指定教育课程者;非图书馆专业的大学本科毕业生。日本对于司书(日本对于图书馆员的一种统称)的资格要求体现在基本的学历要求,即应是“大学(本科)毕业”;二是要经过图书馆学的专业教育,掌握图书馆学的专业知识和专业技能[23]。

3. 开展继续教育

任何一种专业资格建立和完善都需要后续教育制度的支持。我国可以根据实际从业人员的具体情况,通过在职进修、网络教学、集中培训等方式,鼓励少儿馆馆员积极参加,并发放资格证书、结业证书,将此教育形式与其职务提升、职称晋级、考核选拔等相关联起来。只有将基础教育、职业准入、后续教育等结合起来,才有可能建立起比较完善的少儿图书馆职业资格体系。

第三节　少儿图书馆的经费管理

经费是一个图书馆赖以生存和发展的物质基础，对经费进行科学有效的管理、合理高效的利用，确保有限的经费发挥出最大的社会效益和经济效益是少儿图书馆经费管理的最终目标①。

一、少儿图书馆经费基本情况

近些年，国家对公共图书馆的财政投入逐年增加，但增长幅度较小，作为公共图书馆中的“弱势群体”，少儿图书馆的经费紧张、无法满足事业发展和建设需要的问题就更加突出。2009 年，全国公共图书馆的财政拨款为 55.08 亿元，2014 年达到 107 亿元，增长近 2 倍。但这 5 年中，我国各地区少儿馆财政拨款 2009 年为 1.96 亿元，2014 年为 4.38 亿元，增长仅为 1.2 倍。在总体财政拨款不足的情况下，购书经费的短缺问题也就不足为奇，并且经常会出现经费被挪用的情况。经费不足导致馆舍、设备陈旧，员工福利待遇不高，队伍素质和服务水平降低。

二、我国少儿图书馆经费管理的不足之处

1. 政府财政补贴投入不够

2014 年全国公共图书馆财政补贴收入为 107 亿元，少儿图书馆仅为 4.38 亿元，占总投入金额的 3.73%，明显低于其他公共图书馆。其中购书经费不足现象更加严重，2014 年全国公共图书馆购书经费总额为 14 亿元，少儿图书馆仅为 6857 万元，占总购书经费的 4.86%；除广

① 由于经费管理的专业性较强，仅就其中与少儿图书馆业务有直接关系的事项加以简单说明，而其中涉及经费收入分配、监督管理机制、财务管理等问题不在本书讨论范围之内。

东、吉林两省的购书经费较高外(广东达2395万元,占到全国少儿图书馆购书经费的34.93%;吉林达1243万元,占到全国少儿图书馆购书经费总额的18.13%),其他各省均处于较低的水平,黑龙江、山西、贵州、安徽等省的少儿图书馆全年购书经费不足50万元。受购书经费影响,很多少儿图书馆的少儿读物陈旧,文献种类缺失,馆藏结构单一,无法满足日益增加的少年儿童的阅读需要。

2. 财政补贴地区分布不均衡

受各地区经济发展水平的影响,政府投入经费的地区分布极其不均,最高的广东省全年财政补贴7600万元,而最少的贵州省仅有31万元。这种状况加大了本来就已经存在的各地区少儿图书馆事业发展水平之间的差距,落后地区少儿图书馆的正常儿童阅读服务工作无法正常进行。

3. 预算标准不科学、不合理

由于对未来业务缺乏计划性和前瞻性,不少少儿图书馆在编制年初预算时考虑欠周,经常会出现重要事项的缺失,比如重大活动、重点项目采购等,而对于一些还未考虑成熟的项目则列入了预算之内,导致由于缺乏可行性或者可操作性而无法实施,为经费管理带来了很多的难度和困扰。

4. 自主创收力度不够

很多少儿图书馆根据国家《关于推进全国美术馆、公共图书馆、文化馆(站)免费开放工作的意见》(文财发〔2011〕5号),取消了基本收费,并且都停止了对外创收工作,导致在国家经费不足的情况下,不能依靠自身的优势实现服务设施的改善、人员待遇的好转,使少儿图书馆内缺少应有的活力以及为少年儿童服务的热情。

5. 招投标管理不规范

按照《中华人民共和国招投标法》(九届主席令第21号)(2000年1月1日起实施)和《中华人民共和国政府采购法》(九届主席令第68号)(2003年1月1日起实施)的相关规定要求,图书采购实行招投标方式,旨在寻求最优的服务供应商,提高资金的使用效率。但在十余年的实际操作执行过程中，经常会出现损失资源建设质量而低价中标、中标单位夸大服务能力而导致承诺无法履行、图书馆由于对竞标资质及履约能力无法核实而导致文献采购质量受损等诸多问题。

三、科学管理经费的主要方法

1. 加大自身职能的宣传，争取政府加大经费投入的力度

少儿图书馆作为公益性的社会服务机构，其经费主要来源就是政府的投入，这就需要少儿图书馆在努力做好各项服务工作的同时，对于自身的社会职能要多加宣传，利用多种渠道展示自身的社会价值，在法律和政策上去争取政府的重视。

2. 加强调研，提高预算编报的质量

在现阶段少儿图书馆的经费管理中，预算的编制是其中最为重要的一个环节，需要管理人员加强调研，对每个项目应重点参考前一年度的实际支出并适当考虑价格上涨因素，对各项业务工作做到心中有数，按照不重复、不遗漏、不夸大的原则，量入为出、节俭办事，最终达到最佳的服务效率。

3. 争取购书经费稳中有升

馆藏文献建设是少儿图书馆做好服务工作的基础条件，购书经费的多少直接对馆藏文献的数量和质量、馆藏结构及服务工作质量产生影响。少儿图书馆在做好馆藏调研的基础上，应提前考虑少儿文献价格上涨的因素，并且参考国内外通行的服务人口与服务文献的比例要求，以数字为依据，积极争取政府财政部门的支持，达到增加购书经费的目的。IFLA《公共图书馆指南》认为“如果达到 14 岁的儿童占图书馆用户的 25%—30%，那么，儿童书籍就应当占到馆藏总量的 1/3”。

4. 在条件政策许可的情况下，合理做好创收工作

在我国少儿图书馆普遍经费不足的情况下，创收工作无疑是解决经费不足的重要手段。少儿图书馆应充分利用场地、专业人员的优势，积极拓宽思路，动脑筋、想办法，加大与各社会机构的合作，积极寻找创收途径，包括专业指导、合作办展、文创产品的策划和生产等，以

弥补经费的不足,给少儿图书馆创造一个崭新的发展空间。

5. 规范招投标管理

对于招投标管理这个涉及多方面、多个部门的系统性活动,需要多方携手,共同规范。对于少儿图书馆内部来说,制定最为科学合理的评分(评价)标准是最为重要的,同时对于供应商的资质、实力、信誉、服务等多方面信息要全面了解和掌握,在一定范围内公开透明,接受监督,以此实现规范管理、"阳光交易"。

参考文献

1. 陈思源.杭州图书馆新馆设计中的若干思考[J].浙江建筑,2006,23(12)

2. 中国建筑西北设计研究院.JGJ 38—1999 图书馆建筑设计规范[S].北京:中国建筑工业出版社,1999

3. 中华人民共和国文化部.建标 108—2008 公共图书馆建设标准[S].北京:中国标准出版社,2008

4. Designing Library Space for Children[EB/OL].[2012 - 10 - 11]. http://www. ifla. org/publications/ifla-publications-series-154

5. Designing Space for Children and Teens in Libraries and Public Places[EB/OL]. http://www. ala. org/transforminglibraries/designing-space-children-and-teens-libraries-and-p. ublic-places

6. 张俭.现代图书馆——建筑美与环境美的和谐统一[J].绿色视野与中国环境管理,2002(5)

7. 国家标准化管理委员会.GB 28007—2011 儿童家具通用技术条件[S].北京:中国标准化出版社,2011

8. 何小娟,潘文芳.从工业设计角度解读《儿童家具通用技术条件》[J].产品,2013(8)

9. 儿童家具标准四大亮点[J].大众标准化,2012(7)

10. 张淑艳等.《儿童家具通用技术条件》标准解读[J].质量与标准化,2011(6)

11. 张旭,王欣铨,孟玲.儿童家具安全性设计初探[J].辽宁工业大学学报(社会科学版),2008(10)

12. 王晓瑜.可成长性的儿童家具设计研究[J].包装工程,2014(16)

13. 曹雪. 将图书馆服务延伸到婴幼儿群体——IFLA 第 100 号专业报告解读[J]. 中小学图书情报世界,2010(3)

14. 张红霞. 我国少年儿童图书馆人才队伍建设浅析——基于国家图书馆少年儿童馆调研情况分析[C]//中国图书馆学会. 中国图书馆学会年会论文集. 北京:国家图书馆出版社,2012

15. 国家图书馆,中国图书馆学会. 中国图书馆年鉴 2014[M]. 北京:国家图书馆出版社,2015

16. 戴艳清,郑燃. 少儿图书馆员阅读指导知识储备调查及提升策略研究[J]. 图书馆,2012(3)

17. 肖希明,黄如花,司莉. 我国图书馆学专业教育与职业需求的调查与分析[J]. 中国图书馆学报,2008(3)

18. 范开宏,丁建红. 国外图书馆职业准入制度对我国的启示[J]. 新世纪图书馆,2007(1)

19. 王青云. 英国图书馆员职业资格认可制度[J]. 图书馆学刊,2005(3)

20. 孔令玉. 我国图书馆职业资格认证制度研究综述[J]. 四川图书馆学报,2009(1)

21. 周世江. 美国儿童图书馆员研究生教育课程的设置概况[J]. 中小学图书情报世界,2005(1)

22. 李吉子. 韩国图书馆员职业资格认证制度[J]. 图书馆学刊,2005(3)

23. 李国兴. 日本图书馆员专业职务制度[J]. 图书馆学刊,2005(3)

附录1　婴幼儿图书馆服务指南
(IFLA 第132号专业报告)

第一部分

该指南主要适用于为1—3岁的婴儿①和幼儿②以及他们的家庭和从事早期启蒙教育的机构组织提供开展图书馆服务的指导。

引言

联合国于1989年通过的《儿童权利公约》中强调:每个儿童都有平等享受充分发展其潜能、自由获取信息、文化设施以及文化活动等权利,而不受年龄、种族、性别、宗教、国籍及文化背景、语言、社会地位或者个人技能和能力的限制。

面向婴幼儿群体的图书馆服务至关重要。早期大脑发育研究表明:对婴幼儿说话、唱歌及阅读有助于他们语言能力的发展。婴幼儿身处的环境对早期阅读能力的培养起着极大的作用。全世界的家庭都需要在当地的图书馆获得一定的帮助。要营造一定的阅读环境以激发婴幼儿的阅读兴趣并吸引他们来到图书馆。婴幼儿步入图书馆之初,需要一个舒适的环境,需要培养他们寻求帮助的意愿,需要一处寻求答案及了解资源技术的地方。对一些有特别需求的婴幼儿,如双语婴幼儿等,早期获得图书馆服务显得尤为重要。这一切在孩子们正式就学入读之前都显得极其重要。

指南的目的

指南旨在帮助全球各个不同国家的公共图书馆为婴幼儿群体提

① 从出生至12个月的孩子。

② 从12个月至3岁的孩子。

供高质量的服务。旨在为那些受过培训，但毫无工作经验，却担负着为婴幼儿家庭服务责任的图书馆馆员提供帮助。借用一句非洲格言来描述这部为最小年龄段读者群服务的指南："举全村之力养育一个孩子"。

指南适用范围

指南适用范围为：图书馆员、图书馆管理者和决策者、图书馆与信息科学专业的学生及老师。

第二部分

婴幼儿图书馆的任务

"通过提供大量资料和举办各种活动，图书馆为儿童提供了机会，让他们能够体验阅读的快乐，感受探索知识以及培养想象力的乐趣。必须让儿童和他们的父母学会如何充分利用图书馆，学会使用纸质媒介和电子媒介的技能。应当鼓励儿童从小就使用图书馆，这样才更有可能使他们以后一直成为图书馆的忠实用户。"（国际图联/联合国教科文组织出版的《公共图书馆服务发展指南》，2001）

通过提供大量的资料和举办各种活动，图书馆为婴幼儿及其监护人提供了一个最佳的场所。那里拥有大量适于他们年龄阶段的学习资料，有各种阅读、唱歌活动，有厚板书籍和触摸感知书籍等。婴幼儿在图书馆学习的这个阶段作为一段早期的社会经历，将有益于激发婴幼儿的求知欲和想象力。通过借助教具、猜谜游戏、玩具书以及与日俱增的知识，使婴幼儿从"小孩—监护人"这种关系中来获取知识的途径也会很自然地转变成"小孩—书本"这种获取知识的新途径。

置身书籍的海洋是婴幼儿迈向阅读，并进而迈向写作的重要一步。这将能够激发起孩子们终身阅读的兴趣，培养他们良好的读写能力。

满足三岁以下少儿家庭之需求

在家庭学习和终生学习的社会背景下,婴幼儿拥有自由获取公共图书馆信息的权利,这也是提高婴幼儿算术能力和读写能力的重要因素。

图书馆应该为所有的儿童服务,而且公共图书馆必须向所有人(包括残疾人)提供可以获取的资源和服务。图书馆应该为残障儿童提供他们可以获取的各种服务,包括文化活动的设计应考虑到残障婴幼儿的需要,从而使他们能够完全融入社会,并且能融入图书馆其他读者群体中来。

双语家庭需要多语种的读物及其母语读物,从而能加强孩子们、父母和阅读之间的相互联系。

应该特别关注农村和没有图书馆设施地区的孩子们的需求。图书馆应该为他们提供流动图书服务,同时也应该提供开展延伸服务的一些设施。

城市的孩子们及其家庭可能会有一些特殊的需求。在大都市,仍然存在着大量的弱势群体,例如贫困、知识匮乏的人群。图书馆为这些群体中的婴幼儿服务是一项巨大的挑战。图书馆不仅要为大城市贫民区的婴幼儿进行服务,同时还要考虑到大城市的生存者。例如,大都市高节奏生活中疲于奔命的父母亲,我们能提供的各种各样的服务,以及处于传统家庭结构模式之外的父母亲,这些都是我们要关注的典型问题。

服务主体

婴幼儿需依靠他们的父母及监护人来获取书籍、新技术及图书馆服务。这使得图书馆应该考虑这些父母及监护人的需要,并且使他们意识到阅读、书籍、多媒体以及图书馆在婴幼儿成长过程中的重要作用。图书馆为婴幼儿提供服务的人群有:

- 婴幼儿(3 岁以下儿童)

- 父母及其他家庭成员
- 法定监护人
- 看护人(如儿童保育员、日间看护人员)
- 教育者
- 健康护理专员
- 其他从事与儿童、书籍及媒体工作相关的人员

图书馆对婴幼儿服务的目标

- 满足每个婴幼儿都拥有获得图书馆服务的权利的需要,包括为他们及其他们的父母和其他家庭成员、看护人以及与少儿工作相关的人员提供玩具、书籍、多媒体及资源;
- 营造一个拥有丰富藏书的阅览环境来鼓励婴幼儿热爱阅读及书籍;
- 让幼儿尽早了解多媒体操作技能并有操作的机会;
- 提供反映社会文化多样性的资料;
- 培养婴幼儿语言能力的发展;
- 开发婴幼儿语言能力和双语能力,特别是针对少数民族语言的群体和少数民族群体;
- 向父母亲等监护人告知阅读及朗读对婴幼儿语言及阅读技能的发展有着至关重要的作用,特别是对少数民族语言群体及少数民族群体的父母亲等监护人;
- 通过朗读、运用书籍、其他设施及育儿技巧等方式对父母和看护人进行培训,以此促进孩子的发展及学前阅读技巧的提高;
- 运用公共图书馆中适合其年龄阶段的资源、工具对父母及看护人进行培训;
- 通过讲解故事的方式向孩子们、其父母及看护人介绍其他的家庭和其他文化;
- 使孩子们养成经常光顾图书馆的习惯,并养成终身阅读的习惯;

- 为那些现在以及将来与婴幼儿生活在一起,并承担照顾和教育他们的责任的人员给予帮助和引导;
- 为孩子及其看护人提供一个聚会、分享及交往的场所;
- 为孩子及其家庭提供一个温暖、热情和安全的场所。

服务

图书馆为婴幼儿的服务应该与为成人的服务同等重要。少儿图书馆应该满足婴幼儿的求知欲、感观需要和读写需求。

在婴幼儿早期发展阶段需要开展和强化听、说、读、写能力。在图书馆场地允许的条件下,应该为父母及看护人提供音乐表演和戏剧表演的场地,提供家务劳动的实践场所及开展科学、人文知识启蒙的教育基地等。同时,在少儿图书馆,还应该为父母及那些致力于少儿服务的人们提供培训机会。

除了儿歌、摇篮曲、其他歌曲、图画书及讲故事活动之外,还有一些特别的电脑活动项目,如互动式动画故事书,对促进低龄段孩子的语言能力的发展是非常有用的。与运算能力和读写能力一样,ICT(信息通信技能)也是要在孩童初期进行培养的一项技能。它能促进孩子学习能力的提高,并能伴随其一生并在将来的职业生涯中发挥作用。应该为婴幼儿家庭、看护人以及监护人提供这方面的实践场所,并使之成为家庭教育中的一部分。

对多数家长而言,公共图书馆并不是他们的首选之地。为了使每个人都能便利地接触婴幼儿读物,图书馆应该深入社区居民的生活之中。医院的候诊室、家庭教育中心、日间看护中心里小型的图画书室以及学前班都是图书馆能与目标人群接近的地方。与健康护理中心的工作人员合作也是必要的,因为在很多国家,几乎所有的父母都是定期携其子女前往中心接受身高、体重、体格及语言能力的日常检查。早期的这个阶段对于儿童语言能力的发展至关重要。因此,图书馆员们应该关注如何构筑一个专业的服务网络系统。

除此之外,在图书馆外开展讲故事和朗读活动也是非常重要的,这些活动有益于促进少儿阅读和语言能力的发展。公园、候诊室甚至超市都是开展这种活动的理想场所。图书馆应当及时通知活动举办的时间。

需要特别关注的是那些母语并非该国语言的父母,他们的孩子要么会讲两种语言,要么讲与其父母截然不同的另一种语言。如何帮助那些家庭延续他们的语言/文化,以及如何帮助他们融入新环境中来是很重要的。在既没有图书也没有图书馆员的情况下,口语发展可以被列入延伸项目中。

读物和选择标准

在进行藏书建设和提供服务的过程中,图书馆员应该选择质量高、适合婴幼儿年龄阶段并且安全的读物。这些书应该通俗易懂、有挑战性但却难度不太高、值得父母及看护人关注,无偏见、无性别歧视,受欢迎且令人满意的读物。

对这个年龄段的孩子而言,图画书是特别重要的,因为它们有助于孩子各方面的发展,而且还能在分享儿歌、摇篮曲、其他歌曲、图画书及讲故事活动中营造出一段开心、共同分享的经历。

幼儿书籍应该是由不同的布料(如:触摸感知书籍)制成的,孩子们能触摸、嗅闻和聆听这类图文并茂的可触知的书,这类书对提高残障儿童读写能力发挥着至关重要的作用。

除了传统的厚板书和图画书外,孩子们还需要有柔软的布料图画书,这些书具有强烈的色彩对比并且附加了点字文,这将为弱视儿童提供阅读帮助。图书馆需为视障儿童配备特殊布料图画书及可听书籍。对于父母是弱视的子女而言,他们则需要其他类型的图书,如一面印有文字,另一面则配有一幅图片。

对多元文化的人群而言,公共图书馆应该拥有双语读物、社区内各种母语的读物、能展现社区多元化的读物等。不能阅读母语的孩子可以通过听书来获取信息。

图书馆应提供玩具使用或者玩具外借的服务,但要特别关注玩具的安全性和清洁问题。图书馆的玩具都要遵从各国的安全标准。

图书馆还应该为父母提供信息和教育方面的读物。

环境

图书馆必须让婴幼儿和他们的父母及看护人觉得它是一个安全、舒适、有吸引力、没有威胁感的场所。图书馆应该是一个没有任何障碍的场所,例如没有电梯的楼梯、推拉不方便的门、对小孩爬行和蹒跚学步造成危险的地方都是不应该有的。更为理想的是,图书馆应该设立专门的儿童区为这些最小的孩子们服务,在儿童区内有益智玩具、儿童尺寸大小的家具、干净的小地毯或者可以供孩子们在地上玩耍的地面。除此之外,还应该有专门的卫生区,包括专门的洗手间和换尿布的设施,这些设施的位置要么建在图书馆内,要么离图书馆很近。母婴室也应该列于被考虑的范围。

除了给儿童提供座席之外,还需要为大人提供座席。这样,婴幼儿及其父母和看护人就能够与其他家庭成员进行互动。

图书馆的安全是非常重要的。图书馆有必要进行一系列的安全检查并采取措施尽量减小危害产生的可能性。例如对家具和书架的尖角处采取保护措施,在电子插座上加设保护罩。提供玩具的图书馆也必须确保玩具使用的清洁和安全。

良好的照明和鲜艳的色彩能够让弱视孩子或父母更容易地在图书馆内感知和熟悉图书馆的环境。

协作网络

社区内的许多团体都对这些社区中最年幼的成员感兴趣,如,健康护理中心的医生、牙医和其他照料婴幼儿的专业人员及其父母都希望能建立一种合作关系,相互提供一些有关预防保健、免费门诊及一些特殊资源等方面的信息及资料。学前教育机构和看护中心是能提供这些信息的场所。社区中心能够向这个年龄段的孩子、他们的父母、看护人及监护人做些宣传工作,还能够利用手册或者宣传板为家庭学校、宗教教育及音乐培训等场所提供信息。因此，图书馆可以将宣传海报、日历、书签及其他阅读宣传物品投放到这些已经建立合作伙伴关系的机构里。

为了同残障儿童联系，图书馆可以同地区儿童康复中心或家长群合作。图书馆员可以邀请他们去参观图书馆，了解他们对图书馆服务和读物的需求。

宣传

对少儿图书馆而言，打造一个积极的公众形象是很重要的。因为在家长、看护人及其他从事婴幼儿工作的人员看来，图书馆是社区的一个信息中心。这个信息中心能够给孩子带来快乐、能够与其他的孩子和家庭成员进行交流，同时孩子们还能参加各种活动，父母们也可以参加育儿技能的培训。

图书馆的宣传方式也可以多种多样。可以采取一些简单的小技巧，例如分发印有开放时间和服务项目的传单或小册子，也可以采取更复杂的方式，例如制定市场宣传计划及运用网络来宣传图书馆服务和活动。同时还应该发动社区中所有与图书馆合作的伙伴参与到宣传工作中来。另外，还有必要与优秀的广告商进行建设性合作。这些宣传资料既要美观，又要内容实用。宣传资料上的信息和标识应该用社区内的所有语言进行注明。

人力资源

每一个图书馆都需要有合格的图书馆员。要想更高效、更专业地运营，图书馆必须打造一支经过专业训练的、耐心热忱的图书馆员队伍。面向婴幼儿服务的图书馆员除了需要具备广博的知识之外，还应该接受婴幼儿心理发展的专业培训。他们应该对低龄阶段(0—3 岁)的读写认知知识、育儿理念有深入的了解，熟悉少儿经典读物，并且能够通过一些创新的举措来帮助婴幼儿参与交流、规划和社交等，从而为这个年龄群体及他们的父母和看护人提供一个科学的教育指导。

图书馆应该不遗余力地支持图书馆员投入到为弱势人群的服务和需要中去。

图书馆员应该拥有跨文化的技能和能力。社区中文化的多样性也应该反映在图书馆员团队的人员构成上。图书馆员应该与拥有多元文化背景家庭中的父母加强联系,发挥他们的作用。

除了受过专门培训的少儿图书馆员之外,志愿者也扮演着重要的角色。图书馆可以为志愿者提供朗读及讲故事的培训。这些志愿者在培训结束后可以在馆内,也可以在馆外开展类似的活动。

管理及评价

那些具体从事为婴幼儿服务的工作人员应参与到图书馆的总体规划中来,以确保图书馆在制定长期规划和总体目标过程中树立支持婴幼儿服务工作的意识。可靠的工作绩效信息是进行评价和提高服务工作的必需手段。定期收集数据和信息将有助于日后图书馆的规划和未来管理决策的制定。工作效能机制的建立能确保图书馆工作人员的可持续发展,为读者提供更好的服务。

有关社区的统计数据的收集对于了解地区的文化多样性也是非常重要的。

经费来源

公共图书馆的资金主要来自于主管的地方政府或国家政府,还有负责为社区的婴幼儿提供免费公共图书馆服务的非政府组织和其他类似的机构。另外,图书馆应积极寻找补充资金来为公众提供更多的服务,以弥补主管单位资金的不足。

第三部分

检查表

为了获得最好的结果,可以利用以下图表作为评估的工具,在每一栏中，填写上目前已达到的阶段的年份和月份。例如，如果图书馆正处于“需要考虑”为婴幼儿提供服务这一阶段，则在这一栏标上目前的时间“2007年”。

图书馆所处的阶段			
需要考虑	计划阶段	已经实施	完成中及评估中

为了给婴幼儿、其父母、家庭、看护人和那些从事与婴幼儿有关工作的人员提供服务，每个公共图书馆应该：

1. 设法提供高质量的少儿服务，提供早教、育儿知识及终生学习的服务，同时，这些服务对成人而言也是重要的。

2. 为婴儿(出生—12个月)和幼儿(12个月—3岁)服务。

3. 确保容易获得借阅证及享受使用图书馆的权利。

4. 要明白标识醒目的重要性，既要有文字，又要配有图片，这样能让读者很快了解到图书馆的布局分布。

5. 在所有服务地点标出清晰的婴幼儿读物区域，包括流动图书服务及文献传递服务。

6. 图书馆内提供婴儿车、折叠式婴儿车、轮椅、残疾人通道。

7. 为这个读者群体采选读物，有助于达到提高读者读写能力的目标。

8. 为低龄段读者的发展和学习提供舒适、安全、有吸引力的环境。

9. 提供丰富的适合婴幼儿的各种形式的资源，包括玩具、印刷类书籍、多媒体资源、科技及相应的设备。

10. 为所有的孩子提供所有的读物和服务，无论其能力如何。

11. 保证有足够的人员为孩子开展活动及提供参考咨询服务。

12. 提供最新的教育机会和培训项目。

13. 在采集资源和计划服务项目时，注重图书馆用户的语言和文化多样性的需求。

14. 在一天的不同时段和一周中的不同日期提供适合不同年龄段的计划和活动，以此适应读者时间安排的多样性。

15. 通过社区分发有关图书馆服务信息的宣传单，以此来吸引社区每个成员的注意力。

16. 与社区团体组织发展合作关系，以确保为社区最年幼的读者群提供最好的设施、服务和机会。

17. 邀请讲座嘉宾共同探讨如何增强讲座主题的吸引力，并积极拓展讲座的内容，例如：父母育儿技巧，为入园做准备等。

18. 引导家庭和看护人将图书馆视作一个经常光顾的学习和娱乐场所。

19. 通过网络和各种手段，包括口语媒体，并使用社区的语言，向社区居民宣传公共图书馆，让他们了解图书馆是一个拥有丰富信息资源、具有吸引力的场所。

20. 鼓励组织一些聚会和讨论活动，培养父母及看护人树立自信心和提高解决问题的能力。

21. 致力于打造一个富有才能、机敏灵活及文化多样性的团队，能反映出社区人口的构成特点，以此满足所有读者的多元文化需求。

22. 为确保对社会各个阶层的人员提供优质的服务，要准备好对员工工作进行评测的工具和评价标准，制定员工问责制并为其提供必需的职业发展机会。

23. 积极致力于寻求充足的资金提供免费的图书馆服务。

24. 吸收和采纳世界各地图书馆服务的优秀经验，以有益图书馆更好地发展。

第四部分

最佳实践范例（略）

附录2　国际图联儿童图书馆服务发展指南

前言

地球村和信息时代的来临重塑了图书馆员的形象，技术的应用带来并促进了当今世界经济、文化和通信的变革。

这部概要式的指南是由国际图书馆协会联合会青少年和儿童图书馆委员会的常务委员们撰写，可作为世界各地不同规模和不同经济状况图书馆开展工作的一部指南。

国际图联出版的指南还有：国际图联/联合国教科文组织《公共图书馆宣言》；国际图联/联合国教科文组织《公共图书馆服务发展指南》；国际图联《青少年图书馆服务发展指南》。

介绍

对于世界各地的儿童和他们的家庭来说，儿童图书馆服务从未像现在这样重要。培养获取知识和获得世界多样文化财富，以及获得终生学习和信息素养的能力已经成为当今社会的首要工作。好的儿童图书馆应能帮助儿童获得终生学习和信息素养的能力，使他们能够参与社会并为社会做出贡献。图书馆的服务应该与不断发展的社会相适应，满足儿童信息、文化和娱乐的需求，使每个孩子熟悉和乐于使用当地的图书馆，并拥有利用图书馆的一般技能。

目的

这部指南的目的是帮助世界各国的公共图书馆开展高质量的儿童图书馆服务。

读者

这部指南可作为：图书馆的实践馆员、图书馆的管理者和决策者及图书馆学、信息科学培训项目的学生和教师们的读本。

第一部分

使命

通过提供大量的资料和举办各种活动，图书馆为儿童提供了一个体验阅读的乐趣、探索知识的激情和丰富他们想象力的机会。公共图书馆应培养孩子和家长们如何充分利用图书馆的能力以及使用纸质和电子载体资源的技能。公共图书馆负有支持儿童学会阅读、为他们推荐书籍和其他载体资料的特殊责任。公共图书馆必须为儿童开展如讲故事之类的一些特别活动，以及开展与图书馆服务和资源相关的其他活动。应该鼓励孩子们从小使用图书馆，因为这样就更有可能使他们日后一直成为图书馆的忠实读者。在使用多种语言的国家里，应该为儿童提供他们母语的图书和视听资料。（——国际图联/联合国教科文组织《公共图书馆服务发展指南》2001 年修订版）

第二部分

满足儿童的需要

联合国关于儿童权利大会强调：每一个孩子拥有发展他们全部潜能的权力，拥有自由获取信息、资源和参与各种活动的权利，而不受孩子的年龄、种族、性别、地区、国家、文化背景、语言、社会地位以及个人技能和能力的限制。

对儿童而言，成长与本地区的社会环境息息相关，而不是整个世界的环境，但会受到全球一些事件的影响。

目标群

儿童图书馆的目标群有单个的或群体的儿童，包括：婴儿和学步的儿童、学前儿童、13 岁前的上学儿童、有特别需求的群体、父母和其他家庭成员、看护人以及从事儿童工作、儿童书籍和儿童媒介工作的成人。

目标

- 帮助每个儿童获得如下的能力：

—信息
—视觉、数字和媒体的素养
—文化发展
—阅读能力
—终身学习
—富于创造性的娱乐活动

- 为孩子提供所有的资源和媒体
- 为儿童、父母和看护人提供各种活动
- 帮助家庭融入社区
- 帮助儿童拥有争取自由和安全的能力
- 鼓励孩子成为自信而有能力的人
- 为世界和平而奋斗

经费

儿童是一种非常有价值的"投资"。儿童图书馆需要经费来维持和改进图书资料和服务的质量。

经费预算通常可以通过外部的一些渠道来补充，如：

- 政府资助（为特别项目和新项目提供资助）
- 文化组织（为音乐、舞蹈、戏剧、艺术、历史和少数民族演出等提供资助）
- 出版者（作家或插图画家为参加者提供的经费和赠品）
- 发起人（本地的商业和志愿者机构为特别活动提供的支持）
- 非政府机构
- 其他经费

资料

儿童图书馆应该拥有促进儿童成长的、各种形式的、大量的和合适的资料，包括印刷型资料（图书、期刊、连环漫画、手册等）、多媒体（CD、DVD、磁带）、玩具、学习性的游戏器具、计算机、软件和网络连接。

选择标准

建立儿童图书馆的馆藏和服务，图书馆员需要从以下标准进行文献的选择：

- 高质量
- 适合于儿童所处的年龄阶段
- 时效性和准确性
- 反映各种价值观和各类观点
- 反映当地社区文化
- 介绍世界各种文化

空间

儿童图书馆应该成为对所有儿童年龄阶段开放的、具有吸引力的、有挑战性而无威胁感的地方。

理想状态下的儿童图书馆应该有自己的服务场所，这一场所应该易于识别（比如：有特别的家具、装饰和色彩），并与图书馆的其他部分相区别。

图书馆为儿童提供相互接触的空间，或者是相互交往的虚拟空间。

服务

图书馆针对儿童的服务应该得到与成人图书馆服务同等的重视和同样的对待。

儿童图书馆应该从以下方面满足社区儿童的信息、文化和娱乐需求：

- 出借各种资料
- 提供信息和咨询服务
- 帮助儿童选择资料
- 吸引儿童参与图书馆的文献选择和服务发展
- 提供利用图书馆技能和信息素养的培训
- 开展目的明确的活动（如：阅读推广）
- 提供富于创造性的活动和讲故事
- 教育父母和看护人
- 为看护人、学前教育的教师、学校老师和图书馆员提供咨询和培训
- 与社区组织和机构合作，并为他们提供支持

图书馆网络

图书馆与社区内的其他组织和机构的联系是非常重要和有益的。

- 调查社区的信息和文化需求，并努力通过图书馆资源满足这些需求，这将保证为了儿童的利益，图书馆与社区其他机构的关系不是竞争而是合作。
- 学校是图书馆的重要合作伙伴。学校图书馆为儿童提供教育支持，而儿童图书馆为儿童提供自我学习和闲暇阅读的服务。
- 保健中心、看护中心、幼儿园以及其他看护机构也是图书馆必要的和值得欢迎的合作伙伴，尤其是在为儿童、父母和专家开展的阅读推广活动中。

宣传

儿童图书馆积极的公共形象对于吸引儿童的时间和注意力是非常重要的。

阅读和识字能力是表达所必需的技能。需要不断强调阅读和认

字能力,使人们了解其重要性以及图书馆在儿童阅读和认字能力培养上的作用。

人力资源

儿童图书馆的高效和专业运转需要有专业技能的和负有责任心的儿童图书馆员。儿童图书馆员需要掌握的技能包括:

- 热情
- 很强的沟通、协作、团队工作能力和解决问题的能力
- 交往和合作能力
- 积极主动、灵活并乐于接受建议的能力
- 具有分析读者需求,对服务和活动项目进行设计、实施和评估的能力
- 有学习新技能和专业发展的强烈愿望

儿童图书馆员也需要掌握以下知识:

- 儿童心理学
- 阅读发展和推广的理论
- 艺术和文化敏感性
- 对儿童图书和相关媒体的知识

管理与评估

儿童图书馆服务的管理者应该参与到图书馆的整体计划过程中去,这一点是非常重要的。因为只有这样才能够保证在图书馆的整体目标和长期计划中考虑和支持儿童图书馆服务发展的需要。

可靠的服务信息是评价和改进图书馆服务工作的必要工具。

- 收集有关资源、工作人员、服务、流通、活动等各方面的信息,从而为做出计划和决策提供数据。
- 在标准规范下进行工作人员的行为评估。

附录3　青少年图书馆服务指南
（IFLA 第107号专业报告）

第一部分

引言

指南的目的

国际图联《青少年图书馆服务指南》的目的是为全世界范围内青少年图书馆服务的发展提供框架。由于图书馆通过图书馆员履行服务职责，因而《指南》为国家的发展提供了智力基础。该指南包括改善图书馆的理论构想和实践构想，通过合理的发展方式满足青少年在教育、信息、文化和娱乐方面的需求。该指南将作为图书馆员、决策制定者、政策制定者、图书馆专业学生以及与此利益相关者发展图书馆青少年服务的指导性文件。

指南适用范围

- 全世界范围内各类型图书馆和社区、城乡的图书馆员，专业人员、助理人员和志愿者
- 图书馆管理人员和决策制定者
- 图书馆专业的教育者和学生

不同的公共图书馆为不同的群体服务，因而具有不同的服务优先级和需求。尽管还没有什么国家建立起完备的专门针对青少年的图书馆服务体系，但是该指南仍坚持认为青少年时期是一个特殊的人生阶段。青少年也应该享有与其他年龄群体同等质量的图书馆服务。图书馆的服务应尽可能伴随青少年的成长而发展。

青少年图书馆服务的使命和目标

公共图书馆作为人们寻求知识的重要渠道，为个人和社

会群体进行终身教育、自主决策和文化发展提供了基本条件。(联合国教科文组织/国际图联公共图书馆宣言,1995)

联合国教科文组织宣言声明公共图书馆是传播教育、文化和信息的一支重要力量。

青少年阶段许多青少年可能会放弃阅读,因而应该给予他们特殊的关注。图书馆员及其他了解青少年心理和情感变化的人需要向他们介绍更多的书籍。(读者宪章,国际图书委员会和国际出版协会,1992)

图书馆青少年服务的使命是帮助青少年由儿童向成人的顺利过渡。在这一过程中需要提供适宜的资源和良好的环境,以满足青少年智力发展、情绪发展和社会发展的特殊需求。

服务目标

- 图书馆提供儿童向成人过渡时期的图书馆服务应该基于青少年的特殊需求。
- 图书馆应该有针对性地为青少年提供教育、信息、文化和娱乐方面的服务。
- 图书馆服务应该促进青少年的文化素养、终身学习、信息能力和休闲阅读能力的提高。

以下 10 个目标为发展青少年服务提供了基本框架:

1. 图书馆针对青少年免费使用图书馆资源和信息资源已经有明确规定,图书馆尊重青少年选择适宜资源的权利。

2. 针对青少年的服务项目应该依据最佳方案进行有效管理。

3. 在支持项目和提供青少年服务方面应该合理分配资源。

4. 图书馆工作人员应该具备青少年发展方面的知识,并了解适合青少年阅读的读物,包括特殊需求。

5. 图书馆为青少年提供广泛的资源,鼓励青少年的终身阅读、文化素养、阅读动机及读者发展。

6. 图书馆应该提供满足青少年教育需求方面的资源。

7. 图书馆协助青少年有效掌握使用图书馆资源的技能、具备信息素养、学会使用计算机。

8. 图书馆通过为青少年提供参与和实施图书馆项目和服务的机会及志愿服务的机会推动青少年发展。

9. 图书馆为青少年提供了一个具有吸引力的场所,能够体现他们的生活方式。

10. 图书馆与其他的团体组织和机构合作,促进青少年的健康发展。

第二部分

目标群体的定义

目标群体(青少年)可以定义为介于儿童阶段和成人阶段之间的群体。由于文化背景和国家不同,图书馆对青少年年龄范围的定义可能不同。一般来说,12 岁到 18 岁之间的阶段通常被作为青少年图书馆服务的范围。由于国家和文化的不同,年龄可能会大于 18 岁。但无论种族、宗教、文化背景、智力状况或身体状况如何,都应该一视同仁。

目标群体的需求

文化需求

图书馆应该对所有人开放,并需要尊重不同的文化需求。文化需求有其口头和视觉根源,并随着社会发展、社会地位改变,文化多样性以及个人未来视野不同而转变。

发展需求

针对青少年的服务应该依据目标群体代表来进行规划设计。青少年应该积极参与规划、实施和评估资源、服务和项目。即使与图书馆的传统方式有所不同,图书馆也应该尊重、接收和期待青少年的参与,并肯定他们的选择。

图书馆基于青少年发展模型构建规划其项目能够协助青少年由儿童向成人的顺利过渡。

资源

青少年的兴趣、成熟程度、需求和能力是极其不同的，因此，图书馆的资料也应该是多样化的，同时还要照顾到身体残疾者、少数民族以及小语种人群。图书馆的馆藏资源也应该包括外语资源，以及能反映文化多样性的资源。

给予青少年群体参与为同龄人筛选和展示图书馆资源的机会有助于推进图书馆服务的发展，并能够提高图书馆的利用率。

推荐给青少年的众多资源包括漫画书、热门题材的资源（如科技小说、幻想题材、浪漫题材和神话题材），以及当代流行音乐。

印刷类资源包括：

- 图书
- 杂志
- 小册子
- 海报
- 漫画书
- 图画小说
- 其他语言（包括盲文和图像语言）

非印刷资源包括：

- 有声书
- 音乐
- 多媒体（例如 CD-ROM，CDI）
- 电脑软件
- 录像带和 DVD
- 桌上游戏和电子游戏
- 电子网络和数据库产品

要定时检查这些不同格式的资源是否有更新换代产品并及时

更新。

要提供足够的设备以便青少年能够使用非印刷类资源(例如配备游戏控制台等)。

服务

图书馆要专门为青少年提供一些有针对性的服务。下面列举的推荐服务并不全面,但是可以作为图书馆为目标群体服务的参考。在规划服务的时候,还常常需要考虑到体力活动、数字活动以及项目活动。

推荐服务范例

- 互联网免费服务
- 提供个人教育与发展方面的参考信息服务
- 引导青少年学会使用图书馆
- 利用书本和电子资源指导青少年提高查找信息的能力
- 为个人和群体提供读者咨询服务
- 鼓励读者利用各种形式的资源
- 提供查找工具和其他辅助材料
- 协助读者通过馆际互借等手段获取所需馆外资源
- 在社区内为青少年推广图书馆服务
- 与社区内的其他信息服务机构进行合作
- 为残疾青少年、青少年父母、少年犯或出于种种原因不能来图书馆的特殊青少年群体提供服务

项目和青少年参与

图书馆如果计划为青少年提供有效的、有意义的活动就必须在项目的过程中吸纳青少年的参与。青少年参与项目的决策制定、计划和实施过程有助于大幅推进项目开展。

应把青少年视作青少年方面的专家。建议图书馆设立青少年顾问委员会或实施青少年大使计划,以帮助青少年提出对设备、项目、服务的意见。图书馆还需要利用青少年在青少年群体中推广项目。

推荐项目举例

（以下列出了一些推荐项目作为图书馆规划项目的参考。当地青少年的兴趣和影响也应该成为项目规划中的决定因素）

- 书话会、讲故事、图书推介
- 讨论组和读书俱乐部
- 读者感兴趣的健康、职业和实事交流会
- 作家、运动员和当地知名人士访谈
- 音乐、艺术以及戏剧等文化演出
- 与社团、组织合作的项目
- 青少年作品（戏剧、出版物、电视、录像）
- 旨在传授技能或创造性表达的研讨会
- 读书辩论会
- 图书推介活动

人员

为青少年服务的图书馆员应具备以下技能和能力：

- 了解青少年在发展方面的独特需求
- 把青少年当作独立的个体加以尊重
- 了解青少年的文化与兴趣
- 具有与其他机构开展合作以便满足本社区青少年需求的能力
- 具有跟随青少年的需求和兴趣变化的灵活性
- 在图书馆和更大范围内为青少年呼吁的能力
- 具备与青少年开展合作的能力
- 熟悉不同格式的书本、电子资源等各类资源的使用方法
- 具有创造性思维能力

第三部分

与其他机构合作

只有在文化、教育、社会活动方面与当地的专业或志愿机构建立

起良好的合作网络，图书馆才能为青少年读者提供更好的服务。由于具备了图书馆资源优势和个人专业技能，很多图书馆员能够在合作中为青少年的发展做出积极的贡献。

建立教育合作网络

在为青少年服务时，学校是公共图书馆最重要的合作伙伴之一。在许多国家和地区，只有一个学校图书馆和一个公共图书馆甚至只有一个联合图书馆为公众服务。学校与公共图书馆的合作可以有效整合当地各类资源为青少年提供更好的服务。为了确保合作计划得到实施，各方应该签订正式合作协议书。

建立文化合作网络

文化合作网络是在多元文化社会中解决青少年文化认同的有效方式。公共图书馆与其他文化机构和青少年的合作，能够计划和实施如下文化项目：

- 文化节、音乐节和电影节
- 可视艺术展
- 狂欢节
- 表演艺术（包括街头艺术）

建立职业合作网络

图书馆员应该推动图书馆在青少年职业教育方面与相关机构开展大力合作。与社会公益服务机构、就业机构、福利机构、执法部门以及关注青少年的各类机构保持经常性的联系可以使图书馆紧跟社会发展潮流，为青少年提供具有时效性的服务。合作中达成的解决方案若能得到发展、实施，将会对青少年的职业生涯产生良好的影响。

第四部分

计划与评价

在图书馆健全数据收集制度和明确设定目标的前提下，才能保证计划的有效性。

数据的收集是计划和评估中最重要的一步。图书馆可以通过以下途径收集人口统计学方面的数据：人口统计数据、学校档案、经济指标以及社会指标。图书馆通过多方面的统计数据了解该地区的青少年人口基本状况后，就可以有的放矢地制订活动与服务计划。

比较有效的计划由 3—6 个长期目标构成。图书馆应该明确那些能够影响全局的关键目标，并且做好实现这些目标的相关预算。

随着计划的实施，图书馆还要力求达到重点目标。图书馆要不断地向重点目标前进，而不是把力量分散到太多的地方而没有成功保障。比如，一个图书馆可能努力在一定的期限内为青少年建立馆藏和一个专用场所，而另一个图书馆却可能把精力集中在青少年的教育支持和文化素养培养方面。图书馆应该根据青少年的需求以及所能提供的资源制订计划，还要想方设法吸引新的青少年读者接受图书馆的服务。

服务评价

可以采用定性和定量的方法来评价青少年服务以及青少年活动项目是否成功。评价服务的 5 个基本衡量标准如下：

- 每个青少年读者的馆藏资源流通量
- 图书馆在每个青少年读者身上的相关资源开支
- 每个青少年读者所占有的相关资产
- 周转率——流通量与馆藏量之比
- 每个青少年读者参加项目活动的次数

评价服务的其他衡量标准还有：

- 访问图书馆的青少年百分比
- 青少年读者使用馆舍的情况
- 青少年人口的注册比例
- 资源的馆内使用情况
- 每个青少年读者进行咨询的情况
- 信息处理成功率

- 外部团体访问、游览图书馆的情况
- 图书馆员访问外部团体情况
- 项目和服务获得成功的证据(即使未经证实)
- 调查或采访:用来衡量青少年读者在态度、知识、技能方面是否有所改变或提高,或者他们是否得到某些益处。如果确信活动对他们产生了影响,就采取直接提问的方法
- 进行评价时应该把读者考虑在内
- 利用国家标准进行评价(如果有此标准)

第五部分

市场和推广

向青少年介绍图书馆的服务是一项非常重要的工作。许多青少年并不了解图书馆有哪些资源对他们来说是有价值的。因此,向青少年介绍图书馆的方式应该多样化。推广图书馆的服务可以参照以下建议:

- 把推介广告放在青少年经常出现的地方,比如电影院、咖啡厅、流行商店。
- 借助邀请青少年参与设计广告的机会与他们建立起良好的关系,并适时把他们的建议落到实处。
- 在图书馆青少年网页中推介图书馆。
- 举办与图书馆相关并易引起青少年关注的活动。
- 组织能够让青少年展示他们的知识和能力的竞赛或活动。
- 针对青少年设计一些推介性的材料(题材)以表示对他们文化与兴趣的理解,比如体育、名人、爱情、奇幻作品、新潮流、音乐。
- 通过合作伙伴(比如学校、各类组织)宣传图书馆的服务。

第六部分

最佳实践范例

以下范例能够进一步明确《指南》的指导意义。图书馆应该选择最有益于青少年的项目和服务。由于青少年群体的一些特殊需求和特征，以及图书馆和社区资源的不同，每个图书馆的服务方向可能会是不同的。

作业指导

丹麦的图书馆已经与文化部和难民部达成了共识，加强图书馆服务非丹麦语外来人群的能力。已经出资设立了名为作业咖啡厅的作业指导项目，目标群体是双语的学生。该项目能够提高学生的语言能力，帮助学生的学业成功，并能够结识与他们同样的学生。

图书馆俱乐部

丹麦奥尔堡的公共图书馆已经为年轻人设立了几个俱乐部以吸引读者参与积极的社会活动。一周里的几天都有不同的俱乐部活动。周一是电脑游戏，周二是漫画，周三是作业指导，周四是可以讨论书籍和诗歌的阅读俱乐部。图书馆工作人员和青年人建立了良好的人际关系，可以为图书馆服务提供新的有价值的建议。

青年人多媒体图书馆

德国汉堡建立了青年人图书馆，目标是为周边的青年人提供多媒体服务，并提供娱乐活动。馆藏资源包括 50% 的印刷媒体和 50% 的视听媒体，包括 CD、DVD、有声书、桌面游戏、杂志、UMD、电子游戏等。馆藏的主要主题有历险、漫画、游戏、爱和性、压力、嗜好和神话。青年人图书馆通过积极利用各种媒体推广阅读和媒体技巧。图书馆的建筑是一座翻新的工厂，同时图书馆还提供餐饮和电影服务。

青少年的文化和生活方式也在巴黎郊区的维罗夫莱得以体现。新建的多媒体图书馆充满着来自随身听、移动电话、MP3 播放器以及其他图书馆允许设备的声音。在图书馆可以合法往音乐播放器中下载音乐。青少年和图书馆工作人员之间有高度的互信,因而青年人能够自我控制。多媒体图书馆资助了一个卡通工作室,荧屏放映青少年制作的影片。

青少年禁闭之夜

法国特鲁瓦图书馆开展了一项活动,15 到 20 岁的青少年自愿把自己关到图书馆(在成人监管下)进行一晚上的文化体验。夜晚的主题是“图书和电影”。一整晚上,青少年观看短片,与作家、电影导演以及编剧进行交谈,最后与他们共进早餐。这类活动能够培养独立性、创造性以及对图书馆的积极态度。

视障青年延伸服务

2007 年,法国布列塔尼岛圣雅克德拉的吕西安图书馆将其年度文学奖推介给视障的青少年。多媒体图书馆开展了一项音频转录比赛,共设 10 个主题。2008 年,这些条目将由专业的演员朗读。拷贝和播放设备将会分发给当地的青年人。身体不便的年轻人没有被排斥在图书馆活动之外,而是被重视起来并给他们提供了辅助工具参与图书馆的各项活动。

青年互助

克罗地亚里耶卡的书虫咖啡俱乐部是这座城市持续时间最长的青少年活动,该俱乐部以各项青少年活动而著称。这项开始于 2001 年的活动由年轻的图书馆员指导,以一系列工作室的形式开展。该俱乐部每月召集一次,参与成员是 14 到 19 岁具有共同的阅读兴趣的青少年读者。每月会指定一本书来进行阅读和探讨。成员还会在图书馆张贴公告板告知会议和议题,并提供推荐建议。他们还会为图书馆的网页写下建议,并有机会在收音机上阅读书评。这个俱乐部的活动是青少年参与图书馆活动的很好范例。

创意表演

克罗地亚扎达尔城开展了名为“Svastarnica”的项目,青少年可以将个人能力展现给他人。这是一个基于“开放式麦克风”概念的月度项目,鼓励青少年在同龄人面前进行创意表演。“Svastarnica”项目使得青少年可以展现许多技能和能力,例如歌唱、舞蹈、表演、艺术、时尚以及创意写作。新一代的青少年为表演赋予了其他形式的娱乐,比如谜语、哑剧、手势游戏以及其他竞技游戏。虽然项目以建立自信和娱乐为目的,但负责项目的图书馆员仍然将项目赋予了青少年文学主题,在放松、友好的环境下推广阅读。

工作人员游戏之夜

向图书馆员介绍青少年文化和生活方式是服务青少年的基础。美国弗吉尼亚州里士满的图书馆为图书馆雇员举办了一个青少年游戏之夜,在一个周五的晚上工作结束后将工作人员汇集在一起吃比萨,玩流行的青少年游戏,如吉他英雄、电脑游戏、跳舞等。在活动中他们尽情玩游戏并创造他们的在线英雄。这项活动使图书馆员能够感受青少年文化,并能够与青少年更好融合。

青少年科技周

美国洛杉矶拉普温特图书馆将会在青少年科技周期间举办一项在线活动。这是一项吸引青少年体验科技在生活中作用的全国性活动。拉普温特项目通过分发礼物卡片提高青少年的科技信息素养,卡片上印有关于数据库以及其他在线资源的寻宝游戏的正确答案。青少年通过网络购买图书馆的图书还可以获得安全及隐私方面的知识。星期五将会是一个有趣的科技日,青少年将有机会参与电脑游戏比赛、吉他英雄比赛以及舞蹈比赛。

纽约森林山的皇后区图书馆将会开展“科技伙伴”项目,将期望增长技术的青年人与年长者进行配对,同时在这一过程中教授安全知识和隐私知识。这一项目将会更加体现技术的娱乐性和趣味性,将会有播客、短片以及电视游戏。选出来的青少年和年长者将会在科技周期间一起玩游戏、吃零食,并将在接下来10周的科技活动中见面。

附　　录

附录A　自我评估表

为了取得更好的效果,可以利用以下图表作为评估的工具,在每一栏中,填写上目前已达到的阶段的年份和月份。例如,如果图书馆正处于“需要考虑”为青少年提供服务这一阶段,则在这一栏标上目前的时间“2009”。

图书馆所处的阶段			
需要考虑	计划阶段	已经实施	完成中及评估中

为了给青少年提供服务,每个公共图书馆应该:

1. 设法提供高质量的青少年服务,同时,这些服务对成人而言也是重要的。

2. 图书馆使命宣言中包括为青少年提供服务。

3. 确保办理图书馆证的便利及享受使用图书馆的权利。

4. 要明白标识醒目的重要性,既要有文字,又要配有图片,这样能让读者很快了解图书馆的布局分布。

5. 在所有服务地点标出清晰的青少年读物区域,包括流动图书服务及文献传递服务。

6. 为这个读者群体采选读物,有助于达到提高读者读写能力的目标。

7. 为青少年读者的发展和学习提供舒适、安全、有吸引力的环境。

8. 提供丰富的适合该年龄段的各种形式的资源,包括电脑游戏、印刷类资源、多媒体资源、科技及相应的设备。

9. 为所有读者提供所有的资源和服务,无论其能力如何。

10. 保证有足够的人员为读者开展活动及提供参考咨询服务。

11. 提供最新的教育机会和培训机会。

12. 在采集资源和计划服务项目时,注重图书馆用户的语言和文化多样性的需求。

13. 在一天的不同时段和一周中的不同日期提供适合不同年龄段的计划和活动，以此适应读者时间安排的多样性。

14. 通过社区分发有关图书馆服务信息的宣传单，以此来吸引社区每个成员的注意力。

15. 与社区团体组织发展合作关系，以确保为社区最年幼的读者群提供最好的设施、服务和机会。

16. 邀请讲座嘉宾共同探讨如何增强讲座主题的吸引力，并积极拓展讲座的内容，例如：父母网络使用、药品使用等。

17. 引导家庭和看护人将图书馆视作一个经常光顾学习和娱乐的场所。

18. 通过网络和各种手段（包括口语媒体），并使用社区的语言，向社区居民宣传公共图书馆，让他们了解图书馆是一个拥有丰富信息资源、具有吸引力的场所。

19. 鼓励组织一些非正式的聚会和讨论活动，培养父母及看护人树立自信心和提高解决问题的能力。

20. 致力于打造一个富有才能、机敏灵活及文化多样性的团队，能反映出社区人口的构成特点，以此满足所有读者的多元文化需求。

21. 为确保对社会各个阶层的人员提供优质的服务，要准备好对员工工作进行评测的工具和评价标准，制定员工问责制并为其提供必需的职业发展机会。

22. 积极致力于寻求充足的资金提供免费的图书馆服务。

23. 吸收和采纳世界各地图书馆服务的优秀经验，以有益图书馆的更好地发展。

附录 B　40 项发展技能

通过广泛研究，Search Institute 定义了以下 40 个健康发展评估模型，以帮助青少年成长为健康、有爱心和责任心的人。

图表中技能的定义基于青少年的研究（6 年级到 12 年级）。

技能类型	技能名称定义	
外部技能支持	家人支持	家庭生活能够提供高质量的爱和支持，青年人及其父母能积极沟通，青年人乐于征询父母的建议
	其他人际关系	青年人接受3个或更多成人的帮助
	关心邻里	青年人关心邻里
	关心学校环境	学校提供团结互助的、积极鼓励的环境
	社会重视青年人	父母积极参与学校教育，帮助青年人取得成功
认可	将青年人视作资源	青年人觉察到社会上的成人对其的认可
	服务他人	青年人在社会中被赋予使命；青年人在社会中每周服务1小时以上
	安全感	青年人在家庭、学校和邻里感到安全
规范和预期	家庭规范	家庭有明确的规则和违规惩罚，能够管理青年人
	学校规范	学校有明确的规则和违规惩罚
	邻里规范	邻里有责任管理青年人的行为
	成人榜样作用	父母和其他成年人示范积极的、有责任的行为
	积极的同伴影响	青年人的好朋友示范有责任的行为
	高期望值	父母和老师都鼓励青年人的良好表现
时间的建设性利用	创意活动	青年人每周花3小时以上时间在功课或练习音乐、舞剧等方面
	青年项目	青年人每周花3小时以上时间在运动、俱乐部活动、学校组织活动或社团活动中

续表

技能类型	技能名称定义	
	宗教团体	青年人每周花 1 小时以上时间在宗教活动中
	在家时间	青年人每周与“无所事事”的朋友外出时间少于 2 小时
内部技能和学习承诺	成就动机	促使青年人在学校表现得更好
	学校参与	青年人积极学习
	作业	青年人上学时每天至少 1 小时完成作业
	与学校紧密相连	青年人关心学校
	兴趣阅读	青年人每周进行 3 小时以上的兴趣阅读
积极价值	有爱心	青年人高度重视帮助他人
	平等,社会正义	青年人高度重视平等以及降低饥饿和贫穷
	正义	青年人坚守信条,并能够坚持信仰
	诚实	青年人能够坚持讲真话
	责任	青年人接受并承担责任
	克制	青年人对性行为保持克制,不滥用酒精和毒品
社会竞争力	计划和决策制定	青年人知道如何提前计划和做出选择
	人际竞争力	青年人富有同情心、敏感,有沟通技巧
	文化能力	青年人拥有知识,能够接纳不同文化/种族/民族的人
	抗压力	青年人面对压力和困难的时候能够坚持
正面身份	个人力量	青年人能够控制“发生在自己身上的事情”

续表

技能类型	技能名称定义	
	自尊	青年人有自尊
	目标意识	青年人意识到自己的生命是有目的的
	个人未来的积极观点	青年人对个人未来积极乐观

备注:这个表格图表仅是作为一个教育工具。它既不是也不适于作为个体发展技能的科学测定方法。

附录4 美国公共图书馆儿童服务馆员资格①

一、顾客群的相关知识

(1)了解婴儿、儿童与青少年的学习和发展理论及其与图书馆服务的关系;(2)了解社会发展对儿童需求的影响;(3)定期系统化地评估社区,以确定社区需求、民众爱好及资源;(4)依照适用的美国残障法案及州和地方相关规定,确定有特殊需求的顾客,并为其设计及提供特别的服务;(5)充分了解多元族群社区的需求;(6)了解并反映适用儿童部门资源的家长、儿童照顾者及其他成人的需求;(7)在儿童区域,创造一个愉快的、便利的图书馆资源利用的环境;(8)与社区中各种服务儿童的机构、组织及团体保持经常性的联系。

二、行政管理技能

(1)从支持儿童服务的立场,全面参与图书馆的各种规划过程;(2)制定长期和短期的目标、目的及其优先顺序;(3)分析儿童图书馆服务的成本,以提出、陈述、执行及评估预算;(4)撰写工作描述手册,并晤谈、训练、鼓励在职训练,评量儿童工作人员,及依照人事政策规定,与其他图书馆管理人员进行咨商;(5)具备解决问题、制定政策及进行调解的技能;(6)适当地分配工作及建设性地督导工作人员;(7)撰写各项服务报告并给以评估;(8)收集各种有关筹款的信息,并熟悉向外争取财政支持的办法。

三、沟通技巧

(1)界定及传达儿童的需求,以使图书馆人员、其他图书馆工作人

① 蔡楚舒. 我们需要什么样的少儿图书馆馆员——美国《公共图书馆儿童服务馆员资格》及启示[J]. 中小学图书情报世界,2006(8)

员和社区民众了解儿童服务的重要性；(2)与儿童、家长、工作同仁及社区民众建立良好的人际关系；(3)在撰写各种形式，包括印刷式及电子式的计划书、工作手册、指南、新闻稿、备忘录、报告、经费申请书、书评等时，都必须因各种不同要求；(4)对个人及大小团体有效的口头表达；(5)采取主动聆听的技巧；(6)引导有建设性的正式和非正式参考晤谈；(7)与问题顾客进行建设性的沟通。

四、资料及馆藏发展

(1)图书资料相关知识。①具备儿童文学、期刊、视听资料、网站与其他电子媒体，以及其他资料的相关知识及欣赏能力，包括多元、新颖、相关的儿童图书馆馆藏；②广泛的参考评论资料和出版目录，参加专业会议，并以阅读、观察和聆听等方式，充分掌握出版资料和回溯性资料；③熟悉儿童参考资料及其他图书馆资源，以满足儿童及其照顾者可能的信息需求。

(2)选择适当资料及发展儿童馆藏的能力。①在符合母机构的任务与政策及美国图书馆协会图书馆权利宣言的原则下，评估及建议馆藏发展、选择和淘汰儿童资料的政策；②收集能反映社区多元族群的资料，并提供儿童认识其他族群和文化的机会；③了解及应用标准来评估各种体裁和形式的儿童资料内容及其艺术价值；④随着儿童资料馆藏相关课题与时俱进，并建立与儿童资料相关的实务。

(3)提供顾客适当资料及信息的能力。①将丰富的图书馆资源介绍给儿童，促使他们有效利用图书馆；②为儿童及其家庭提供符合其兴趣及能力的资料；③尊重儿童浏览的权利，提供必要的协助，并回答其任何目的的相关询问问题；④协助及知道儿童觅集信息及适当的研究技能；⑤了解及应用检索策略，让儿童可以从广泛资料中完整及公平地查询信息，例如儿童及成人参考工具书、索引、目录、电子资源、信息和参考档案及馆际互借网等；⑥采编及维护社区资源相关信息，使儿童及为儿童工作的成人可以参考适当的资料；

⑦与图书馆技术服务部门共同致力于提供最便捷及最容易使用的儿童馆藏；⑧制作书目、书讯、展示、电子文件及其他工具，以增进图书馆资源的利用。

五、举办活动的技巧

(1)依各年龄层儿童发展需求和兴趣及图书馆目标、设计、推广、执行及评估活动；(2)举办多元活动或邀请具有专长的人士来带领活动，包括说故事、书谈、读书会及其他适合的活动；(3)提供符合社区需要及图书馆目标和目的的推广活动；(4)提供专门为家长、照顾儿童的个人机构，及社区中其他为儿童工作的专业人员设计的活动及服务。

六、建立公共关系的技能

(1)通过媒体，促进大众对儿童图书馆及儿童信息需求的关注和支持；(2)在发展及评估图书馆服务时，考量儿童的意见及需求；(3)确保儿童能够完整地利用图书馆权利法案所提到的图书馆资料、资源及服务；(4)与社区中儿童服务的相关机构形成伙伴关系，包括其他图书馆及图书馆系统；(5)在公共图书馆、学校及其他社区机构间发展合作计划；(6)对尚未接受图书馆服务的儿童及团体推广图书馆服务；(7)利用有效的公共关系技巧及传播媒体，传布图书馆活动的讯息；(8)以联邦、州及地方法律为基础，发展儿童服务相关政策及程序；(9)关心与了解图书馆有关的立法及政治运作，并为儿童争取服务。

七、专业素养与发展潜能

(1)了解儿童图书馆事业的遗产在整体图书馆事业的地位及过去对图书馆专业的贡献；(2)对现在图书馆事业的趋势、新的技术、课题及研究、儿童发展、教育及相关领域，维持与时俱进；(3)自我评鉴；(4)对顾客及其要求，保持客观的态度；(5)充分了解尊重多元文化和种族的价值;(6)了解及应用美国图书馆协会的伦理规范;(7)沟通的内容,应予以保密;(8)与图书馆教育人员共同努力,以符合图书馆学校学生的实习需求及促进专业协会的学术研究;(9)参与专业组织,以强化专业技能,并与专业人员保持互动,对专业领域有所贡献;(10)了解专业发展及继续教育是个人专业生涯上应追求的。

后　　记

少儿图书馆的发展历史与其说是一种公共文化事业的发展，不如说是全社会对待儿童视野的变化。伴随着儿童观的改变，我国的少儿图书馆事业也随之发展和进步，以儿童为中心、儿童权利优先、儿童权益平等等观念不断深入人心，少儿图书馆正是在这样的文化氛围中，发现儿童、服务儿童。

少儿图书馆的发展和整个社会的发展息息相关。大到国家的政策方针，小到每个家庭、每个孩子的幸福成长，少儿图书馆的作用和地位都是不可忽视的。

本书第一、二、三、六、七章由本人撰写，第四、五章由陈慧娜撰写。在本书的撰写过程当中，要感谢的人很多，国家图书馆少儿馆王志庚馆长对书的整体架构提出了非常宝贵的意见和建议；"民国时期儿童图书馆的研究"是本人主持的国家图书馆馆级课题研究成果之一，课题组成员张峰、郭传芹、刘杨等同事在课题研制过程中给予了大力支持；刘赟、李金涛、宋辰、李彬、李培园等年轻同事们在搜集、核对国内外资料的过程中给予了很多的帮助；远在美国伊利诺大学儿童图书馆学专业学习的、未曾谋面的骆杨朋友，提供了美国有关儿童阅读的最新报告和相关课程设计；国家图书馆出版社金丽萍老师在稿件的修改过程中，不厌其烦地与我们反复沟通，直至定稿。尤其要特别感谢国家图书馆馆长助理、研究院院长汪东波先生，百忙之中为拙作写序。

我想，大家的帮助和支持更多的是源于对儿童的关爱，对我国公共图书馆未成年人事业的关爱。书虽然已经出版，但事业还在继续，我们会更加努力，同时也希望更多的人关注我国正在发展的少儿图书馆事业。

最后，由于能力、视野所限，书中所述的观点和内容难免有误差，恳请大家批评指正。

黄洁

2015 年 3 月